Die Gewinnzusage nach § 661a BGB

Saarbrücker Studien
zum Privat- und Wirtschaftsrecht

Herausgegeben von Johann Paul Bauer,
Michael Martinek (geschäftsführender Herausgeber)
und Helmut Rüßmann

Band 60

PETER LANG
Frankfurt am Main · Berlin · Bern · Bruxelles · New York · Oxford · Wien

Matthias Kühl

Die Gewinnzusage nach §661a BGB

Dogmatische Einordnung und rechtsvergleichende Untersuchung

PETER LANG
Internationaler Verlag der Wissenschaften

Bibliografische Information der Deutschen Nationalbibliothek
Die Deutsche Nationalbibliothek verzeichnet diese Publikation in der Deutschen Nationalbibliografie; detaillierte bibliografische Daten sind im Internet über <http://www.d-nb.de> abrufbar.

Zugl.: Saarbrücken, Univ., Diss., 2007

D 291
ISSN 1433-8866
ISBN 978-3-631-57433-1

www.peterlang.de

Saarbrücker Studien zum Privat- und Wirtschaftsrecht

herausgegeben von
Prof. Dr. Johann Paul Bauer
Prof. Dr. Dr. Dr. h.c. Michael Martinek
Prof. Dr. Helmut Rüßmann

Die Schriftenreihe "Saarbrücker Studien zum Privat- und Wirtschaftsrecht" bildet in erster Linie ein Forum für rechtswissenschaftliche Doktorarbeiten der Universität des Saarlandes auf zwei juristischen Schwerpunktgebieten. Zum einen sollen Dissertationen im klassischen Privatrecht, vor allem im bürgerlichen Vermögensrecht der ersten drei Bücher des BGB und ihrer Nebengesetze vorgestellt werden. Zum anderen findet das Wirtschaftsrecht im Sinne des Wirtschaftsprivatrechts besondere Berücksichtigung, womit namentlich die Gebiete des Handelsrechts einschließlich des Bilanzrechts, des Personen- und Kapitalgesellschaftsrechts einschließlich des Konzernrechts, des Gewerblichen Rechtsschutzes sowie des Wettbewerbs- und Kartellrechts bezeichnet sind. Es versteht sich, daß nicht nur rechtsdogmatische Studien, sondern auch rechtstatsächlich, rechtspolitisch oder interdisziplinär angelegte Arbeiten in die Schriftenreihe Aufnahme finden. Denn die Rechts- und Wirtschaftswissenschaftliche Fakultät der Universität des Saarlandes vereinigt unter *einem* Dach die Fachbereiche Rechtswissenschaft und Wirtschaftswissenschaft und regt damit Studenten und Hochschullehrer in besonderer Weise zu fachübergreifender Lehre und Forschung an. Die Schriftenreihe steht aber nicht nur sehr guten und ausgezeichneten Dissertationen, sondern auch anderen "Studien" zu privat- und wirtschaftsrechtlichen Themen offen, bis hin zu Materialien und Skripten des akademischen Unterrichts. Die drei Herausgeber, die zugleich stellvertretend für ihre anderen Saarbrücker Fakultätskollegen des Privat- und Wirtschaftsrechts handeln, verbinden mit den "Saarbrücker Studien zum Privat- und Wirtschaftsrecht" den Wunsch, daß die hier veröffentlichten Arbeiten die verdiente Resonanz in der breiteren juristischen Fachöffentlichkeit finden.

"Ehrliche Unwissenheit ist minder schlimm als falsches Wissen."
(Theodor Mommsen)

Vorwort

Die vorliegende Arbeit wurde im Wintersemester 2006 von der Rechts- und Wirtschaftswissenschaftlichen Fakultät der Universität Saarbrücken als Dissertation angenommen.

Zu besonderem Dank bin ich meinem Lehrer und Doktorvater, Herr Professor Dr. iur. Dr. rer. publ. Dr. h.c.Michael Martinek, M.C.J. (New York) verpflichtet, der mir nach meinem ersten Staatsexamen die Möglichkeit einer Dissertation an seinem Lehrstuhl angeboten und mich während der Promotion betreut hat.

Großer Dank gebührt ebenfalls Herrn Professor Dr. iur. Paul Bauer, der das Zweitgutachten erstellt hat.

Außerdem danke ich den Mitarbeitern des Lehrstuhls von Professor Martinek. Ich danke insbesondere dem Habilitand des Lehrstuhls, Herrn Dr. iur. Andreas Bergmann, der in einer Reihe fruchtbarer Diskussionen zur Entwicklung der Arbeit beigetragen hat.

Saarbrücken, im Juni 2007,

Matthias Kühl

Inhaltsverzeichnis

Literatur

Albaladejo, Manuel, Derecho Civil;
Band I: Introduccion y parte general, Volumen Segundo, Barcelona, 1996,
Band II: Derecho de obligaciones, Volumen Segundo, Barcelona, 1997

Antoniolli Deflorian, Luisa, Consumer Contracts in Italian and Community Law – Patterns of Integration and Disintegration, in *Schulte-Nölke, Hans/Schulze, Reiner* (Hrsg.), Europäische Rechts angleichung und nationale Privatrechte, Baden-Baden, 1999, Seiten 119-172

Atiyah, P.S., Essays on Contract, Oxford, 1986

Bajons, Ena-Marlis, Der Gerichtsstand des Erfüllungsortes: Rück- und Ausblick auf eine umstrittene Norm, in *Schütze, Rolf* (Hrsg.), FS Geimer, München, 2002, Seiten 15-66

v. Bar, Christian, Gemeineuropäisches Deliktsrecht
Erster Band, München 1996
Zweiter Band, München, 1999

Barta, Heinz, Zivilrecht: Grundriss und Einführung in das Denken, 2. Auflage, Wien, 2004

Basedow, Jürgen, Wirtschaftskollisionsrecht - Theoretischer Versuch über die ordnungspolitischen Normen des Forumstaates,
in RabelsZ 55 (1988), 8-40

Baumbach, Alfons/Hefermehl, Wolfgang, Wettbewerbsrecht, 22. Auflage, 2001

Behr, Volker, Internationale Tatortzuständigkeit für vorbeugende Unterlassungsklagen bei Wettbewerbsverstößen, in GRUR 1965, 604-608

Benedict, Jörg, Consideration, Formalismus und Realismus im Common Law of Contract, in RabelsZ 69 (2005), 1-46

Berlit, Wolfgang, Wettbewerbsrecht - ein Grundriss, 5. Auflage, München, 2004

Beyer, Hans-Joachim, Misrepresentation, Haftung für fehlerhafte vorvertragliche Erklärungen nach englischem Recht, Dissertation, Bonn, 1974

Bitterich, Klaus, Die analoge Anwendung des Art 29a Abs. 1, 2 EGBGB auf Verbraucherschutzrichtlinien ohne kollisionsrechtlichen Rechtsetzungsauftrag – zugleich Besprechung von EuGH v. 9.11.2000, Rs. C-381/98 (*Ingmar GB Ltd./Eaton Leonhard Technoilogies Inc.*), in VuR 2002, 155-163

Blobel, Felix, Isolierte Gewinnzusagen im europäischen Zivilprozeßrecht, in VuR 2005, 164-169

Bodewig, Theo, Das Recht des unlauteren Wettbewerbs in Großbritannien: Ein Dreiklang von Fallrecht, Gesetzesrecht und Selbstkontrolle, in GRURInt, 543-558

Bodewig, Theo/Henning-Bodewig, Frauke Rabatte und Zugaben in den Mitgliedstaaten der Europäischen Union, in WRP 20001341-1365

Bornemann, Alexander, Zur Passivlegitimation bei der Gewinnzusagehaftung nach § 661a BGB, in VuR 2004, 434-440

ders., Anmerkung zum BGH-Urteil vom 15.07.2004, III ZR 315/03, in BB 2004, 2260-2262

Bork, Reinhard, Allgemeiner Teil des Bürgerlichen Gesetzbuches, Tübingen, 2001

Boyle, Martin, Das Recht des unlauteren Wettbewerbs in Großbritannien, in WRP 1990, 159-165

Braun, Stefan, Gewinnzusagen bei „Gewinnspielen", in VuR 2003, 214-219

ders., Anmerkung zur Entscheidung des OLG Stuttgart vom 25.11.2002, in MDR 2003, 351-352

Brenn, Christoph, Irreführende Gewinnzusagen, in ÖJZ 2005, 698-704

Bürge, Alfons, Der Arrêt Boudier von 1892 vor dem Hintergrund der Entwicklung des französischen Bereicherungsrechts im 19. Jahrhundert, in *Coester, Michael* (Hrsg.) FS Sonnenberger, München 2004, S. 1

Czernich, Dietmar, Gerichtsstandsvereinbarungen und Auslandsbezug, in wbl 2004, 458-463

Czernich, Dietmar/Nemeth, Christian, Das Europäische Schuldvertragsübereinkommen, Wien, 1999

Delebecque, Philippe, Anmerkung zur Entscheidung des Cours de Cassation 1ère, in Recueil Dalloz, Sommaires Commentés, 1995, 227

Deschler, Ulrich, Handelsregisterpublizität und Verkehrsschutz, Bamberg, 1977, zugleich Dissertation, Tübingen, 1977

Dethloff, Nina, Europäisierung des Wettbewerbsrechts: Einfluss des europäischen Rechts auf das Sach- und Kollisionsrecht des unlauteren Wettbewerbs, Tübingen, 2001; zugleich Habilitation, Bonn, 2000

Deutsch, Erwin, Fahrlässigkeit und erforderliche Sorgfalt - eine privatrechtliche Untersuchung, Köln, 1963, zugleich Habilitation, München, 1960

Dietze, Jan/Schnichels, Dominik, Die Rechtsprechung des EuGH zum EuGVÜ und zur EuGVVO, im Jahre 2004, in EuZW 2005, 552-558

Dittrich, Rober/Tades, Helmuth, Das Allgemeine Bürgerliche Gesetzbuch, II. Band - Nebengesetze, Wien, 2003

Dörner, Heinrich, Haftung für Gewinnzusagen, in: *Bork, Reinhard* (Hrsg.), Recht und Risiko, FS für Helmut Kollhosser zum 70. Geburtstag, Karlsruhe, 2004, S. 75-86

Droz, Georges, Kommentar zur Entscheidung des Cour d'Appell de Paris vom 14.06.1975, in Revue critique de Droit International Privé 1976, 120-131

Emde, Raimond, Kurzkommentar zum Beschluß des OLG Dresden vom 20.02.2003, in EWiR 2003, 695-696

Eppe, Mark, Verbraucherschutz im UWG und BGB, in WRP 2005, 808-812

Erman, Walter/Westermann, Harm Peter/Ehmann, Horst, Kommentar zum BGB, Bd. 1, 11. Auflage, Köln, 2004

Emmerich, Volker, Unlauterer Wettbewerb, 7. Auflage, München, 2004

Faber, Wolfgang, Gewinnzusagen und verständige Verbraucher, in wbl 2003, 553-560

Fages, Bertrand, L'annonce d'un gain à des fins publicitaires (comparaison franco-allemand sur fond de jurisprudence européenne), in *Coester, Michael* (Hrsg.) FS Sonnenberger, München 2004, S. 223-234

Fawcett, J. J., Methods of Carrying on Business and Article 5 (5) of the Brussels Convention, in Europ. L. Rev. 1984, 326-338

Felke, Klaus/Jordans, Roman, Internationalrechtliche Fragen von Gewinnzusagen, in IPrax 2004, 409-412

Fenyves, Attila, Zur Deckung von Ansprüchen nach § 5j KSchG in der Rechtsschutzversicherung, in VR 2003, 89

Ferid, Murad, Das französische Zivilrecht, Band, Allgemeine Lehren, Recht der Schuldverhältnisse, Berlin, 1971

Fetsch, Johannes, Grenzüberschreitende Gewinnnzusagen im europäischen Binnenmarkt, in RiW 2002, 936-945

Feuchtmeyer, Eberhard, EuGH in Sachen Gabriel und weiter?- Neues zur gerichtlichen Zuständigkeit bei § 661a BGB, in NJW 2002, 3598-3599

Fezer, Karl-Heinz, Das wettbewerbsrechtliche Irreführungsverbot als ein normatives Modell des Verbrauchers im Europäischen Unionsrecht, in WRP 1995, 671-676

Fezer, Karl-Heinz/Scherer, Inge, Lauterkeitsrecht - Kommentar zum Gesetz gegen den unlauteren Wettbewerb (UWG), Band 1, §§ 1-4, München, 2005; Band 2, §§ 5-22, München, 2005

Figge, Henning, Die intention to create legal relations als subjektive Vertragsvoraussetzung im englischen Recht, Dissertation, Regensburg, 1975

Flume, Werner, Allgemeiner Teil des Bürgerlichen Rechts, 3. Auflage, Berlin, 1979

Franceschelli, Vincenzo, Introduzione al diritto Privato, 2. Auflage, Mailand, 2000

Freyer, Helge, Das neue Spanische Gesetz gegen den unlauteren Wettbewerb, in ZVglRWiss 91 (1992), 96-108

Frick, Joachim, Culpa in Contrahendo - eine rechtsvergleichende und kollisionsrechtliche Studie, Dissertation, Zürich, 1992

Fricke, Friedrich Wilhelm, Verbraucherschutz - Klage des Verbrauchers und der Verbraucherschutzverbände aus UWG und BGB,
in GRUR 1976, 680-689

Fromholzer, Ferdinand, Hopt, Klaus (Hrsg) Consideration – US-amerikanisches Recht im Vergleich zum deutschen, Tübingen, 1997

Fuchs, Tobias, Kaufmännisches Bestätigungsschreiben im englischen und französischen Recht im Vergleich zum deutschen Bestätigungsschreiben, Dissertation, München, 1998

Furmston, M.P., Cheshire & Fifoots Cases on the Law of Contract, 20. Auflage, London, 1977

Fussenegger, Dieter/Matt, Alexander, § 5j KSchG und neue Aspekte des Gemeinschaftsrechts, in ecolex 2004, 697-698

Gaudemet-Tallon, Hélène, Anmerkung zur Entscheidung des Europäischen Gerichsthofes vom 8. März 1988, in Rev. Crit 1988, 613-616

Geimer, Reinhold, Anmerkung zu EuGH-Rechtssachen *Tassili*, *Eurocontrol*, *Bloos/Bouyer*, in NJW 1977, 492-493

ders., Anmerkung zum EuGH-Urteil vom 27.09.1988, in NJW 1988, 3089-3090

Geimer, Reinhold/Schütze, Rolf Arno, Europäisches Zivilverfahrensrecht, 2. Auflage, München, 2004

Geist, Kerstin, Die Rechtslage bei der Zusendung unbestellter Ware nach der Umset-zung der Richtlinie zum Fernabsatz; Dissertation, Konstanz, 2002

Ghestin, Jacques, Traite de droit civil - la formation du contrat, 3. Auflage, Paris, 1993

Giuliano, Mario/Lagarde, Paul, Bericht über das Übereinkommen über das auf vertragliche Schuldverhältnisse anzuwendende Recht,
in BTDrucks. 10/503, Seiten 33-79

Gottwald, Peter, Europäische Gerichtspflichtigkeit kraft Sachzusammenhangs, in IPrax 1989, 272-274

Grundschok, Lothar, Der geheime Vorbehalt des § 116 BGB und seine gemeinrechtlichen Grundlagen, Dissertation, Frankfurt am Main, 1965

Gutmann, Alexander, Der Vermögensschaden beim Betrug im Lichte der neueren höchstrichterlichen Rechtsprechung (1), in MDR 1963, 3-8

Häcker, Robert, Europäisch-zivilverfahrensrechtliche und internationalprivatrechtliche Probleme grenzüberschreibtender Gewinnzusagen - zugleich zu einem europarechtlichen Begriff der unerlaubten Handlung, in ZVglRWiss 2004. 464-500

Harte-Bavendamm, Henning/Henning-Bodewig, Heike, Gesetz gegen den unlauteren Wettbewerb (UWG) mit Preisangabeverordnung - Kommentar, München, 2004

Härting, Niko, Fernabsatzgesetz – Kurzkommentar, Köln, 2000

Hamson, C.J., The Reform of Consideration, in L.Q.Rev 54 [1938] 233-257

Hanau, Peter, Objektive Elemente im Tatbestand der Willenserklärung; zugleich Dissertation, in AcP 165 (1965), Seite 220-284

Hefermehl, Wolfgang/Köhler, Helmut/Bornkamm, Joachim, Wettbewerbsrecht, 24. Auflage, 2006

Holl, Volker, Der Gerichtsstand des Erfüllungsortes nach Art 5 Nr. 1 EuGVÜ bei einem „claim based on unjust enrichment“, in IPrax 1998, 120-122

Honorat, Adrienne, Anmerkung zur Entscheidung der Cour de Cassation vom 26.10.1999, 96-19.156, in Recueil Dalloz 2000, Somm., 328-329

Honorat, Jean, Rôle effectif et rôle concevable des quasi-contrats en droit actuel, in RTD civ. 1969, 653-691

Honsell, Heinrich, Römisches Recht, 2. Auflage, Berlin, 1992

Horter, Carsten, Der Strafgdanke im Bürgerlichen Recht, Hamburg, 2004; zugleich Dissertation, Marburg, 2003

Humberg, Andreas, Anmerkung zum BGH-Beschluss vom 10.12.2002, in JR 2003, 367

Jansen, Nils, Konturen eines Europäischen Schadensrechts, in JZ 2005, 160-173

Janssen, André/Schulze, Reiner, Das Recht des unlauteren Wettbewerbs in den EU-Mitgliedstaaten, in EuLF 2004, 77-85

Jayme, Erik, "Time Sharing-Verträge" im Internationalen Privat- und Verfahrensrecht, in IPrax 1995, 234-236

Jergolla, Maren, Der neue British Code of Advertising, Sales, Promotion and Direct Marketing, in WRP 2003, 606-609

dies., Die britische Werbeselbstkontrolle anhand des Advertising Code - eine Gegenüberstellung mit der Rechtslage in Deutschland, in WRP 2003, 431-449

Jud, Brigitta, Konsumentenschutz in der Rechtsprechung, in ÖJZ 2004, 241-250

Kaser, Max, Das Römische Privatrecht
Dritter Teil, Dritter Band, Erster Abschnitt, München, 1971
Dritter Teil, Dritter Band, Zweiter Abschnitt, München, 1975

Kegel, Gerhard, Verwirkung, Vertrag und Vertrauen, in *Hofmann, Paul* (Hrsg.), FS Pleyer, Berlin, 1986, Seiten 513-538

Kindler, Peter, Anmerkung zum EuGH-Urteil vom 09.11.2001, Rs. C 381/98 - *Ingmar*, in BB 2001, 11-13

Klausberger, Kurt, Die Willensmängel im schweizerischen Vertragsrecht, Zürich, 1989, zugleich Dissertation, Zürich, 1988

Klauser, Alexander, Der Anspruch nach § 5j KSchG in dogmatscher und kollisionsrechtlicher Hinsicht, in ecolex 1999, 751-754

Kohler, Christian, Vom EuGVÜ zur EuCVVO: Grenzen und Konsequenzen der Vergemeinschaftung, in *Schütze, Rolf* (Hrsg.), FS Geimer, München, 2002, Seiten 461-484

Köhler, Helmut, Kopplungsangebote (einschließlich Zugaben) im geltenden und künftigen Wettbewerbsrecht, in GRUR 2003, 729-738

Köhler, Helmu/Piper, Henning, Gesetz gegen den unlauteren Wettbewerb, 2. Auflage, München, 2001

Kropholler, Jan, Europäisches Zivilprozeßrecht, Kommentar zu EuGVÜ und Lugano-Übereinkommen, 6. Auflage, 1998

ders., Europäisches Zivilprozeßrecht, Kommentar zu EuGVO, Lugano Übereinkommen und Europäischem Vollstreckungstitel, 8. Auflage, 2005

ders., Das Haager Abkommen über den Schutz Minderjähriger, 2. Auflage, Bielefeld, 1977

Larenz, Karl, Schuldrecht, Band I, Allgemeiner Teil, 14. Auflage, München, 1987

Larenz, Karl/Canaris, Claus-Wilhelm, Lehrbuch des Schuldrechts, Zweiter Band, Besonderer Teil, 2. Halbband, 13. Auflage, München, 1994

Larenz, Karl/Wolf, Manfred, Allgemeiner Teil des Bürgerlichen Rechts, 9. Auflage, München, 2004

Leible, Stefan, Kollisionsrechtlicher Verbraucherschutz im EVÜ und in EG-Richtlinien, in *Schulte-Nölke, Hans/Schulze, Reiner* (Hrsg.), Europäische Rechtsangleichung und nationale Privatrechte, Baden-Baden, 1999, Seiten 353-392

ders., Luxemburg locuta – Gewinnmitteilung finita?, in NJW 2005, 796-798

ders., Bingo! – Gewinnbestätigungen jetzt auch aus Karlsruhe, in NJW 2003, 407-409

ders., Gewinnbestätigung aus Luxemburg – Zur internationalen Zuständigkeit bei Gewinnmitteilungen aus dem Ausland –, in IPrax 2003, 28-34

ders., Das neuen spanische Gesetz gegen den unlauteren Wettbewerb, in ZfRV 1992, 257-280

Leipold, Dieter, Der Anspruch aus Gewinnzusage (§ 661a BGB) in dogmatischer Betrachtung, in *Heinrich, Christian* (Hrsg.), FS für Hans-Joachim Musielak, München, 2004, Seiten 317-336

Lema Devesa, Carlos, Der Schutz des Verbrauchers im Allgemeinen Werbegesetz Spaniens, in GRUR Intl 1990, 208-214

Libchaber, Rémy, Droit des Obligations, Engagement unilatéral de volonté, in Recueil Dalloz, 1999, Sommaires Commentés, 109-110

Liebs, Detlef, Römisches Recht, 3. Auflage, Göttingen, 1987

Lorenz, Stephan, Gewinnmitteilungen als „geschäftsähnliche Handlungen" – Anwendbares Recht, internationale Zuständigkeit und Erfüllungsor, in NJW 2006, 472-475

ders., Gewinnmitteilungen aus dem Ausland: Kollisionsrechtliche und international-zivilprozessuale Aspekte von § 661a BGB, in NJW 2000, 3305-3310

ders., Internationale Zuständigkeit deutscher Gerichte und Anwendbarkeit von § 661a BGB bei Gewinnmitteilungen aus dem Ausland: Erweiterung des Gerichtsstands durch die „Brüssel I-Verordnung", in IPrax 2002, 192-196

ders., § 241a BGB und das Bereicherungsrecht – zum Begriff der Bestellung im Schuldrecht, in *Pfister, Bernhard*, FS für W.Lorenz, Tübingen, 1991, Seiten 191-214

Lorenz, Stephan/Unberath, Hannes, Gewinnmitteilungen und kein Ende? Neues zur internationalen Zuständigkeit, in IPrax 2005, 219-223

Lorusso, Piero, Anmerkung zu den Entscheidungen *Pedone/Postalmarket G.Di.A.* und *Morano/Postalmarket G.Di.A.* des Tribunale di Milano, vom 12.11.1992, in Giurisprudenza Italiana 1993, 740-741

Mackay of Clashfern, John Lord, Halsbury's Laws of England, Fourth Edition, London,
Vol. 9 (1) - Contracts (1998);
Vol. 16 (2) - Estoppel (2003);
Vol. 47 - Trade, Industry and Industrial Relations (2001)

Magnus, Ulrich, Englisches Kündigungsrecht auf deutschem Schiff – Probleme des internationelen Seearbeitsrechts, in IPrax 1991, 382-386

Mankowski, Peter, Kurzkommentar zum BGH-Urteil v. 16.10.2003, III ZR 106/03, in EWiR 2004, 275-276 *ders.*, Die Qualifikation der culpa in contrahendo – Nagelprobe für den Vertragsbegriff des europäischen IZPR und IPR – , in IPrax 2003, 127-135

ders., Kurzkommentar zum EuGH Urteil v. 11.7.2002 (Gabriel), in EWiR 2002, 873-874

Mansel, Heinz-Peter, Rechtsvergleichung und europäische Rechtseinheit, in JZ 1991, 529-534

Martiny, Dieter, Autonome und einheitliche Auslegug im europäischen internationalen Zivilprozessrecht, in RabelsZ 45 (1981), 427-447

ders., Internationale Zuständigkeit für „vertragliche Streitigkeiten", in *Schütze, Rolf* (Hrsg.), FS Geimer, München, 2002, Seiten 641-667

Mäsch, Gerald, Rechtswahlfreiheit und Verbraucherschutz, Berlin, 1993; zugleich Dissertation, Passau, 1992

Mathys, Hans Beat, Bestätigungsschreiben und Erklärungsfiktion, Dissertation, Zürich, 1997

Matt, Alexander, Noch einmal § 5j KSchG, in ecolex 2000, 494

Mayer-Maly, Theo, Römisches Recht, 2. Auflage, Wien, 1999

Mazeaud, Denis, Anmerkung zur Entscheidung des CA Toulouse v. 14.02.1996, in Journal Dalloz, 1997 Somm, S. 168-169

ders., D'une source à l'autre, in Journal Dalloz 2002, Jur. S. 2963-2967

McGuire, Mary-Rose, Internationale Zuständigkeit für „isolierte Gewinnzusagen", in ecolex 2005, 489-492

Medicus, Dieter, Schuldrecht II Besonderer Teil, 13. Auflage, München, 2006

Mestre, J., L'acte juridique unilatéral, in RTD 1995, 886-888

ders., L'engagement unilatéral a tiré le gros lot, in RTD 1996, 397-398

Mezger, Ernst, Drei Jahre EG-Zuständigkeits- und Vollstreckungsübereinkomen in Frankreich, in RiW 1976, 345-349

Michaels, Ralf/Kamann, Hans Georg, Grundlagen gemeinschaftlichen Richtlinienkollisionsrechts - „Amerikanisierung des Gemeinschafts-IPR? in EWS 2001, 301-311

Mörsdorf-Schulte, Juliana, Autonome Qualifikation der isolierten Gewinnzusage, in JZ 2005, 770-781

dies., Spezielle Vorbehaltsklausel im Europäischen Internationalen Deliktsrecht, in ZVglRWiss 104 (2005) 192-256

Münchener Kommentar zum Bürgerlichen Gesetzbuch mit Nebengesetzen

Henssler, Martin/Seiler, Hans Hermann, Bd. 4, Schuldrecht - Besonderer Teil II, 4. Auflage, München, 2005

Sonnenberger, Hans-Jürgen/Martiny, Dieter, Bd. 10, Einführungsgesetz zum Bürgerlichen Gesetzbuche (Art 1-38), Internationales Privatrecht, 4. Auflage, München, 2006

Lüke, Gerhard/Gottwald, Peter, Bd. 3, §§ 803 - 1066, EGZPO, GVG, EGGVG, internationales Zivilprozeßrecht, 2. Auflage, München, 2001

Musielak, Hans-Joachim/Weth, Stefan, Kommentar zur ZPO, München, 2005

Nagel, Heinrich/Gottwald, Peter, Internationales Zivilprozeßrecht, 2002

Nassall, Wendt, Lauterkeit und Sittlichkeit – Zivilrechtliche Konsequenzen unlauterer Wettbewerbshandlungen, in NJW 2006, 127-130

Nemeth, Kristin/Rudish, Bernhard, EuGH 9.11.2000 Rs C - 381/98 "Ingmar" - wichtige Klärung im Europäischen IPR, in ZfRV 2001, 179-183

Nickel, Thomas, Die Erklärungsfiktion im Bürgerlichen Recht unter besonderer Berücksichtigung des § 10 Nr. 5 AGBG, Frankfurt , 1997; zugleich Dissertation, Mainz, 1996

Nordemann, Wilhelm, Das neue spanische Werbegesetz im Vergleich zum deutschen Wettbewerbsrecht, in *Erdmann, Willi* (Hrsg.), FS für Otto-Friedrich Freiherr v. Gamm, Köln, 1990, Seiten 109-116

Oberhammer, Paul, Anmerkung zum BGH-Urteil vom 28.11.2002, in ZZP 2004, 92-97

Ohly, Ansgar, Das neue UWG- mehr Freiheit für den Wettbewerb?, in GRUR 106 (2004), 889-900

ders., Die Bemühungen um eine Rechtsvereinheitlichung auf EU-Ebene von den Anfängen bis zur Richtlinie über irreführende Werbung von 1984, in *Schricker, Gerhard* (Hrsg.), Neuordnung des Wettbewerbsrechts, Symposium 14.-18. Juni 1997, Baden-Baden, 1999, Seiten 69-80

Otero Lastres, José Manuel, Das neue spanische Gesetz gegen unlauteren Wettbewerb, in GRURInt 1992, 183-192

Otto, Harro, Grundkurs Strafrecht - Die einzelnen Delikte, 7. Auflage, Berlin, 2005

Palandt, Otto/Sprau, Hartwig, Bürgerliches Gesetzbuch mit Nebengesetzen, 65. Auflage, München, 2006

Pfeiffer, Thomas, Internationale Zuständigkeit deutscher Gerichte bei Gewinnzusagen aus dem Ausland an deutsche Verbraucher – Anmerkung zum BGH-Urteil vom 28.11.2002, in LMK 2003, 79-80

Piekenbrock, Andreas/Schulze, Götz, Internationale Zuständigkeit im Rechtsmittelverfahren und Gerichtsstand der Gewinnzusage, in IPrax 2003, 328-332

Pocar, Fausto, Jurisdiction and the Enforcementof Judgements under the EC-Convention of 1968, in RabelsZ 42 (1978), 405-430

Pothier, Robert Joseph, Droit Civil, et de Jurisprudence Française, Tome I, Paris, 1773

Rabel, Ernst, Der Entwurf eines einheitlichen Kaufrechts, in RabelsZ 9 (1935), 1-79

Raiser, Ludwig, Das Recht der Allgemeinen Geschäftsbedingungen, Hamburg, 1935

Rauscher, Thomas/Schülke, Clemens, Grenzüberschreitende Gewinnmitteilung: Anknüpfung und internationale Zuständigkeit, in EuLF 2000/01, 334-339

Reich, Norbert, Anmerkung zum Urteil des Cour d'appel de Colmar vom 24.02.1999, in ZIP 1999, 1210-1211 *ders.*, Anmerkung zum EuGH-Urteil vom 09.11.2001, Rs. C 381/98 - *Ingmar*, in EuZW 2001, 51-52

van Rooij, R., Rechterlijke bevoegdheid en interpretatie van het Europees jurisdictie- en executieverdrag: beginselen en belangen, in Ned. Jbl 1977, 613-622

Rummel, Peter/Krejci,Heinz, Kommentar zum Allgemeinen Bürgerlichen Gesetzbuch, Band II, 3. Auflage, Wien, 2002

Sack, Rolf, Produzentenhaftung nach § 823 II BGB in Verbindung mit § 3 UWG?, in BB 1974, 1369-1373

Savigny, Friedrich Carl von, System des heutigen römischen Rechts, Bd. III, Berlin, 1840

Schack, Haimo, Internationales Zivilverfahrensrecht, 3. Auflage, München, 2002

ders., Der Erfüllungsort im deutschen, ausländischen und internationalen Privat- und Zvilprozeßrecht, Frankfurt, 1985, zugleich Habilitation, Köln, 1985

Schäfer, Carsten, Läßt sich die Gewinnzusage nach § 661a BGB in das System des Bürgerlichen Rechts einordnen?, in JZ 2005, 981-987

ders., Strafe und Prävention im Bürgerlichen Recht, in AcP 202 (2002), 397-434

Scherer, Inge, Abschied vom „psychischen Kaufzwang" – Paradigmenwechsel im neuen Unlauterkeitsrecht, in WRP 2005, 672-676

Schlechtriem, Peter, Restitution und Bereicherungausgleich in Europa - Eine rchtsvergleichende Darstellung, Band I, Tübingen, 2000

Schlosser, Peter, EuGVÜ - Europäisches Gerichtsstands- und Vollstreckungsübereinkommen mit Luganer Abkommen und den Haager Übereinkommen über Zusstellung und Beweisaufnahme, München, 1996

Schlosser, Peter, Europäisch-autonome Interpretation des Begriffs „Vertrag oder Ansprüche aus einem Vertrag" i.S.v. Art 5 Nr. 1 EuGVÜ?, in IPrax 1984, 65-68 *ders.*, Anmerkung zur Rechtssache 189/87 des EuGH - *Kalfelis/Schröder,* in RiW 1988, 987-989

Schmidt, Reimer, Die Obliegenheiten - Studien auf dem Gebiet des Rechtszwanges im Zivilrecht unter besonderer Berücksichtigung des Versicherungsrechts, Karlsruhe, 1953

Schmidt-Räntsch, Jürgen, Zum Gesetz über Fernabsatzverträge und andere Fragen des Verbraucherrechts sowie zur Umstellung von Vorschriften auf Euro, in VuR 2000, 427-435

Schneider, Christian, Anmerkung zum BGH-Urteil vom 16.10.2003, in BB 2003, 2534-2535

ders., Erfüllungszwang bei Gewinnzusagen - verfassungsmäßig?, in BB 2002, 1653-1658

Schöne, Thorsten/Fröschle, Tobias, Unbestellte Waren und Dienstleistungen, Köln, 2001

Schricker, Gerhard, Schadensersatzansprüche der Abnehmer wegen täuschender Werbung? - Betrachtungen im Anschluß an die Prüfzeichen-Entscheidung des BGH vom 14. Mai 1974, in GRUR 1975, 111

Schröder, Rainer/Thiessen, Jan, Gewinnzusagen beim Wort genommen - zur Verfassungsmäßigkeit von § 661a BGB, in NJW 2004, 719-722

Schurig, Klaus, Wirtschaftkollisionsrecht - Theoretischer Versuch über die ordnungspolitischen Normen des Forumstaates, in RabelsZ 54 (1990), 217-250

Schwimann, Michael/Apathy, Peter, ABGB, Band V, Wien, 1997

Simons, Thomas, Anmerkung zum BGH-Urteil vom 28.11.2002, in EuLF 2003, 43-44

Singer, Reinhard, Selbstbestimmung und Verkehrsschutz im Recht der Willenserklärungen München, 1995; zugleich Habilitation, München 1993/94

Smith, Sir John, Smith and Thomas – A Casebook on Contracts, 10. Auflage, London, 1996

Soergl, Michael/Hefermehl, Peter, Bürgerliches Gesetzbuch mit Einführungsgesetz und Nebengesetzen, 13. Auflage, Stuttgart, 1999

Sonnenberger, Hans-Jürgen, Eingriffsrecht – Das trojanische Pferd im IPR oder notwendige Ergänzung?, in IPrax 2003, 104-116

Spellenberg, Ulrich, Der Gerichtsstand des Erfüllungsortes im europäischen Gerichtsstands und Vollstreckungsübereinkommen, in ZZP Int 91 (1977) 38-63

Spieß, Primin, Zur Einschränkung der Irrtumsanfechtung - Die Bindung des Irrenden an den fehlerfreien Teil der Willenserklärung, in JZ 1985, 593-597

Stanton, Keith, The Modern Law of Tort, London, 1994

Staudinger, Ansgar, Gewinnzusagen im Ausland, Anmerkung zur Rechtssache Gabriel in ZEuP 2004, 767-782

ders., Anmerkung zum BGH-Urteil vom 28.11.2002, in JZ 2003, 852-858

Staudinger, J. Von, Kommentar zum Bürgerlichchen Gesetzbuch mit Einführungsgesetz und Nebengesetzen

Martinek, Michael/Bergmann, Andreas, §§ 657-704 (Geschäftsbesorgung, 13. Bearbeitung, Berling, 2006

Magnus, Ulrich, Einführungsgesetze zum Bürgerlichen Gesetzbuche, IPR Einleitung zu Art 27ff EGBGB [u.a.], 13. Bearb., Berlin, 2002

Steinbeck, Anja, Übertriebenes Anlocken, psychischer Kaufzwang etc. ... gibt es sie noch?, in GRUR 2005, 540-547

Stoll, Hans, Haftungsfolgen im Bürgerlichen Recht, Eine Darstellung auf rechtsvergleichender Grundlage, Heidelberg, 1993

Tenereiro, Mário/Karsten, Jens, Unfair Terms in Consumer Contracts – Uncertainties, contradictions and novelties of a Directive, in *Schulte-Nölke, Hans/Schulze, Reiner* (Hrsg.), Europäische Rechtsangleichung und nationale Privatrechte, Baden-Baden, 1999, Seiten 223-276

Terrier, Emmanuel, La Fiction des sécours des quasi-contrats ou l'achèvement d'un débat juridique, in Journal Dalloz 2004, Chroniques, 1179

Thomas, Heinz/Putzo, Heinz, Zivilprozessordnung, 27. Auflage, München, 2005

Timme, Michael, Internationalzivilprozessuale Aspekte und Auslgeungsfragen bei Gewinmitteilungen aus dem Ausland gem. § 661a BGB - BGH NJW 2003, 426, in JuS 2003, 638-641

Traub, Fritz, Durchführungsverbot und Folgeverträge, in GRUR 1980, 673

Ulrici, Bernhard, Geschäftsähnliche Handlungen, in NJW 2003, 2053-2056

d'Usseaux, Francesca Brunnetta, Anmerkung zu den Urteilen des Tribunale di Milano vom 2.2.1995 und des Tribunale di Roma vom 11.1.1995, in VuR 1996, 136-138

Vianello, Mirko, Das internationale Privatrecht des unlauteren Wettbewerbs in Deutschland und Italien, Dissertation, Karlsruhe, 2001

Wagner, Rolf, Zusammenführung verbraucherschützender Kolisionsnormen aufgrund EG-Richtlinien in einem neuen Art 29a EGBGB, in IPrax 2000, 249-258

Weiler, Frank, Psychischer Kaufzwang - Ein Abschiedsplädoyer, in WRP 2002, 871-876

Wied, Götz, Gewinnversprechen von Versandfirmen, Dissertation, Marburg, 2003

Wirth, Andreas, Das neue Recht des unlauteren Wettbewerbs in Spanien, Dissertation, München, 1996

Witz, Claude/Reinert, Barbara, (K)ein Ende der Probleme mit Gewinnzusagen in Frankreich? in ZEuP 2005, 134-142

Wolf, Christian Ulrich, Statut der harten Patronatserklärung, in IPrax 2000, 477-482

Wolff, Karl, Mentalreservation, Iherings Jahrbücher für die Dogmatik des bürgerlichen Rechts, Band 81 (= Folge 2, Band 45) [1931], Seiten 53-190

Zimmermann, Reinhard, Law of Obligations, Roman Foundations of the Civilian Tradition, 1. Auflage, Cape Town, 1990

Zöller, Richard/Geimer, Reinhold/Volkommer, Max, Zivilprozessordnung, 24. Auflage, Köln, 2004

Zweigert, Konrad, Seriositätsindizien, Rechtsvergleichende Bemerkungen zur Scheidung verbindlicher Geschäfte von unverbindlichen, in JZ 1964, 349-354

Abkürzungsverzeichnis

a.A.	anderer Ansicht
a.F.	alte Fassung
ABGB	Österreichisches Allgemeines Gesetzbuch
Abs.	Absatz
AcP	Archiv für die civilistische Praxis, zitiert nach Jahr und Seite
AG	Amtsgericht
AGB	Allgemeine Geschäftsbedingungen
All E.R.	All England Law Reports
Anm	Anmerkung
Art.	Artikel
AT	allgemeiner Teil
Aufl.	Auflage
Az.	Aktenzeichen
BAGE	Entscheidungssammlung des Bundesarbeitsgerichts, zitiert nach Band und Seite
BB	Betriebsberater, zitiert nach Jahr und Seite
Bd.	Band
Beil.	Beilage
ber.	berichtigt
BGB	Bürgerliches Gesetzbuch
BGBl.	Bundesgesetzblatt
BGH	Bundesgerichtshof
BGHZ	Entscheidungssammlung des Bundesgerichtshofes, amtliche Sammlung, zitiert nach Band und Seite
BRDrucks	Bundesratsdrucksache
BT	besonderer Teil
Bull. Civ.	Bulletin Civil
BTDrucks	Bundestagsdrucksache
BVerfGE	Entscheidungssammlung des Bundesverfassungsgerict, zitiert nach Band und Seite
bzw.	beziehungsweise
CISG	Convention on the International Sale of Goods, BGBl. 1989.II.588
D.	Digesten
D (...) Jur	Recueil Dalloz, Jurisprudence, zitiert nach Jahr und Seite
D (...) Somm.	Recueil Dalloz, Sommaires Commentés, zitiert nach Jahr und Seite
DB	Der Betrieb, zitiert nach Jahr und Seite
ders.	derselbe
dies.	dieselbe

EGBGB	Einführungsgesetz zum Bürgerlichen Gesetzbuche
EuGH	Europäischer Gerichtshof
EuGVÜ	Europäisches Übereinkommen über die gerichtliche Zuständigkeit, die Anerkennung und die Vollstreckung von Entscheidungen in Zivil- und Handelssachen
EuGVVO	Verordnung über die gerichtliche Zuständigkeit, die Anerkennung und die Vollstreckung von Entscheidungen in Zivil- und Handelssachen
EuLF	European Legal Forum, zitiert nach Jahr und Seite
Europ. L. Rev	European Law Review, zitiert nach Jahr und Seite
EuZW	Europäische Zeitschrift für Wirtschaftsrecht, zitiert nach Jahr und Seite
EVÜ	Römischen Schuldvertragsübereinkommen vom 19.06.1980
EWiR	Europäisches Wirtschaftsrecht, zitiert nach Jahr und Seite
EWS	Europäisches Wirtschafts- & Steuerrecht, zitiert nach Jahr und Seite
FS	Festschrift
GRUR	Gewerblicher Rechtsschutz und Urheberrecht, zitiert nach Jahr und Seite
GRUR Int	Gewerblicher Rechtsschutz und Urheberrecht, internationale Abteilung, zitiert nach Jahr und Seite
Hrsg.	Herausgeber
IPR	Internationales Privatrecht
IPrax	Internationale Praxis, zitiert nach Jahr und Seite
i.S.d.	im Sinne des
i.S.v.	im Sinne von
i.V.m.	in Verbindung mit
JA	Juristische Arbeitsblätter, zitiert nach Jahr und Seite
JR	Juristische Rundschau, zitiert nach Jahr und Seite
Jura	Juristische Ausbildung, zitiert nach Jahr und Seite
JuS	Juristische Schulung, zitiert nach Jahr und Seite
JZ	Juristenzeitung, zitiert nach Jahr und Seite
krit.	kritisch
KSchG	Österreichisches Konsumentenschutzgesetz
LCD	*Ley Competencia Desleal*
LG	Landgericht
LGP	*Ley General de Publicidad*
LMK	Lindenmaier Möhring, Nachschlagewerk des Bundesgerichtshofes, Zeitschriftenausgabe, zitiert nach Jahr und Seite
L.Q.Rev	The Law Quarterly Review
MDR	Monatsschrift für deutsches Recht, zitiert nach Jahr und Seite
m.w.N.	mit weiteren Nachweisen

Ned JBl	Nederlands jurisdenblad
NJW	Neue Juristische Wochenschrift, zitiert nach Jahr und Seite
NJW-RR	NJW-Rechtsprechungsreport, zitiert nach Jahr und Seite
Nr.	Nummer
OGH	Österreichischer Oberster Gerichtshof
OLG	Oberlandesgericht
OLGZ	Entscheidungen der Oberlandesgerichte in Zivilsachen, zitiert nach Band und Seite
ÖJZ	Österreichische Juristenzeitung, zitiert nach Jahr und Seite
ös	österreichisches, österreichische
ÖstAnwBl	Österreichische Anwaltsblätter, zitiert nach Jahr und Seite
para.	*paragraph*
PECL	Principles of European Contract Law
PKW	Personenkraftwagen
RabelsZ	Rabels Zeitschrift für Rechtsvergleichung
Rev. crit.	Revue Critique de Droit Privée, zitiert nach Jahr und Seite
Rn.	Randnummer
Rs	Rechtssache
RTD	Revue Trimestrielle du Droit, zitiert nach Jahr und Seite
SAE	Sammlung arbeitsrechtlicher Entscheidungen, zitiert nach Jahr und Seite
sog.	so genannte, so genanntes
StGB	Strafgesetzbuch
UWG	Gesetz gegen den unlauteren Wettbewerb
vgl	vergleiche
Vie Jud.	Vie Judicaire
VuR	Verbraucher un Recht, zitiert nach Jahr und Seite
wbl	Österreichische Wirtschaftsblätter, zitiert nach Jahr und Seite
WRP	Wettbewerb in Recht und Praxis, zitiert nach Jahr und Seite
z.B.	zum Beispiel
z.T.	zum Teil
ZEuP	Zeitschrift für Europäisches Privatrecht, zitiert nach Jahr und Seite
Ziff.	Ziffer
ZiP	Zeitschrift für internationales Privatrecht, zitiert nach Jahr und Seite
ZPO	Zivilprozessordnung
ZVglRWiss	Zeitschrift für vergleichende Rechtswissenschaft, zitiert nach Jahr und Seite
ZZP	Zeitschrift für Zivilprozeß

Einleitung

A) Die Vorschrift des § 661a BGB

§ 661a BGB regelt die so genannte Gewinnzusage. Worum es der Sache nach geht, ergibt sich aus der Vorschrift selbst. Es heißt dort:

> *„Ein Unternehmer, der Gewinnzusagen oder vergleichbare Mitteilungen an Verbraucher sendet und durch die Gestaltung dieser Zusendungen den Eindruck erweckt, dass der Verbraucher einen Preis gewonnen hat, hat dem Verbraucher diesen Preis zu leisten."*

Wenn also ein Unternehmer U an einen Verbraucher V ein Schreiben des Inhalts richtet, jener habe 5.000 € gewonnen, so verpflichtet er sich damit, an V diese 5.000 € tatsächlich leisten. § 661a BGB ist eine relativ junge Vorschrift, er trat erst am 30.06.2000 in Kraft. Der deutsche Gesetzgeber lehnte sich bei der Ausgestaltung der Vorschrift an den, am 01.10.1999 in Kraft getretenen § 5j des österreichischen Konsumentenschutzgesetzes an. Seit dem Inkrafttreten im Jahr 2000 haben viele Verbraucher die ihnen neu eröffnete Möglichkeit genutzt und versprochene Gewinne eingeklagt. Als Beispiel sei nur der Fall zu nennen, welcher vor dem LG Wuppertal verhandelt wurde.[1] Hier war dem Kläger im September 2000 per Postkarte mitgeteilt worden, er habe einen neuen PKW VW Beetle gewonnen. Einige Tage darauf erhielt er ein Schreiben, in dem sich ein fotokopierter Fahrzeugschein befand, der auf seinen Namen ausgestellt war. Der Kläger machte daraufhin einen Anspruch auf den VW Beetle geltend - und er bekam Recht. Es scheint sogar Verbraucher zu geben, die sich darauf spezialisiert haben, gezielt Gewinnzusagen einzuklagen. So berichtete der Spiegel von einer Familie, die sich mithilfe eingeforderter Gewinnzusagen ihre Eigentumswohnung finanzierte.[2] Juristisch interessant ist die Vorschrift allerdings weniger wegen ihrer finanziellen Möglichkeiten, sondern vielmehr wegen der mit ihrer Einführung einhergehenden nationalen und internationalen Aspekte. Denn auch wenn ihr Inhalt grundsätzlich einleuchtet, birgt die Vorschrift eine ganze Reihe ungeklärter und umstrittener Rechtsfragen in sich, die, obwohl die entsprechende Vorschrift bereits vor sechs Jahren in Kraft getreten ist, und eine Vielzahl von Aufsätzen zu Teilaspekten erschienen sind, bisher noch nicht einer übergreifenden Behandlung der auch jetzt noch bestehenden Rechtsprobleme in einem Werk zugeführt wurden.

---

[1] LG Wuppertal, VuR 2001, 387 = NJW-RR 2001, 1275.

[2] „Geködert und Geprellt", DER SPIEGEL, 21/2002 (18. 05. 2002), 44.

B) Zum Aufbau der Arbeit

Zur Klärung der sich stellenden Fragen beginnt die Arbeit mit einer Darstellung der Rechtslage vor Einführung des § 661a BGB. Die Arbeit beleuchtet hierzu kurz die damals in Deutschland geltende Rechtslage. Es wird auch der Vergleich zu anderen Rechtsordnungen angestellt, welche die Gewinnzusage noch nicht zum Gegenstand besonderer rechtlicher Behandlung gemacht haben. Exemplarisch werden die – vor Einführung von § 5j ösKSchG geltende – österreichische, die französische, die spanische, die italienische und die englische Rechtsordnung herausgegriffen. Die Arbeit beleuchtet dabei jeweils, warum eine Behandlung, wie sie der Gewinnzusage in den anderen Rechtsordnungen zuteilwird, in Deutschland nicht möglich war. Es ergibt sich, dass die Einführung einer derartigen Vorschrift hilfreich und, zumindest in Deutschland, dringend erforderlich war. Im folgenden Kapitel wird die Rezeption der Vorschrift in der deutschen Rechtswelt dargestellt. Hierbei wirft die Arbeit auch einen Blick auf das Wettbewerbsrecht. Schon in diesem Punkt werden viele der Probleme, welche mit § 661a BGB verbunden sind, deutlich. Die Betrachtung der unterschiedlichen Behandlungsweisen mündet in den Abschnitt zur dogmatischen Einordnung des § 661a BGB. Eine Auseinandersetzung mit den Urteilen und vor allem den verschiedenen Ansichten in der Literatur zeigt, dass tatsächlich nur eine dogmatische Einordnung des § 661a BGB einwandfrei tragfähig ist: diejenige als Schenkung. Die Konsequenzen einer solchen dogmatischen Einordnung werden im folgenden Kapitel ausgearbeitet. Hier werden insbesondere die Voraussetzungen des § 661a BGB offen gelegt. Sodann wird die Aufnahme der österreichischen Parallelvorschrift, des § 5j ösKSchG im internationalen Rechtsverkehr dargestellt. Diese Vorschrift entspricht weitgehend der deutschen Vorschrift, und sie war für diese Vorbild. Wie sich bereits aus der Tatsache entnehmen lässt, dass der Europäische Gerichtshof zweimal, in der Rechtssache *Gabriel*[3] und in der Rechtssache *Engler*[4] mit der Frage der rechtlichen Erfassung der Gewinnzusage befasst war, herrscht auch für die österreichische Variante ein erhebliches Klärungsbedürfnis. Die Arbeit thematisiert sowohl das internationale Zivilprozessrecht als auch das internationale Privatrecht. Hier zeigen sich erneut Probleme bei der Rezeption der Vorschrift durch die deutschen und österreichischen Gerichte. Die Ausführungen in diesem Punkt zeigen, dass die hier vorgenommene dogmatische Erfassung des § 661a BGB vor allem die Urteile des Europäischen Gerichtshofes zur österreichischen Parallelvorschrift im Ergebnis stärkt, auch wenn sie in den Details richtig gestellt werden müssen. Auch die Probleme des anzuwendenden Rechts werden behandelt. Eine Anwendung des

---

[3] EuGH 11. 7. 2002 – Rs C 96/00 in Slg. 2002 I 6367 = NJW 2002, 2697 (2698) = EuZW 2002, 539 = RiW 2002, 949 = IPrax 2003, 50 - *Gabriel.*

[4] EuGH 20. 1. 2005 – Rs C-27/02 in NJW 2005, 811 - *Engler.*

Art 34 EGBGB auf § 661a BGB wird dabei abgelehnt. Die Arbeit zeigt insgesamt, dass in § 661a BGB seit seiner Einführung große Hoffnungen gesetzt wurden. Tatsächlich ist die Vorschrift aber nicht nur falsch verortet, sie vermag vor allem im internationalen Bereich an die in sie gesetzten Erwartungen nicht heranzureichen.

C) Die verschiedenen Arten von Gewinnzusagen

Die Vorschrift behandelt drei mögliche Erscheinungsformen von Gewinnzusagen. Sie erfasst einmal diejenigen Gewinnzusagen, bei denen ein Unternehmer U ein Schreiben schickt, in dem er einem Verbraucher V zusagt, dieser hätte gewonnen, ihn aber zugleich auf das eigene Warenangebot hinweist. Besteht in diesem Fall zwischen dem Hinweis auf das eigene Warenangebot und der Zusage keinerlei innere Verbindung, so kann man den Tatbestand als isolierte Gewinnzusage bezeichnen. § 661a BGB erfasst allerdings auch eine andere Art von Gewinnzusagen, welche im Folgenden als geschäftsakzessorische Gewinnzusagen bezeichnet werden. Eine geschäftsakzessorische Gewinnzusage liegt dann vor, wenn der Unternehmer den Erhalt des Gewinnes vom Kauf von Waren aus dem Katalog oder der Inanspruchnahme von Dienstleistungen aus dem eigenen Sortiment abhängig macht. Diese Variante ist in der Rechtspraxis die häufigste. Daneben erhalten Verbraucher oft auch Zusagen, welche sie über einen Gewinn informieren, bei denen der Zusagende aber in irgendeiner Weise dazu anhält, eine teure 0900er-Nummer (früher 0190er) anzurufen. Diese Art der Gewinnzusagen taucht ihrerseits in zwei Varianten auf. In der einen Variante ist der Anruf der Nummer Voraussetzung für den Erhalt des Gewinns. Dieser Fall ist de facto nur eine andere Spielart der geschäftsakzessorischen Gewinnzusage. In der anderen Variante soll der Verbraucher unter der Nummer Näheres über seinen Gewinn erfahren können, der Anruf wird aber in keiner Weise zur Voraussetzung des Erhaltes des Gewinns gemacht. Diese Variante fällt ihrerseits unter die isolierten Gewinnzusagen, da der Anruf die Inanspruchnahme einer Dienstleistung darstellt. Der Impuls, der den Verbraucher zum Anruf der oftmals weit überteuerten Rufnummern anhält, ist Neugier. Die Verursachung weiterer Kosten erfolgt hier aus einem autonomen Impuls des Verbrauchers, wie es auch bei den übrigen Formen der isolierten Gewinnzusage ist, wo der Verbraucher sich nämlich aufrafft und schriftlich unter Einsatz von Papier und Briefporto seinen Gewinn einfordert. Die Gesetzgeber sowohl des § 661a BGB als auch des § 5j ösKSchG, der österreichischen Parallelvorschrift, wollten eine derartige Unterscheidung zwar gerade vermeiden.[5] Für die Erfassung der Tatbestände ist sie aber, wie sich im Folgenden zeigen wird, unerlässlich.

---

[5] *Mörsdorf-Schulte*, JZ 2005, 770 (780); *Piekenbrock/Schulze*, IPrax 2003, 328 (329).

Erstes Kapitel: Die Rechtslage ohne § 661a BGB

Bis zu seinem Inkrafttreten am 30.06.2000 fehlte es an einer Regelung der Gewinnzusage im deutschen Recht. Ohne diese Vorschrift war eine Handhabung der mit der Gewinnzusage verbundenen Rechtsprobleme in Deutschland nicht möglich.

A) Die deutsche Rechtslage vor Einführung des § 661a BGB

Vor Einführung des § 661a BGB war das Versenden einer Gewinnzusage für einen Unternehmer ungefährlich. Zwar war es möglich, gegen Unternehmen, die Gewinnzusagen versandten, wettbewerbliche Schritte zu ergreifen, wie etwa das Bewirken einer Unterlassungsverpflichtung nach §§ 1, 13 II UWG. Man konnte Gewinnzusagen versendende Unternehmen rechtlich zu belangen, indem man ihnen die Ausübung psychischen Kaufzwanges mittels Bindung eines Preisausschreibens an die Warenabnahme vorwarf.[6] Dieses Vorgehen war jedoch den Konkurrenten und gewerblichen Interessenvereinen vorbehalten.[7] In Einzelfällen konnte der Staatsanwalt tätig werden, wenn die Gewinnzusage eine der Strafvorschriften verletzte.[8] Im BGB verhinderten die Vorschriften des Vertragsrechts, allen voran § 518 I 1, aber auch §§ 657, 661, 762 BGB, dass der Unternehmer an seine Erklärung gebunden werden konnte.[9] Gewinnzusagen waren entweder formnichtige Schenkungsversprechen, § 518 BGB, oder unverbindliche Ausspielungen, § 762 I BGB.[10] So war es den Unternehmen möglich, im Rechtsverkehr Zusagen zu machen, an denen man sie nicht festhalten konnte. Das Amtsgericht Cloppenburg und das Landgericht Oldenburg unternahmen einmal den Versuch, die vom Gesetz vorgegebene Hürde des § 518 I BGB zu übergehen, indem die Richter feststellten, die Gewinnzusage sei entgeltlich, weil eine subjektiv gleichwertige Gegenleistung in Form der Teilnahme an einer sogenannten Kaffeefahrt zum Preis von 14,90 DM zur Erlangung des Preises, ei-

---

[6] *Rauscher/Schülke*, EuLF 2000/2001, 334 (335); *Härting*, Fernabsatzgesetz, 2000, Einl. Rn. 117.

[7] vgl. §§ 1, 13 II UWG a. F., heute §§ 3, 8 III UWG, sowie BGHZ 147, 296 (300); BGH, NJW-RR 1995, 808 (809); BGH, NJW 1996, 723; BGH, NJW-RR 1989, 811; BGHZ 106, 229 = NJW 1989, 902; *Wied*, Gewinnversprechen von Versandfirmen, Dissertation, 2003, Seite 47.

[8] BGH, NJW 2002, 3415.

[9] OLG Dresden, IPrax 2002, 421 (422) = VuR 2002, 187 (188); OLG Stuttgart, MDR 1986, 756; OLG Düsseldorf, NJW 1997, 2122 (2123); *Schröder/Thiessen* NJW 2004, 719.

[10] *Lorenz*, NJW 2000, 3305 (306); *Härting*, Fernabsatzgesetz, 2000, Einl. Rn. 117; Erman, *Ehmann*, BGB, 2004, § 661a BGB, Rn. 1.

nes Farbfernsehers, erforderlich war.[11] Dieses Vorgehen wurde in der deutschen Literatur zu Recht abgelehnt. Die bestehenden Formvorschriften dürfen schon aus Gründen der Rechtssicherheit nicht einfach übergangen werden.[12] Das Erfordernis der Gegenleistung ist eine Hürde für die Formfreiheit. Bloß unbedeutende Gegenleistungen haben daher außer Acht zu bleiben.[13] Es lässt sich immer irgendeine Verpflichtung des Beschenkten finden, die man als „Gegenleistung" für die Schenkung ansehen könnte. Daher ist es umso wichtiger, dass man die Formvorschrift restriktiv auslegt, da § 518 BGB sonst bald überflüssig würde. Bei der Beurteilung, ob für eine Leistung eine Gegenleistung gefordert wird, ist auf das Gesamtbild abzustellen. Dieses ist bei der Gewinnzusage eben gerade nicht gegenseitig. Aus diesem Grund erkannten die Oberlandesgerichte die Argumentation des Amtsgerichts Cloppenburg, bzw. des Landgerichts Oldenburg auch zu Recht nicht an.[14] Auch die Zuhilfenahme des Deliktsrechts führte im Ergebnis nicht weiter. Zunächst kam eine deliktsrechtliche Behandlung der Gewinnzusage nur dann in Betracht, wenn man mit einer Ansicht in der Literatur dem Verbraucher einen Anspruch aus § 823 II BGB i.V.m. § 1 UWG wegen der sittenwidrigen Schädigung zusprach,[15] was Teile der Rechtsprechung schon deswegen ablehnten, weil die Anspruchsnormen des UWG § 823 II BGB verdrängen.[16] Doch selbst dann scheiterte man daran, dass ein derartiger Anspruch auf das negative Interesse gerichtet gewesen wäre. Die nicht erfüllte Erwartung, einen Gewinn zu erhalten, stellt jedoch keine minderungsfähige Vermögensposition dar, welche einen deliktsrechtlich erheblichen Schaden verursachen könnte.[17] Wenn der Verbraucher tatsächlich wegen der Gewinnzusage einen Schaden erlitten hatte, reichte dieser bei weitem nicht an den zugesagten Gewinn heran. Daher war die Wahrscheinlichkeit, dass ein Unternehmen wegen einer Gewinnzusage in irgendeiner Weise zur Rechenschaft gezogen wurde, vernichtend gering.

---

[11] AG Cloppenburg vom 03. 11. 1998, Az. 1b C 23/98; LG Oldenburg vom 13. 11. 1998, Az. 2 S 909/98.
[12] BGHZ 45, 179 (182); BGHZ 92, 164 (172).
[13] *Larenz*, Schuldrecht AT Bd I, 1987, § 15 I, S. 203.
[14] OLG Düsseldorf, NJW 1997, 2122 (2123).
[15] BGHZ 15, 338 (355f); *Fricke*, GRUR 1976, 680 (682); *Wied*, Gewinnversprechen von Versandfirmen, Dissertation, 2003, Seite 53; *Traub*, GRUR 1980, 673 (676); *Sack*, BB 1974, 1369 (1372); ders., NJW 1975, 1303 (1305); *Schricker*, GRUR 1975, 111 (120).
[16] OLG Düsseldorf, NJW 1997, 2122 (2123).
[17] *Wied*, Gewinnversprechen von Versandfirmen, Dissertation, 2003, Seite 54.

B) Die österreichische Rechtslage vor Einführung des § 5j KSchG

Die Rechtslage in Österreich vor der Einführung des § 5j ösKSchG ähnelte sehr der deutschen Situation. Zwar war es möglich, denjenigen Unternehmern, die Gewinnzusagen versandten, einen Verstoß gegen § 28 ösUWG vorzuwerfen, notfalls im Wege der Verbandsklage.[18] Klagen auf Leistung des versprochenen Gewinns scheiterten hingegen an §§ 1271f ABGB, wonach Wetten oder Preisausschreiben nur dann verbindlich sind, wenn der Preis geleistet oder hinterlegt worden ist.[19] Zudem fehlt es im Fall der Gewinnzusagen, bei denen ein Gewinn als bereits gewonnen verkündet wird, an der für Wetten und Preisausschreiben typischen Übernahme eines Risikos.[20] Eine Schenkung hingegen kann im österreichischen Recht zwar, anders als im deutschen Recht, schriftlich erklärt werden, § 943 ABGB. Das österreichische Recht nimmt in § 941 ABGB jedoch ausdrücklich das Schuldanerkenntnis aus dem Anwendungsbereich des Schenkungsrechts heraus, sodass auch hier eine bloß schriftliche Erklärung der Gewinnzusage nicht ausreichte. Insgesamt ließ sich ein Erfüllungsanspruch des Empfängers einer Gewinnzusage nicht begründen. Umgekehrt konnte man allein über die Regeln des Wettbewerbsrechts der großen Zahl von Wettbewerbsverstößen durch Gewinnzusagen nicht Herr werden.[21]

C) Die Behandlung der Gewinnzusage im französischen Recht

Im französischen Recht findet sich bis heute keine ausdrückliche Regel zur Gewinnzusage.[22] Es kennt allerdings einen entsprechenden Anspruch des Verbrauchers. Dessen rechtliche Erfassung ist jedoch sehr umstritten. Bis zum Jahr 1995 stellte ein Teil der Rechtsprechung auf die Generalklausel des französischen Deliktsrechts, Art 1382 Code Civil, ab. Die Gerichte gingen dabei davon aus, es handele sich um eine Verantwortung aufgrund täuschenden Verhaltens, und sie sprachen demjenigen Verbraucher, der an die Zusage glaubte, einen Schadensersatz zu.[23] Doch das französische Deliktsrecht war für die Behandlung der Gewinnzusagen nicht ausreichend.[24] Es stellte sich nämlich das Problem, dass das französische Recht für einen deliktsrechtlichen Schadensersatzanspruch einen Schaden voraussetzt. In diesem Punkt stimmt es folglich mit dem deutschen

---

[18] vgl. OGH, GRUR Int 1985, 209.
[19] *Brenn*, ÖJZ 2005, 698; *Faber*, wbl 2004, 553f; *McGuire*, ecolex 2005, 489 (490); Rummel, ABGB, Bd. II, 2002, *Krejci*, § 5j KSchG, Rn. 1.
[20] *Brenn*, ÖJZ 2005, 698.
[21] *Rauscher/Schülke*, EuLF 2000/2001, 334 (336).
[22] *Witz/Reinert*, ZEuP 2005, 134 (136).
[23] Cour d'appell de Paris, Vie jud. 10. 03. 1996, 9.
[24] *Fages*, FS Sonnenberger, 2004, Seite 226.

Recht überein. Bei der Gewinnzusage kann allenfalls ein materieller Schaden vorliegen, wenn die „glückliche Gewinnerin eines Fahrzeugs“ in Erwartung ihres Gewinnes Fahrstunden nimmt. Regelmäßig kam mangels Vorliegens eines entsprechenden Schadens der Ersatz eines solchen nicht in Betracht.[25] Ein etwa erlittener Nichtvermögensschaden wegen der geplatzten Erwartung hingegen reicht nie an den Wert des versprochenen Gewinns heran.[26] Art. L 121-36 des *Code de la Consommation*, welcher die Lotterien reglementiert, half für die Behandlung der Gewinnzusagen ebenso wenig, da diese Vorschrift lediglich Standards für die Zulässigkeit und die Durchführung von Lotterien festlegt.[27] Die französische Literatur kam daher bald zu einer Verortung des Problems im Bereich des Schuldrechts. Sie versuchten dabei zunächst, in der Gewinnzusage einen Vertrag zu sehen, wobei man davon ausging, es handele sich um einen Schenkungsvertrag. Die Gewinnzusage selbst wäre in diesem Fall als ein Vertragsantrag anzusehen, welcher mit der Geltendmachung des Anspruchs oder mit der Vornahme der in der Gewinnzusage geforderten Handlung angenommen werde.[28] Diese Idee entspricht den Ansätzen des deutschen Rechts. Allerdings ist die Schenkung auch in Frankreich formbedürftig. Sie bedarf einer *„acte authentique“*, also einer notariellen Beurkundung, Art 931 Code Civil. Ausnahmen zu dieser Regel hat die Rechtsprechung zwar bei der Handschenkung sowie der direkten und indirekten Schenkung zugelassen, die Gewinnzusage gehört aber zu keiner dieser Fallgruppen.[29] Der Ansatz wurde als unbefriedigend angesehen.[30] Deshalb wurde er auch bald verworfen.

Teile der Literatur halten bis heute an der bis zur Entscheidung der *Chambre Mixte de la Cour de Cassation* vom 06.09.2002[31] auch in der Rechtsprechung vorherrschenden Ansicht fest, welche die Gewinnzusage als einen Fall des "*engagement unilatéral de volonté*", also eines einseitigen, der Annahme nicht bedürfenden Willensaktes ansah.[32] Weil das *engagement unilatéral de volonté* die

---

[25] *Mestre*, Revue Trimestrielle de Droit Civil civ. 1996, 397 (398), unter Verweis auf einen arrêt des Cour d'appell de Paris, Vie jud. 10. 03. 1996, 9; *Terrier*, Recueil Dalloz, 2004 Chr. 179 (180).

[26] *Witz/Reinert*, ZEuP 2005, 134 (136f); *Mestre*, RTD civ. 1996, 397 (398), unter Verweis auf einen arrêt des Cour d'appell de Paris, Vie jud. 10. 03. 1996, 9.

[27] *Fages*, FS Sonnenberger, 2004, Seite 226f.

[28] Cour de Cassation, La Semaine Juridique (JCP) 1998 I, no (1) 55; Cour de Cassation, La Semaine Juridique (JCP) 2002, II, S. 10104.

[29] *Witz/Reinert*, ZEuP 2005, 134 (137f).

[30] *Libchaber*, Recueil Dalloz 1999, Somm., Seite 109; *Mazeaud*, Recueil Dalloz 2002, Jur., 2963 (2965); ders., Recueil Dalloz 1997, Somm, S. 168 (169).

[31] Chambre Mixte de la Cour de Cassation, Recueil Dalloz 2002, Jur., 2963 = ZEuP 2005, 134.

[32] Cour de Cassation, Recueil Dalloz 1996, Jur p. 180; Cour d'Appel de Toulouse, besprochen in Recueil Dalloz 1997, Somm, S. 168; *Mazeaud*, Recueil Dalloz 1997, Somm, S. 168; ders., Recueil Dalloz 2002, Jur., 2963 (2964); *Mestre*, Revue Trimestrielle de Droit Civil civ. 1996,

bloße Existenz eines Willensaktes ausreichen lässt, um eine rechtlich erhebliche Verpflichtung auszusprechen, würde für die rechtliche Verbindlichkeit der Erklärung genügen, dass der Unternehmer den Verbraucher zum Kauf bewegen möchte, weil er damit einen bestimmten und durchdachten Willen äußert.[33] Ein Rückgriff auf das *engagement unilatéral de volonté* erfolgt in der französischen Rechtsprechung in der Regel dann, wenn sie den Rechtsverkehr moralisieren und politische Gesichtspunkte wie den Schutz des Empfängers adäquat berücksichtigen wollte.[34] Im Fall der Gewinnzusage wollten die Gerichte dem Sender die Möglichkeit nehmen, sich auf solche Tatsachen zu berufen, die nicht aus dem Anschreiben hervorgingen.[35] Sie konnten hierbei sogar die Tatsache übergehen, dass der Verbraucher tatsächlich nicht an das Bestehen einer solchen Forderung glaubt. Damit geht das französische Recht weiter als das deutsche, welches Die einseitige Willenserklärung als gesondertes Rechtsgeschäft nur in Form der Auslobung kennt. Diese scheidet bei persönlicher Adressierung aber aus.[36] Geht das Schreiben einem begrenzten und bekannten Personenkreis zu, so liegt nach deutschen Recht in der Regel gerade keine Auslobung sondern eher ein Preisausschreiben im Sinne von § 661 BGB vor.[37] Hier liegt ein entscheidender Unterschied zwischen der französischen und der deutschen Rechtslage. In Frankreich brachte die *Cour de Cassation* der Diskussion um die Natur des Anspruchs auf den zugesagten Gewinn neue Nahrung, indem sie am 06.09.2002 entschied, bei der Gewinnzusage handele es sich tatsächlich um einen Fall des Quasikontrakts, welcher Art 1371 Code Civile unterfalle.[38] Weil es um Ansprüche geht, welche trotz Vorliegens einer besonderen Nähebeziehung nicht vertraglich im engeren Sinne sind, entspricht diese Rechtsfigur der deutschen *culpa in contrahendo*.[39] Die *Cour de Cassation* hat ihre Entscheidung in jüngerer Zeit

---

397f, mit Verweis auf einen arrêt des cour d'appell de Douai vom 10. 02. 1993 und einem arrêt des cour de Cassation, Civ 1re vom 28. 03. 1995; *Delebecque*, Recueil Dalloz, 1995, Somm., 227; *Terrier*, Recueil Dalloz, 2004 Chr. 179 (181); *Libchaber*, Recueil Dalloz 1999, Somm., Seite 109 (119); *Mestre*, Revue Trimetrielle de Droit Civil civ. 1995, 886.

[33] *Mestre*, Revue Trimetrielle de Droit Civil civ. 1995, 886 (887); *Terrier*, Recueil Dalloz, 2004 Chr. 179 (180).

[34] *Libchaber*, Recueil Dalloz 1999, Somm., Seite 109 (110).

[35] *Libchaber*, Recueil Dalloz 1999, Somm., Seite 109 (110); *Mestre*, Revue Trimetrielle de Droit Civil civ. 1995, 886 (887).

[36] OLG Düsseldorf, NJW 1997, 2122; *Rauscher/Schülke*, EuLF 2000/2001, 334 (336); abweichend vor allem Staudinger, *Bergmann*, BGB (2006), § 657, Rn. 54, der auf die Ungewissheit über die Person dessen, der tätig werden wird abstellt, so dass eine Auslobung auch bei zwei mit Namen versehenen Schreiben gegeben sein kann, wenn ungewiss ist, welcher der Adressaten handeln wird.

[37] Erman, *Ehmann*, BGB, 2004, § 661a BGB, Rn. 1; Palandt, *Sprau*, § 657 Rn. 4.

[38] Chambre Mixte de la Cour de Cassation, Bulletin Civil 2002, No. 4. = Recueil Dalloz 2002, Jur., 2963 = ZEuP 2005, 134.

[39] MK, *Sonnenberger*, Einl. IPR, 2006, Rn. 62, dort Fn. 235.

noch einmal bekräftigt,[40] was in der Literatur nicht unbedingt auf Gegenliebe stößt.[41] In der Tat war die Entscheidung schon deswegen überraschend, weil in Frankreich bis zu dieser Entscheidung der *Chambre Mixte* niemand die Lösung über den Quasikontrakt auch nur in Betracht gezogen hatte.[42] Die entsprechende Vorschrift des Code Civil geht zurück auf Justitian, der den Grundsatz *iure naturae aequum est neminem cum alterius detrimento et iniuria fieri locupletiorem*[43] in D.12.6.14 und in D.50.17.206 in die Digesten aufgenommen hat.[44] Im römischen Recht erfasste die Rechtsfigur der *obligatio quasi ex contractu* diejenigen Fälle, welche weder klar deliktsrechtlich noch klar vertraglich einzuordnen waren.[45] Im französischen Recht ist gem. Art 1371 Code Civil ein Quasikontrakt eine freiwillige Betätigung eines Menschen, die eine irgend geartete Verpflichtung gegenüber einem Dritten begründet und gelegentlich eine gegenseitige Verpflichtung der Parteien. Unter diese Gruppe fallen bisher die *répétition de l'indu* (Leistungskondiktion) und die *gestion d'affaire* (Geschäftsführung ohne Auftrag).[46] Für die Gewinnzusage verlangte die *Chambre Mixte*, dass der Absender den Empfänger in einer Weise benennt, dass dieser sich unmittelbar angesprochen fühlt, weshalb in der Sache kein Vertrag und kein deliktischer Anspruch, sondern eine Haftung für subjektives Vertrauen geschaffen wurde.[47] Dies machte die *Chambre Mixte* in einer Entscheidung vom 06.09.2002 noch einmal besonders deutlich, als sie einem weniger naiven Empfänger einer Gewinnzusage, der die Zusage zur Überprüfung etwaiger Ansprüche an seinen Anwalt übergab, einen Anspruch auf den Gewinn absprach und ihm eine Geldbuße wegen missbräuchlicher Beschreitung des Rechtswegs auferlegte.[48] Einige Stimmen in der Literatur werfen den Befürwortern der Anwendung des Quasivertrages auf die Gewinnzusage vor, eine derartige Anwendung liefe auf eine bloße Auffangfunktion des Quasikontrakts für alle diejenigen Tatbestände hinaus, die man mit den hergebrachten Rechtsfiguren nicht fassen könne. Grund für die Bemühung des Quasivertrags sei letztlich gewesen, dass die gesetzlichen Vorschriften, über die man das zusagende Unternehmen hätte zur Verantwortung ziehen können, deliktsrechtlicher Natur waren und daher einen Schaden

---

[40] Cour de Cassation, Bulletin Civil, 2003, Nr. 85.

[41] *Fages*, FS Sonnenberger, 2004, Seite 233; *Terrier*, Recueil Dalloz, 2004 Chr. 179; *Witz/Reinert*, ZEuP 2005, 134 (142).

[42] *Fages*, FS Sonnenberger, 2004, Seite 230, 233.

[43] *„Aus dem Recht der Natur ist es billig, dass niemand auf Kosten des anderen bereichert wird.*"

[44] *Bürge*, FS Sonnenberger, Seite 1 (4).

[45] *Mazeaud*, Recueil Dalloz 2002, Jur., 2963 (2964); *Zimmermann*, Law of Obligations, 1990, S. 14f; *Terrier*, Recueil Dalloz, 2004 Chr. 179 (183); *Witz/Reinert*, ZEuP 2005, 134 (140).

[46] *Fages*, FS Sonnenberger, 2004, Seite 233.

[47] *Fages*, FS Sonnenberger, 2004, Seite 231f.

[48] Chambre Mixte de la Cour de Cassation, Bulletin Chambre Mixte, Nummer 5; *Fages*, FS Sonnenberger, 2004, Seite 232.

voraussetzten.[49] Die Entscheidung der *Cour de Cassation* fuße allein auf dem Willen, den Unternehmer für sein lästiges Verhalten zur Verantwortung zu ziehen.[50] Dies widerspreche jedoch dem Bedürfnis nach Rechtssicherheit.[51] Der Vorwurf ist insoweit berechtigt als tatsächlich eines der Hauptmotive für die Verantwortung des Unternehmers die Sanktion für das Hervorrufen falscher Hoffnungen war.[52] Dennoch erscheint die Argumentation der Gegner des Quasivertrags auf den ersten Blick befremdlich, kam doch dem Quasikontrakt im römischen Recht genau eine solche Auffangfunktion zu.[53] Maßgeblich für die Einordnung als Quasikontrakt war im römischen Recht lediglich ein negotiatorisches Element.[54] Aus diesem Grund fielen im römischen Recht die Ansprüche aus ungerechtfertigter Bereicherung, Geschäftsführung ohne Auftrag, die Vormundschaft, das Damnationslegat sowie Teilungsansprüche unter die Rechtsfigur des Quasikontrakts.[55] Fehlte es hingegen an einem negotiatorischen Element, handelte es sich um ein Delikt oder ein Quasidelikt. So fielen insbesondere Ansprüche gegen den Schiffer, Gast- oder Stallwirt aufgrund von Diebstählen und Schäden, die ihre Angestellten verursacht hatten unter die letztgenannte Gruppe der Quasidelikte.[56] Da bei der Gewinnzusage rechtlich erhebliche Äußerungen von Sender und Empfänger unzweifelhaft gegeben sind, unterfiele sie eher der Gruppe der Quasikontrakte. Wirklich weiterhelfen kann der Blick auf das römische Recht aber allenfalls eingeschränkt, da es doch bedeutende Unterschiede zwischen dem römischen Recht und dem französischen Recht gibt. So kannte das römische Recht zum Beispiel eine Figur wie die Schenkung nur im Sachenrecht, wo die *donatio* einen Behaltensgrund darstellt.[57] Allerdings spricht auch im französischen Recht vieles für eine Verortung der Gewinnzusage im Bereich der Quasikontrakte. Eine solche Verortung lässt sich insbesondere gut vertreten, wenn man fragt, was die Quasikontrakte im französischen Recht kennzeichnet. Zwar ist jenes in der französischen Literatur genauso umstritten wie die Natur der Gewinnzusage selbst. Eine Ansicht stellt auf den allen Tatbe-

---

[49] *Terrier*, Recueil Dalloz, 2004 Chr. 179 (180).

[50] befürwortend *Mazeaud*, Recueil Dalloz 2002, Jur., 2963 (2964, 2967); krit. *Terrier*, Recueil Dalloz, 2004 Chr. 179 (180).

[51] *Fages*, FS Sonnenberger, 2004, Seite 233.

[52] Chambre Mixte de la Cour de Cassation, Bulletin Civil 2002, No. 4. = Recueil Dalloz 2002, Jur., 2963 = ZEuP 2005, 134 (135).

[53] *Mazeaud*, Recueil Dalloz 2002, Jur., 2963 (2964); *Zimmermann*, Law of Obligations, 1990, S. 14f; *Terrier*, Recueil Dalloz, 2004 Chr. 179 (183); *Witz/Reinert*, ZEuP 2005, 134 (140).

[54] *Kaser*, Römisches Privatrecht, 3. Teil, 3. Bd., 2. Abschn., 1975, § 260 II; *Mayer-Maly*, Römisches Recht, 1999, § 30 I.

[55] *Honsell*, Römisches Recht, 1992, § 33; *Kaser*, Römisches Privatrecht, 3. Teil, 3. Bd., 2. Abschn., 1975, § 260 I.

[56] *Honsell*, Römisches Recht, 1992, § 33; *Kaser*, Römisches Privatrecht, 3. Teil, 3. Bd., 2. Abschn., 1975, § 260 I.

[57] *Kaser*, Römisches Privatrecht, 3. Teil, 3. Bd., 1. Abschn., 1971, § 140 I 1.

ständen gemeinsamen, freiwilligen, altruistisch motivierten Akt als Grundlage, der zu einer Vermögensverschiebung geführt hat, ab, welche es nun aus Billigkeitsgründen auszugleichen gilt.[58] Ein anderer Teil der Literatur sucht die Gemeinsamkeiten der verschiedenen Quasikontrakte weniger in der Ursache als mehr in der Art der Haftung. Der Schwerpunkt wird nicht auf das Bestehen eines subjektiven Willen der einen Partei gelegt sondern auf die Annahme einer vertraglichen Nähebeziehung durch einen neutralen Beobachter, sodass auch diejenigen Fälle mit dem Quasivertrag erfasst werden können, in denen das Bestehen eines Vertrages erzwungen wird.[59] Dieser Streit ist aber für die Erfassung der Gewinnzusage unerheblich, weil die Gewinnzusage ein Dokument ist, in dem das Bestehen eines solchen Willens niedergelegt ist.[60] Daher liegt nach dem Empfängerhorizont tatsächlich ein solcher Wille vor, der es rechtfertigt, den tatsächlichen Willen des Unternehmers zu übergehen und die Gewinnzusage einem Vertrag ähnlich zu behandeln.[61] Es ist der Seriositätsanspruch des auftretenden Unternehmens, den dieses selbst in seinem Anschreiben unterstrichen hat, der dazu führt, dass sein Schreiben rechtliche Folgen nach sich zieht.[62] Aus diesem Grund läge nach der erstgenannten Ansicht ein Quasikontrakt vor. Doch auch bei der Gegenansicht wäre die Gewinnzusage als Quasikontrakt zu fassen, da bei einem Schreiben, welches dem Empfänger mitteilt, er habe etwas gewonnen, für einen neutralen Beobachter die Annahme einer vertraglichen Nähebeziehung nahe liegt. Damit ist die Einordnung der Gewinnzusage als Quasikontrakt im französischen Recht mit den durch die *Cour de Cassation* erarbeiteten Voraussetzungen alles andere als abwegig. Für die Behandlung der Gewinnzusage nach deutschem Recht hilft diese Feststellung allerdings nicht, da das deutsche Recht nicht nur keinen Quasikontrakt kennt, sondern sich die Gewinnzusage auch unter keinen der unter die Quasikontrakte fallenden Tatbestände fassen lässt. Sie ist weder ein Fall der Leistungskondiktion noch eine Geschäftsführung ohne Auftrag.

Im Ergebnis bleibt festzuhalten, dass das französische Recht dem Verbraucher einen Anspruch auf Auszahlung des zugesagten Gewinnes zuspricht. Dieser Anspruch unterliegt in jedem Fall dem vertraglichen Haftungsregime, entweder über das *engagement unilatéral de volonté* oder über den Quasivertrag. Das deliktische Haftungsregime ist das einzige, was sich eindeutig ausschließen lässt, da

[58] *Mazeaud*, Recueil Dalloz 2002, Jur., 2963 (2965); *Bürge*, FS Sonnenberger, 2004, S. 1 (4); *Schlechtriem*, Restitution und Bereicherungsausgleich in Europa, Bd. I, 2000, S. 2, dort FN 1 m. w. N.; *Terrier*, Recueil Dalloz, 2004 Chr. 179 (180); *Witz/Reinert*, ZEuP 2005, 134 (140); *Zimmermann*, Law of Obligations, 1990, S. 20.

[59] *Honorat, J*, Revue Trimetrielle de Droit Civil civ. 1969, 653; *Honorat, A.*, Recueil Dalloz 2000, Somm. 328.

[60] *Mazeaud*, Recueil Dalloz 2002, Jur., 2963.

[61] *Mazeaud*, Recueil Dalloz 2002, Jur., 2963 (2965).

[62] *Mazeaud*, Recueil Dalloz 2002, Jur., 2963 (2967).

es im Fall der Gewinnzusage an dem hierfür erforderlichen zu ersetzenden Schaden fehlt. Doch erscheinen die von der französischen Rechtsprechung beschrittenen Wege rechtsdogmatisch in jeder Hinsicht zweifelhaft. Man gewinnt den Eindruck, dass sich die Rechtsprechung der Tatsache bewusst ist, dass die Gewinnzusagen im französischen Recht nicht richtig erfasst werden kann. Sie bedient sich daher all derer Anspruchsgrundlagen, deren Voraussetzungen vage genug sind, um die Rechtsfolge, dass der Unternehmer zu zahlen hat, irgendwie fassen zu können.

D) Die Gewinnzusage im italienischen Recht

Auch das italienische Recht kennt einen Erfüllungsanspruch des Empfängers einer Gewinnzusage ohne eine die Materie ausdrücklich regelnde Vorschrift. Die italienische Rechtsprechung zog es ernsthaft in Betracht, die Gewinnzusage unter die in Art 769 des italienischen Codice Civile geregelte Schenkung zu fassen. Sie scheiterte allerdings daran, dass das Gesetz vom Schenkenden einen *animus donandi*, d.h. einen autonomen Wunsch des Schenkers, das andere Subjekt ohne Gegenleistung zu bereichern, Art 1050 c.c. (1865) erfordert.[63] Der Schenkende soll im italienischen Recht aus Freigiebigkeit handeln. Der Annahme eines derartigen Willens auf Seiten des Unternehmers steht ein ökonomisches Eigeninteresse entgegen. Nach Ansicht der Gerichte genügt für das Vorliegen eines Eigeninteresses der Wille, sich gegenüber Dritten auf die eigene Freigiebigkeit zu berufen.[64] Dem Gedanken der Freigiebigkeit widerspräche sogar das Bestehen einer moralisch-sittlichen Verpflichtung, Art 770 Codice Civile. An diesem Punkt scheiterten die italienischen Versuche einer schenkungsrechtlichen Einordnung der Gewinnzusagen. Überdies bedarf die Schenkung auch im italienischen Recht der notariellen Form.[65] Die Annahme einer Auslobung scheitert hingegen an Art 1989 Codice Civile, welcher, wie § 657 BGB im deutschen Recht bestimmt, dass eine solche nicht gegenüber einzelnen Personen abgegeben werden kann.[66] Die italienische Rechtsprechung bediente sich am Ende dem Recht der Preisausschreiben (ital.: *concorso a premi*), welche in Italien durch die Vorschriften des RDL 19-X-1938, 1933 geregelt werden.[67] Ein Preisausschreiben ist demnach ein Verhältnis, in dem sich eine Partei, welche das Spiel organisiert hat, gegen Bezahlung einer Geldsumme oder nach Abschluss eines

[63] Tribunale di Roma, in Foro Italiano 1995 1 I 1355 (1357) – *Caparesi/Postalmarket*.
[64] Tribunale di Roma, in VuR 1996, 135 (136) = Foro Italiano 1995 1 I 1355 (1357f) – *Caparesi/Postalmarket*.
[65] *Zweigert*, JZ 1964, 349 (350).
[66] Tribunale di Roma, VuR 1996, 135 = Foro Italiano 1995 1 I 1355 (1357) – *Caparesi/Postalmarket*; *d'Usseaux*, VuR 1996, 136 (137).
[67] *d'Usseaux*, VuR 1996, 136 (137).

Austauschvertrages dazu verpflichtet, eine Geldleistung für ein Los oder unter bestimmten anderen Bedingungen zu erbringen.[68] An dieser Vorschrift machte wohl das *Tribunale di Milano* seine Entscheidung fest, als es im Jahr 1992 festlegte, dass ein gutgläubiger Verbraucher sich auf einen zugesagten Gewinn aus einem Preisausschreiben berufen könne.[69] Die Tatsache, dass eine Ausspielung nicht stattgefunden hatte, überging das *Tribunale*, indem es auf die Grundsätze über den Rechtsschein zurückgriff. Voraussetzung für das Bestehen eines solchen Erfüllungsanspruchs sollte es demnach sein, dass die Erklärung geeignet ist, einen Verbraucher zu täuschen, und dass sie dies im konkreten Fall auch getan hat, wobei das Tribunal es für letzteres ausreichen ließ, dass eine Bösgläubigkeit nicht nachgewiesen wurde.[70] Allerdings ist der Begriff des guten Glaubens im italienischen Recht nicht so weit reichend, wie der des deutschen Rechts. Im italienischen Recht genügt schon die bloße Möglichkeit, dass der Verbraucher im konkreten Fall einzelne Teile der Zusage hätte anzweifeln können, den Status der Gutgläubigkeit zu beseitigen.[71] Selbst ein subjektiv gutgläubiger Verbraucher gilt dann nicht mehr als gutgläubig, wenn er sich durch Nachlässigkeit zu seiner Gutgläubigkeit hat verleiten lassen.[72] Dies führt dazu, dass im Einzelfall schlechte Erfahrungen des Verbrauchers mit früheren Angeboten derselben Art auch ein schutzwürdiges Vertrauen von vornherein ausschließen.[73] Eine langwierige Geschäftsbeziehung zwischen dem Unternehmen und dem Verbraucher ist für diese Art der Auslegung indes nicht erforderlich.[74] Bedient sich der Unternehmer allgemeiner Geschäftsbedingungen bei der Zusage des Gewinnes, so werden diese gem. Art 1370 Codice Civile zugunsten des Verbrauchers ausgelegt.[75] Der Inhalt der Vereinbarung entspricht dem, was die eine Partei durch ihre Erklärung zu verstehen gab, und was diese gemessen an einem üblichen Sorgfaltsmaßstab auch tatsächlich so verstehen durfte.[76] Von dieser Art der Auslegung ging das *Tribunale di Milano* in einer späteren Entscheidung allerdings auch ohne Vorliegen allgemeiner Geschäftsbedingungen aus, indem es dem beklagten Unternehmer aus Gründen von Treu und Glauben die Möglichkeit verschloss, sich hinter einer geschickten, zweideutigen Formu-

---

[68] *d'Usseaux*, VuR 1996, 136 (137).
[69] Tribunale di Milano, Giurisprudenza Italiana 1993, 740 (745) – *Morano/Postalmarket G. Di. A.; Lorusso*, Giurisprudenza Italiana 1993, 739 (740).
[70] Tribunale di Milano, VuR 1996, 134 (135) – *Vestro*; Tribunale di Milano, Giurisprudenza Italiana 1993, 739 – *Pedone/Postalmarket G. Di. A.;* Tribunale di Milano, Giurisprudenza Italiana 1993, 740 (746) – *Morano/Postalmarket G. Di. A.* .
[71] Tribunale di Milano, VuR 1996, 134 (135) –*Vestro*.
[72] Corte di Cassatione, Repertorio Foro Italiano 1991, Contratto (in generale) Nr. 355.
[73] Tribunale di Milano, VuR 1996, 134 (135) – *Vestro*; Tribunale di Milano, Giurisprudenza Italiana 1993, 739 – *Pedone/Postalmarket G. Di. A.* .
[74] Tribunale di Milano, Giurisprudenza Italiana 1993, 740 – *Morano/Postalmarket G. Di. A.* .
[75] *d'Usseaux*, VuR 1996, 136 (138).
[76] *d'Usseaux*, VuR 1996, 136 (137).

lierung zu verstecken.[77] In Deutschland würde eine Annahme, wie sie das *Tribunale* getroffen hat, bereits daran scheitern, dass Gewinnspiele nach deutschem Recht bloß eine Naturalobligation begründen, § 762 I BGB. Das *Tribunale di Roma* ging einen Monat später sogar noch einen Schritt weiter. Es ging in seiner Entscheidung vom 11.01.1995 davon aus, bei der Gewinnzusage handele es sich tatsächlich um ein Schuldanerkenntnis, welches das Unternehmen zur Erfüllung verpflichtet, Art 1324 Codice Civile.[78] Im italienischen Recht ist das Schuldanerkenntnis ein einseitiger, empfangsbedürftiger Rechtsakt, der denjenigen, zu dessen Gunsten er gemacht wurde, von der Beweislast entbindet.[79] Die Annahme, es handele sich bei der Gewinnzusage um ein Schuldanerkenntnis, würde in Deutschland an § 781 S. 3 i.V.m. § 518 BGB scheitern, welche für das schenkungsweise erteilte Schuldanerkenntnis die notarielle Form fordern. Das *Tribunale di Roma* ging aber noch einen Schritt weiter, indem es überraschenderweise nicht einmal das Erfordernis des Vorliegens eines guten Glaubens überprüfte.[80] Eine etwa erforderliche Bestellung behandelte das Gericht dabei als Potestativbedingung der versprochenen Leistung.[81]
Wie im deutschen Recht scheiden wettbewerbsrechtliche Ansprüche des Verbrauchers im italienischen Recht aus. Zwar kennt das italienische Recht in Art 2598 Codice Civile eine Generalklausel, welche die Pflicht zum lauteren Wettbewerb statuiert.[82] Dabei wird der Begriff der „beruflichen Korrektheit“ gebraucht.[83] Doch wie das neue deutsche UWG schützt auch das italienische Wettbewerbsrecht den Verbraucher nur reflexartig.[84] Dies hat zur Folge, dass ein Unternehmer aus Wettbewerbsrecht nicht zur Erfüllung seiner Zusage gezwungen werden kann.

E) Die Behandlung der Gewinnzusage im spanischen Recht

Verglichen mit den anderen Staaten ist die spanische Rechtsordnung konsequenter. Auch das spanische Recht beinhaltet keine dem § 661a BGB vergleich-

[77] Tribunale di Milano, VuR 1996, 134 (135) –*Vestro*.
[78] Tribunale di Roma, VuR 1996, 135 = Foro Italiano 1995 1 I 1355 (1359) – *Caparesi/Postalmarket*.
[79] *d'Usseaux*, VuR 1996, 136 (138).
[80] Tribunale di Roma, VuR 1996, 135 = Foro Italiano 1995 I 1355 (1359)– *Caparesi/Postalmarket*; *d'Usseaux*, VuR 1996, 136 (137).
[81] Tribunale di Roma, VuR 1996, 135 (136) = Foro Italiano 1995 1 I 1355 ((1359) – *Caparesi/Postalmarket*.
[82] *Janssen/Schulze*, EuLF 2004, 77 (79).
[83] *Janssen/Schulze*, EuLF 2004, 77 (80).
[84] *Janssen/Schulze*, EuLF 2004, 77 (79); *Vianello*, Das internationale Privatrecht des unlauteren Wettbewerbs, Dissertation, 2000, Seite 247.

bare Regelung. Es lässt sich aber auch keine darüber hinaus gehende Rechtsprechung zu Gewinnzusagen feststellen. Im Gegenteil warnt die spanische Regierung ausdrücklich davor, Gewinnzusagen aus Spanien ernst zu nehmen. Die spanische Rechtsprechung spricht dem Verbraucher im Fall der Gewinnzusage keinen Zahlungsanspruch zu, der über den Ersatz des reinen Schadens hinausgeht. Eine Vertragsart, die auch im spanischen Recht zur Behandlung der Gewinnzusage in Betracht gezogen werden muss, ist die Schenkung. Wie im italienischen, im französischen und im früher geltenden deutschen Recht scheidet sie aber im Ergebnis aus. Die Schenkung ist im spanischen Recht in den Artikeln 618ff des *Codigo Civil* geregelt. Dort heißt es:[85]

> *Die Schenkung ist ein Akt der Freigiebigkeit, durch den eine Person unentgeltlich zugunsten einer anderen Person verfügt, die sie annimmt.*

Wie das italienische Recht[86] erfordert das spanische Schenkungsrecht für die Wirksamkeit einer Schenkung das Vorliegen eines entsprechenden Willens, die Sachen wegzugeben.[87] Art 1274 *Codigo Civil* sagt ausdrücklich:[88]

> *... gilt als Rechtsgrund für jede Vertragspartei ... bei den Verträgen aus reiner Wohltätigkeit die bloße Freigiebigkeit des Wohltäters.*

Fehlt ein derartiger Wille kommen allenfalls Schadensersatzansprüche nach Art 1902 *Codigo Civil* in Betracht.[89] Damit kann der Empfänger einer ohne die entsprechende Freigiebigkeit abgegebenen Gewinnzusage die ihm entstandenen Schäden ersetzt verlangen, ein Erfüllungsanspruch besteht aber nicht.
Auch die spanischen Kodifikationen, in denen entsprechende Wettbewerbshandlungen geregelt werden helfen nicht weiter. Im spanischen Recht erfolgt die lauterkeitsrechtliche Beurteilung durch zwei Kodifikationen, das *Ley General de Publicidad* (Werbegesetz)[90] und das *Ley Competencia Desleal* (Gesetz über den unlauteren Wettbewerb). Im Rahmen des spanischen Werbegesetzes wird Werbung verstanden als jede Form der Äußerung durch eine juristische oder natürliche, öffentliche oder private Person bei der Ausübung eines Handels, Gewerbes, Handwerks, oder freien Berufs mit dem Ziel, mittelbar oder unmittelbar den Vertragsabschluss über bewegliche oder unbewegliche Sachen, Dienstleistungen, Rechte und Verpflichtungen zu fördern, Art 2 Titel I LGD. Damit findet das spanische Werbegesetz auf die Gewinnzusage unzweifelhaft Anwendung.

---

[85] Übersetzung entnommen: *Peuster*, Codigo Civil, Seite 367.
[86] Tribunale di Roma, Foro Italiano 1995 1 I 1355 (1357) – *Caparesi/Postalmarket.*
[87] *Albaladejo*, Derecho Civil I, 1996, § 85, 4; ders., Derecho Civil II, 1997, § 95, 8.
[88] Übersetzung entnommen: *Peuster*, Codigo Civil, Seite 367.
[89] *Albaladejo*, Derecho Civil I, 1996, § 85, 4.
[90] *Ley General de Publicidad*, kurz LGD, GRUR Int 1989, 908.

Art 3 LGD nennt fünf Erscheinungsformen unzulässiger Werbung: Persönlichkeitsverletzende, irreführende, unlautere und unterschwellige Werbung, sowie solche Werbung, die bestehende Rechtsvorschriften verletzt.[91] Für den Anspruch wegen Irreführung ist gem. Art 4 LGD erforderlich, dass die Werbung auf Seiten des Adressaten tatsächlich zu einer Irreführung geführt hat.[92] Das spanische Werbegesetz erfasst dann aber sogar solche Irreführungen, welche die Motivlage des Anbietenden selbst betreffen.[93] Grundsätzlich kann daher auch die Tatsache, dass bei einer Gewinnzusage planmäßig verschlüsselt wird, dass man die versprochenen Werte tatsächlich nicht leisten will, mit dem spanischen Werbegesetz angegriffen werden. Klagen gerichtet auf Unterlassung oder Berichtigung irreführender Werbung können gem. Art 25 LGD die zuständigen Verwaltungsbehörden erheben, die Verbraucherverbände, sowie natürliche oder juristische Personen, die ein subjektives Recht oder ein berechtigtes Interesse haben,[94] so dass im spanischen Recht grundsätzlich auch dem einzelnen Verbraucher ein Klagerecht zustünde. Allerdings ist der Verbraucher auf Klagen gerichtet auf Beseitigung der unerlaubten Elemente, Einstellung, Verbot sowie auf Veröffentlichung des Urteils beschränkt.[95] Zwar ist bei Klagen aus dem spanischen Werbegesetz auch die Geltendmachung von Schadensersatzansprüchen möglich. Die hierzu berechtigende Vorschrift verweist aber für entsprechende Ansprüche des Verbrauchers auf Art 36 des spanischen Markengesetzes vom 10.11.1988, weshalb dem Verbraucher de facto kein Schadensersatzanspruch zusteht.[96] Erst recht erwächst dem einzelnen Verbraucher aus dem spanischen Werbegesetz kein Erfüllungsanspruch. Der Verbraucher kann in Spanien aber über das allgemeine Gesetz gegen den unlauteren Wettbewerb, das „*Ley Competencia Desleal*" (kurz: LCD), Ersatz für die ihm entstandenen Schäden verlangen. Dieses Gesetz findet gem. Art 2 des spanischen Werbegesetzes dann Anwendung, wenn die Vorschriften des Wettbewerbsrechts weitergehender sind als die des Werbegesetzes.[97] Zweck des Gesetzes wegen unlauteren Wettbewerbs ist es, im Interesse aller Marktbeteiligten Ordnung und Kontrolle von Verhaltensweisen auf dem Markt zu erreichen.[98] Das LCD verfolgt daher die Interessen des Marktes, zugleich aber auch die Unternehmerinteressen. Bei Vorliegen eines Wettbewerbsverstoßes sind alle betroffenen Marktbeteiligten, also die Konkurrenten und Verbraucherverbände, aber auch der einzelne Verbraucher, Art 19 Z 1 LCD,

---

[91] Übersicht entnommen bei *Nordemann*, FS vGamm, 1990, Seite 109 (110).
[92] *Lema Devesa*, GRUR Int 1990, 208 (210).
[93] *Lema Devesa*, GRUR Int 1990, 208 (211).
[94] *Lema Devesa*, GRUR Int 1990, 208 (212); *Nordemann*, FS vGamm, 1990, Seite 109 (114).
[95] *Lema Devesa*, GRUR Int 1990, 208 (213).
[96] *Wirth*, Recht des unlauteren Wettbewerbs in Spanien, Dissertation, 1996, Seite 192, dort Fn. 765.
[97] *Leible*, ZfRV 1992, 257 (276).
[98] Präambel III. 1; *Freyer*, ZVglRWiss 91 (1992), 96 (98); *Leible*, ZfRV 1992, 257 (262).

klagebefugt.[99] Damit geht das LCD in diesem Punkt weiter als das UWG, das die Klagemöglichkeit des einzelnen Verbrauchers inzwischen abgeschafft hat. Das LCD gibt den Marktbeteiligten Ansprüche auf Folgenbeseitigung, Art 18 Nr. 3 LCD, also einen Anspruch auf Beseitigung der hervorgerufenen und fortdauernden Störungen, sowie einen Schadensersatzanspruch, der ggf. den Ersatz beschädigter Gegenstände umfasst, Art 18 Nr. 5 LCD. Gegenstand der Klage kann die Schädigung der wirtschaftlichen Interessen des Klägers durch eine unlautere Wettbewerbshandlung sein.[100] Durch die Worte *„economicós"* und *„directamente"* wird dabei klargestellt, dass weder eine mittelbare Bedrohung der Vermögensinteressen genügt, noch ein immaterieller Schaden.[101] Erfasst werden auch reine Vermögensschäden, nicht jedoch Nichtvermögensschäden.[102] Zudem erfordert der Schadensersatzanspruch ein Verschulden, wobei zugunsten des Betroffenen gem. Art 17 LCD aber eine Beweislastumkehr eingreift.[103] Im Interesse des Marktes, also wie im deutschen Recht mittelbar als Marktteilnehmer, wird auch der Verbraucher geschützt. Wie das UWG erfordert das LCD, dass eine Handlung vorliegt, die konkurrierende Zwecke verfolgt, die also die eigene Position auf Kosten eines anderen Marktteilnehmers fördern und sichern soll, Art 2 LCD,[104] weshalb es mit Hilfe dieses Gesetzes möglich ist, nahezu jede Werbemaßnahme zu überprüfen. Art 7 LCD verbietet den Gebrauch und die Verbreitung unrichtiger Informationen, wobei sich die Unrichtigkeit weniger auf Angaben objektiv nachprüfbaren Inhalts sondern mehr auf die Eignung der Angabe zur Täuschung eventuell betroffener Personen beziehen muss.[105] Für die Frage, ob eine Aussage irreführend sein kann, ist dabei auf die Sichtweise eines verständigen Durchschnittskonsumenten normaler Intelligenz und Aufmerksamkeit abzustellen, dessen Sichtweise aber nicht durch Meinungsumfragen ermittelt wird.[106] So wird dieser normative Durchschnittsverbraucher auf einem sehr niedrigen Level gehalten. Der spanische Gesetzgeber hatte ein Verbraucherleitbild im Auge, wie es noch bis vor wenigen Jahren in Deutschland angenommen wurde.[107] Daneben verbietet Art 15 LCD die Erzielung eines Vorsprungs, indem der Unternehmer gesetzliche Bindungen missachtet, wobei das Gesetz auf eine

---

[99] *Freyer*, ZVglRWiss 91 (1992), 96 (98, 106); *Leible*, ZfRV 1992, 257 (260, 277); *Wirth*, Recht des unlauteren Wettbewerbs in Spanien, Dissertation, 1996, Seite 181, 191.

[100] *Leible*, ZfRV 1992, 257 (260).

[101] *Wirth*, Recht des unlauteren Wettbewerbs in Spanien, Dissertation, 1996, Seite 191.

[102] B. O. C. G., Congreso de los Disputados, IV Legislatura, Serie A Proyectos de Ley, 1990 Nr. 7-4, Seite 26; *Wirth*, Recht des unlauteren Wettbewerbs in Spanien, Dissertation, 1996, Seite 181.

[103] *Tribunal Supremo* vom 10. 07. 1985, Aranzadi, Bd LII, 1985, Nr. 3965; *Freyer*, ZVglRWiss 91 (1992), 96 (107).

[104] *Freyer*, ZVglRWiss 91 (1992), 96 (98); *Lastres*, GRURInt 1992, 183 (184).

[105] *Freyer*, ZVglRWiss 91 (1992), 96 (99); *Leible*, ZfRV 1992, 257 (266).

[106] *Janssen/Schulze*, EuLF 2004, 77 (81); *Leible*, ZfRV 1992, 257 (266).

[107] *Leible*, ZfRV 1992, 257 (275).

Unterscheidung zwischen wertbezogenen und wertneutralen Normen verzichtet.[108] Damit ist die Einflussnahme auf eine andere Person durch Täuschung ebenfalls grundsätzlich untersagt. Die Anwendung des LCD erfordert grundsätzlich eine wesentliche Beeinträchtigung des Wettbewerbs durch die unlautere Maßnahme, Art 4 LCD.[109] Eine wesentliche Beeinträchtigung wird dann angenommen, wenn der erzielte Wettbewerbsvorsprung eine gewisse Bedeutsamkeit erreicht.[110] Das Erfordernis des Wettbewerbsvorsprungs entfällt, wenn der Unternehmer durch sein Verhalten gegen wettbewerbsbezogene Vorschriften im Sinne von Art 15 LCD verstößt.[111] Außerdem verbietet die Generalklausel in Art 5 LCD ein Verhalten dann, wenn sie gegen die Grundsätze des guten Glaubens verstößt.[112] Damit steht dem Verbraucher im spanischen Wettbewerbsgesetz ein Anspruch auf Ersatz des negativen Interesses zu. Einen Erfüllungsanspruch, wie er im Fall der Gewinnzusage nötig wäre, kennt das LCD ebenfalls nicht.

F) Der englische Ansatz

Im englischen Recht ließ sich eine Behandlung der Gewinnzusagen durch die Gerichte nicht feststellen. Auch die Literatur hält sich bei Fragen der Behandlung von Gewinnzusagen bedeckt. Allerdings lässt sich aus der bestehenden Rechtsprechung zu verwandten Rechtsproblemen eine eindeutige Tendenz erkennen.

Das Recht Englands unterscheidet sich wesentlich vom kontinentalen Recht.[113] Es basiert auf einem Nebeneinander von Selbstkontrolle, Gesetzesrecht und Fallrecht. Auch die Herangehensweise an die wettbewerbsrechtliche Problematik ist von der des kontinentalen Rechts verschieden, weil das englische Wettbewerbsrecht primär durch ein System der Selbstkontrolle reguliert wird.[114] Zwar kennt auch das deutsche Recht die wettbewerbliche Selbstkontrolle. Innerhalb der Selbstkontrollmechanismen finden sich auch Parallelen. Insbesondere zieht das englische Selbstkontrollrecht wie das heutige deutsche Recht die Grenze zwischen dem privaten Recht und Wettbewerbsrecht, weshalb dem Verbraucher selbst im englischen Wettbewerbsrecht keine eigenen Ansprüche zuste-

[108] *Leible*, ZfRV 1992, 257 (273).
[109] *Leible*, ZfRV 1992, 257 (262, 266).
[110] *Leible*, ZfRV 1992, 257 (273).
[111] *Leible*, ZfRV 1992, 257 (274).
[112] *Lastres*, GRURInt 1992, 183 (185); *Leible*, ZfRV 1992, 257 (263).
[113] *Ohly*, 11. Ringberg-Symposium, 18. 06. 1997, Seite 69 (73).
[114] *Bodewig*, GRURInt 2004, 543 (544); *Boyle*, WRP 1990, 159; *Janssen/Schulze*, EuLF 2004, 77 (79f); *Jergolla*, WRP 2003, 431 (432); *Ohly*, 11. Ringberg-Symposium, 18. 06. 1997, Seite 69 (76); Halsbury's Laws of England, Vol. 47 - Trade, Industry and Industrial Relations (2001), para. 522.

hen.[115] Der Selbstkontrollmechanismus ist aber in Deutschland bei weitem nicht so ausgereift, wie in England. Zudem fehlt es an einem Zugang zum Gerichtssystem.[116]

Die Regeln, welche sich der Wettbewerb selbst auferlegt, sind in Verhaltenskodizes niedergelegt. Die Einhaltung der Kodizes wird von der *Advertising Standards Authority*, einem privatrechtlichen Gremium, hinter dem als staatliche Autorität die *Office of Fair Trading*, OFT, steht[117] und dem *Committee of Advertising Practice* überwacht.[118] Finanziert wird dieses System über Zuschläge zu Werbeausgaben, welche das *Advertising Board of Finance* einzieht.[119]

Der wichtigste Kodex ist der *British Code of Advertising, Sales Promotion and Direct Marketing*, welcher am 04.03.2003 in Kraft getreten ist.[120] Unter diesem Code haben sich 19 Verbände der Werbewirtschaft und Medienunternehmen zusammengeschlossen.[121] Seit seiner Neuauflage am 04.03.2003 erfasst der *British Code of Advertising, Sales Promotion and Direct Marketing* neben Werbung und Verkaufsveranstaltungen auch das „Marketing".[122] Nach *Rule* 1.1 gilt der *Code* insbesondere für *a. (...) mailings, e-mails (...)* sowie *d. (...) advertisements in non-broadcast electronic media* und *g. sales promotions* und *h. advertisement promotions.*[123] Damit ist auch die Gewinnzusage, die ja eine Werbemaßnahme ist, von dem Anwendungsbereich des Kodex erfasst.

Rule 32 bestimmt, dass ein Unternehmen, welches einen Gegenstand als kostenlos bewirbt, nicht mehr als Gegenleistung verlangen kann, als die reine Bearbeitungsgebühr.[124] Dies erschwert die Versendung geschäftsakzessorischer Gewinnzusagen. Absatz 2 verbietet es darüber hinaus, entstandene Kosten über eine Qualitätsminderung zu kompensieren,[125] was ebenfalls im Bereich geschäftsakzessorischer Gewinnzusagen Relevanz erlangen kann. Die Vorschrift ersetzt *Rule* 16 des alten *Advertising Code* und *Rule* 39 des *Promotion Code.*[126] *Rule* 23 des Kodex verbietet zudem Werbung mit irreführenden Angaben. Zur Beweiserleichterung bei Klagen wegen Irreführung besteht eine Verpflichtung der Werbenden, für alle objektiv nachprüfbaren Werbeaussagen Beweismaterial bereit-

---

[115] *Bodewig*, GRURInt 2004, 543 (545), *Boyle*, WRP 1990, 159 (161).

[116] *Janssen/Schulze*, EuLF 2004, 77 (80).

[117] *Bodewig*, GRURInt 2004, 543 (550); *Boyle*, WRP 1990, 159 (162).

[118] *Bodewig*, GRURInt 2004, 543 (547); *Jergolla*, WRP 2003, 431 (432); dies. WRP 2003, 606.

[119] *Jergolla*, WRP 2003, 431 (433).

[120] *Bodewig*, GRURInt 2004, 543 (547); *Jergolla*, WRP 2003, 431 (432); dies. WRP 2003, 606.

[121] *Jergolla*, WRP 2003, 431 (432); dies. WRP 2003, 606.

[122] *Jergolla*, WRP 2003, 606 (607).

[123] vgl. www. cap. org. uk.

[124] *Bodewig*, GRURInt 2004, 543 (556); *Jergolla*, WRP 2003, 431 (442).

[125] *Jergolla*, WRP 2003, 431 (442)

[126] *Jergolla*, WRP 2003, 606 (608).

zuhalten, welches der ASA auf Verlangen vorzulegen ist.[127] Kann oder will ein Unternehmen die entsprechenden Beweise nicht vorlegen, ergreift die ASA die nötigen Maßnahmen wegen Missachtung der „Codes", was im Ergebnis auf eine Beweislastumkehr im Verfahren hinausläuft.[128] Das würde bedeuten, das ein Unternehmen, welches vorgibt, ein Preisausschreiben vorgenommen zu haben, dies notfalls beweisen können muss. Daneben wird die betrügerische Werbung mit Preisausschreiben, in denen angebliche Gewinne mitgeteilt werden, in *Rule* 33 bis 35 des *British Code of Advertising Practice and Direct Marketing* gesondert verboten. Außerdem verbietet *Rule* 22 die *„exploitation of the vulnerable"*, also Werbemaßnahmen, welche gezielt an besonders leichtgläubige Personen gerichtet werden.[129] Hiervon werden vor allem Gewinnzusagen an erfahrungsgemäß einfältige Personen erfasst. *Rule* 7.1 beinhaltet zudem den Wahrheitsgrundsatz. Für die Einleitung eines entsprechenden Verfahrens reicht es dabei aus, wenn Adressaten wahrscheinlich irregeführt werden.[130] Auch *Rule* 2 der *Trade Description Act* bestimmt, die Vorschrift diene dem Schutz der Verbraucher, Gewerbetreibenden und der Allgemeinheit.[131] Diese *Act* verbietet irreführende Angaben in mündlichen oder schriftlichen Informationen über Eigenschaften der Ware in der Werbung.[132]

Daneben verbietet Sec. 20ff der *Consumer Protection Act* von 1987 bei Strafe irreführende Preisangaben für Waren, Dienstleistungen, Wohnungen etc., die dem Verbraucher in irgendeiner Weise mitgeteilt wurden, sofern diese geeignet sind, die ökonomischen Interessen der Verbraucher im Vereinigten Königreich zu beeinträchtigen.[133] Dabei werden sowohl Irreführungen als auch Verwirrungsstrategien, das Vorenthalten von Informationen zu Lasten des Verbrauchers und die Ausübung von Zwang erfasst.[134] Für die Frage, wann ein Verbraucher irregeführt ist, stellen die Gerichte teils auf den durchschnittlichen Verbraucher ab,[135] teils auf einen nicht unerheblichen Teil der Öffentlichkeit,[136] insgesamt aber auf einen mündigen Verbraucher, der sich nicht durch durch-

---

[127] *Jergolla*, WRP 2003, 431 (433) Halsbury's Laws of England, Vol. 47 - Trade, Industry and Industrial Relations (2001), para. 523.

[128] *Jergolla*, WRP 2003, 431 (433).

[129] *Jergolla*, WRP 2003, 431 (436).

[130] *Jergolla*, WRP 2003, 431 (437).

[131] *Ohly*, 11. Ringberg-Symposium, 18. 06. 1997, Seite 69 (73).

[132] *Bodewig*, GRURInt 2004, 543 (545).

[133] *Bodewig*, GRURInt 2004, 543 (546); *Boyle*, WRP 1990, 159 (162f); Halsbury's Laws of England, Vol. 47 - Trade, Industry and Industrial Relations (2001), para. 510, 511, 523, dort Fn. 3.

[134] Halsbury's Laws of England, Vol 47, Trade, Industry and Industrial Relations, para 509.

[135] vgl. *British Airways v Ryan Air* [2001] FSR 541.

[136] *Irvine v Talksport Ltd*, [2002] 1 W. L. R. 2355 = GRURInt 2003, 255; *Arsenal Football Club v Reed* [2001] WLR 2003 III 450 (455).

schaubare Werbepraktiken täuschen lässt.[137] In einer Urteilsbegründung heißt es hierzu, der Markt sei eben nicht der Ort für zimperliche Gemüter.[138]
Beide Vorschriften, die *Consumer Protection Act* von 1987 und die *Trade Description Act*, werden durch die *Trading Standards Authorities* überwacht und durchgesetzt, die auch Beschwerden von Verbrauchern entgegennehmen.[139] Verstößt ein Unternehmen gegen eine der Vorschriften des *British Code of Advertising Practice and Direct Marketing*, wird die *Advertisement Standards Authority* tätig. Einen Antrag auf Einleitung des Verfahrens können seit dem Jahr 2002 zudem Verbraucherverbände stellen.[140] Der *Advertisement Standards Authority* stehen dabei zum einen die Möglichkeit der Veröffentlichung der Entscheidung auf ihrem eigenen Website zur Verfügung, zum anderen aber auch eine Anweisung an die Medienunternehmen, Werbung des störenden Unternehmens nicht zuzulassen.[141] Erst wenn alle Mittel der Selbstkontrolle versagt haben kommt als letzte Maßnahme eine Abgabe des Verfahrens an die *Office of Fair Trading, OFT,* in Betracht.[142] Der *Director General* des *OFT* kann wegen einer Missachtung der *Codes* beim High Court neben dem Erlass einer entsprechenden Unterlassungsverfügung auch ein Strafverfahren wegen Betruges beantragen.[143] Doch auch wenn der Verbraucher das Verfahren einleiten kann, ergeben sich aber aus dem System der Selbstkontrolle für ihn keine Ansprüche. Das System schützt ihn nur als Teil des Wettbewerbs, weshalb die Rechtsfolgen auch nur auf Wiederherstellung desselben, nicht aber auf Ersatz des dem Verbraucher unmittelbar entstandenen Schadens gerichtet sind.
Es existieren daneben weitere medienspezifische Gesetze sowie die *Control of Misleading Advertisement Regulations* von 1988, welches im Jahr 2000 durch die *Control of Misleading Advertisements (Amendment)* erweitert wurde.[144] Die Anwendung dieser *Regulations* wird direkt vom *Office of Fair Trading* überwacht.[145] Die Vorschriften setzen die Richtlinien 84/450/EEC und 97/55/EC über irreführende und vergleichende Werbung für die Bereiche um, die nicht Fernseh- und Rundfunkwerbung sind, und sie räumen dem *OFT* ein Antrags-

[137] *Erven Warnick v. Townend* [1980] RPC 31 (93) = GRURInt 1981, 120; *Barclays Bank v. RBS Advanta* [1996] RPC 307 = GRURInt 1997, 478; *Bodewig/Henning-Bodewig*, WRP 2000, 1341; *Bodewig*, GRURInt 2004, 543 (549); *Ohly*, 11. Ringberg-Symposium, 18. 06. 1997, Seite 69 (73).
[138] *Erven Warnick v. Townend* [1980] RPC 31 (93) = GRURInt 1981, 120.
[139] *Bodewig*, GRURInt 2004, 543 (545, 546).
[140] *Bodewig*, GRURInt 2004, 543 (548).
[141] *Jergolla*, WRP 2003, 431 (432).
[142] *Bodewig*, GRURInt 2004, 543 (548); *Jergolla*, WRP 2003, 431 (432); *Ohly*, 11. Ringberg-Symposium, 18. 06. 1997, Seite 69 (74).
[143] *Bodewig*, GRURInt 2004, 543 (556); *Jergolla*, WRP 2003, 431 (432); Halsbury's Laws of England, Vol. 47 - Trade, Industry and Industrial Relations (2001), para. 501, 523.
[144] *Bodewig*, GRURInt 2004, 543 (544).
[145] *Bodewig*, GRURInt 2004, 543 (546).

recht im Rahmen einer Unterlassungsklage ein.[146] Darüber hinaus sind strafrechtliche Schritte gegen denjenigen Unternehmer möglich, der einer Untersagungsverfügung zuwiderhandelt.[147] Daneben gibt es vom Fallrecht (*Common* oder *Case Law* genannt) entwickelte deliktsrechtliche Anspruchsgrundlagen, welche den Verbraucher aber ebenfalls nur indirekt schützen.[148] Er selbst kann wettbewerbliche Belange (ebenso wie die Verbraucherverbände) nur im Wege des Antrags auf Einleitung eines straf- oder verwaltungsgerichtlichen Verfahrens geltend machen.[149] Es handelt sich um ein reines Bußgeldverfahren.[150] Aus der *Trade Descriptions Act* Schadensersatzansprüche herzuleiten ist jedoch nicht möglich.[151]

Bekanntlich ist das englische Zivilrecht anders als das Wettbewerbsrecht unkodifiziert. Eine Suche nach einem Schlagwort wie dem der Gewinnzusage ist hier wenig Erfolg versprechend. Die Gewinnzusagen werden unter verschiedenen Begriffen erfasst, was im Ergebnis daran liegt, dass das englische Recht mit der Erfassung unentgeltlicher Zuwendungen Schwierigkeiten hat. Zentral sind in diesem Zusammenhang gleichermaßen die im englischen *Common Law* entwickelte Frage des Vorliegens einer so genannten *Consideration*, wie auch die des dem *Law of Equity* entstammenden *Promissory Estoppel*. Dabei spielt das *Common Law* qualitativ die bedeutendere Rolle.[152] Dabei finden sich trotz der unterschiedlichen Herangehensweisen an das Recht im Ergebnis erstaunlich viele Parallelen zwischen dem englischen und dem kontinentaleuropäischen Rechtssystem. Auch im *Common Law* unterscheidet man zwischen dem Primäranspruch, der auf Erfüllung gerichtet ist, und dem Sekundäranspruch, der auf Ersatz des entstandenen Schadens gerichtet ist.[153] Erfüllungsansprüche beruhen auf Vertrag, während die Folgen deliktischen Handelns auf einer gesetzlichen Verhaltensanordnung beruhen.[154] Die Voraussetzungen für einen Vertragsschluss entsprechen ebenfalls in vielerlei Hinsicht denen des deutschen Rechts: Mindestens zwei Parteien müssen sich über eine Sache geeinigt haben, und die Willenserklärungen müssen wirksam sein.[155] Auch die Voraussetzungen für das Vorliegen einer Willenserklärung sind ähnlich zu denen des kontinentaleuropäi-

---

[146] *Bodewig*, GRURInt 2004, 543 (546); *Boyle*, WRP 1990, 159 (163); Halsbury's Laws of England, Vol. 47 - Trade, Industry and Industrial Relations (2001), para. 514, 517.
[147] *Boyle*, WRP 1990, 159 (163).
[148] *Bodewig*, GRURInt 2004, 543 (544, 548).
[149] *Bodewig*, GRURInt 2004, 543 (548).
[150] Halsbury's Laws of England, Vol. 47 - Trade, Industry and Industrial Relations (2001), para. 513.
[151] *Bodewig*, GRURInt 2004, 543 (545), *Boyle*, WRP 1990, 159 (161).
[152] *Ohly*, 11. Ringberg-Symposium, 18. 06. 1997, Seite 69 (78).
[153] Halsbury's Laws of England, Vol. 9 (1) - Contract (1998), para. 1012
[154] *Atiyah*, Essays on contract, 1986, Essay 10, Seite 276 (283).
[155] *Hamson*, L. Q. Rev. 54 [1938], 233 (234); Smith and Thomas Casebook on Contracts, Seite 25; Halsbury's Laws of England, Vol. 9 (1) - Contract (1998), para. 603.

schen Rechts. Das englische Recht erfordert hierfür, dass der Erklärende den Willen hat, eine rechtliche Beziehung zu begründen. Doch das Vorliegen eines derartigen Willens wird im englischen Recht bereits ausschließlich nach objektiven Kriterien ermittelt; ein objektiver Beobachter in der Position des Erklärungsempfängers muss die Erklärung als ernst gemeint auffassen.[156] Bei Vorliegen einer *Consideration* wird die Existenz des Rechtsbindungswillens vermutet.[157] Diese muss im *Common Law* neben die Willenserklärungen treten.[158] Man definiert die *Consideration* als ein Recht, ein Interesse, ein Nutzen, welcher der einen Partei erwächst oder eine Verantwortung, erlitten oder unternommen von der anderen Partei auf die Anfrage,[159] eine Gegenleistung für das Versprechen des anderen also. Sie ist weder Motiv noch Bedingung.[160] Das Vorliegen einer *Consideration* wird als Grund angesehen, ein Versprechen ernst zu nehmen, ist aber nicht der Grund für dessen rechtliche Durchsetzbarkeit.[161] Eine Willenserklärung kann auch dann vorliegen, wenn es an einer *Consideration* fehlt. Die *Consideration* beantwortet allerdings die Frage, ob das Erklärte rechtlich wirksam ist. Ohne ein solches vom Empfänger erbrachtes Gegenopfer ist das Versprechen als Erklärung rechtlich wirkungslos. Dies hat zur Folge, dass auch Erlassverträge im englischen Recht regelmäßig wirkungslos sind.[162] Die *Consideration* ist ein Seriositätsindiz.[163] Der hinter der *Consideration* stehende Gedanke ist, dass derjenige, der auf ein Versprechen so sehr vertraut hat, dass er selbst darauf tätig wird, etwaige entstandene Verluste ersetzt verlangen kann.[164] Sie beruht zu einer Hälfte auf Formalismus, indem sie als wesentlicher Faktor des rechtserheblichen Willens Wirksamkeitsattribut ist, zur anderen Hälfte aber aus

---

[156] *Carlill v Carbolic Smoke Ball-Co* [1893] 1 Q. B. 256; [1891-4] E. R. Rep. 127 (133 D); *Heilbut, Symons & Co v. Buckleton* [1911-13] 1 All E. R. Rep. 83 (88, G) Halsbury's Laws of England, Vol. 9 (1) - Contract (1998), para. 718.

[157] *Figge*, Intention to create legal relations, Dissertation, Seite 112f; Halsbury's Laws of England, Vol. 9 (1) - Contract (1998), para. 719; *Pillans & Rose v. VanMierop & Hopkins*, 97 E. R 1035; K. B. 1765; *Benedict*, RabelsZ, 69 (2005), 1 (20, 36f).

[158] *Benedict*, RabelsZ, 69 (2005), 1 (4); *Hamson*, L. Q. Rev. 54 [1938], 233 (234); Smith and Thomas Casebook on Contracts, Seite 25.

[159] *Thomas v. Thomas* [1848] 2 Q. B. 851, 859; *Currie v. Misa* [1875] L. R. 10 Ex. 153 (162); *Balfour v. Balfour*, Court of Appeal [1919] 2 K. B. 571; 88 L. J. K. B. 1054; 121 L. T. 346; in Smith and Thomas Casebook on Contracts, Seite 183; *Benedict*, RabelsZ, 69 (2005), 1 (7); Halsbury's Laws of England, Vol. 9 (1) - Contract (1998), para. 728.

[160] Halsbury's Laws of England, Vol. 9 (1) - Contract (1998), para. 728.

[161] *Atiyah*, Essays on contract, 1986, Essay 10, Seite 276 (294).

[162] *Zweigert*, JZ 1964, 349 (350).

[163] *Benedict*, RabelsZ, 69 (2005), 1 (5, 20); *Fromholzer*, Consideration, 1997, Seite 341, 345; *Geist*, Unbestellte Waren, Dissertation, 2002, Seite 59; *Zweigert*, Europäisches Privatrecht I (1996), Seite 77ff; *Zweigert*, JZ 1964 349ff.

[164] *Kegel*, FS Pleyer, 1986, 513 (529); *Fromholzer*, Consideration, 1997, Seite 341.

dem angelsächsischen Pragmatismus in Form eines Übereilungsschutzes.[165] So vereinigt das angelsächsische Recht real- und konsensualvertragliche Elemente.[166] Eine solche Funktion kommt der Gegenleistung im deutschen Recht nicht zu. Die englischen Gerichte überprüfen als Indiz für das Vorliegen eines derartigen Vertrauens, ob derjenige, der ein Versprechen abgibt hierfür objektiv betrachtet einen Grund hatte.[167] Als typisch angelsächsisches Phänomen ist die *Consideration* den auf dem Vertrauensprinzip beruhenden kontinentalen Rechtsordnungen fremd.[168] Eine der *Consideration* ähnliche Funktion erfüllen im kontinentaleuropäischen Recht Formvorschriften, denn bei Einhalten einer bestimmten Form wird ebenfalls vermutet, man wolle sich an den Inhalt der Erklärung binden lassen.[169] Zwar soll auch im *Common Law* die Gegenleistung einen gewissen Wert haben, damit der Vertrag rechtlich bindend wird, die Gerichte belasten sich aber nach eigener Aussage mit der Frage der Adäquanz einer Gegenleistung nicht.[170] Daher kann zum Beispiel der Wille, jemanden zu einem Vertragsschluss zu bewegen, *Consideration* für eine Patronatserklärung sein.[171] Wurde ein Versprechen ohne Vorliegen einer *Consideration* abgegeben, und hat der Empfänger der Erklärung dennoch auf den Bestand der Erklärung vertraut, so erkennt ihm das englische Recht Ansprüche aus fahrlässiger Schadensverursachung zu.[172] Das Vorliegen einer *Consideration* wird in einigen Fällen, wie zum Beispiel bei der Verwahrung, beim Unterhalt und bei der „Schenkung" rechtlicher Verpflichtungen schlichtweg rechtlich vermutet.[173] Weitere Beispiele, in denen eine *Consideration* ebenfalls vermutet wird, sind die Zahlung von Geld,[174] oder ein hochrangiges Interesse[175] sowie das Vorliegen eines wirtschaftlichen Eigeninteresses des Erklärenden an der Geschäftsbeziehung, wodurch

---

165 *Benedict*, RabelsZ, 69 (2005), 1 (5, 9).
166 *Benedict*, RabelsZ, 69 (2005), 1 (6).
167 *Heilbut, Symons & Co v. Buckleton* [1911-13] 1 All E. R. Rep. 83 C; *Benedict*, RabelsZ, 69 (2005), 1 (10); *Fromholzer*, Consideration, 1997, Seite 342, 345; Smith and Thomas Casebook on Contracts, Seite 28.
168 *Benedict*, RabelsZ, 69 (2005), 1 (4f); *Geist*, Unbestellte Waren, Dissertation, 2002, Seite 58.
169 *Fromholzer*, Consideration, 1997, Seite 345; *Benedict*, RabelsZ, 69 (2005), 1 (20f), mit Verweis auf BGHZ 45, 376; *Krell v. Codman* [1891] 28 N. E. 578.
170 *Carlill v Carbolic Smoke Ball-Co* [1893] 1 Q. B. 256; [1891-4) E. R. Rep. 127 (135 B); *Geist*, Unbestellte Waren, Dissertation, 2002, Seite 59; Halsbury's Laws of England, Vol. 9 (1) - Contract (1998), para. 735, 736.
171 *Kleinwort Benson Ltd v. Malaysia Mining Corp Bhd, Court of Appeal* [1989] 1 All E. R. 785, in Smith and Thomas Casebook on Contracts, Seite 188.
172 Halsbury's Laws of England, Vol. 9 (1) - Contract (1998), para. 727, 744f.
173 Halsbury's Laws of England, Vol. 9 (1) - Contract (1998), para. 735.
174 *Henrick v. De Tasses* [1642] 1 Roll Abr 593, pl 6; *Anon* [1688] 2 Vent 45; *Taylor v. Manners* [1865] 1 Ch App 48; *Ashwell and Nesbit Ltd v Stanton* [1900] 16 TLR 399.
175 *Egg v, Craig* [1903] 89 LT 41 (42).

insbesondere unternehmerische Handlungen erfasst werden.[176] Da die Gewinnzusage auf Seiten des Zusagenden einen Unternehmer mit wirtschaftlichen Eigeninteressen erfordert, während sie zugleich regelmäßig die Zahlung von Geld zum Gegenstand hat, spricht daher eine Vermutungen dafür, dass bei einer Gewinnzusage auch eine entsprechende *Consideration* gegeben ist. Die Gerichte haben die Vermutung inzwischen sogar so weit ausgedehnt, dass sie die allgemeinen Grundsätze des Schuldrechts teilweise überspielt. Grundsätzlich kann nämlich eine Werbung im englischen Recht aus den selben Gründen, wie im deutschen Recht auch nicht mehr sein, als eine *invitatio ad offerendum*: Würde das bloße Verkünden, man wolle etwas verkaufen oder eine Dienstleistung erbringen bereits rechtliche Pflichten nach sich ziehen, sähe sich ein Unternehmer evtl. hunderten von Verträgen gegenübergestellt, die zu erfüllen er überhaupt nicht in der Lage wäre.[177] Allerdings halten es sich die englischen Gerichte offen, in Fällen betrügerischer Werbung anders zu urteilen.[178] Der *Court of Appeal* hatte bereits im Jahr 1893 im Fall *Carlill v Carbolic Smoke Ball-Co*[179] von der angekündigten Ausnahme Gebrauch gemacht, indem er darlegte, dass ein Unternehmen sich nach einer erfolgten Werbemaßnahme, in der sie eine Sache behauptete, gegenüber dem Verbraucher nicht darauf berufen könne, es habe sich dabei ja bloß um einen Bluff gehandelt („*a mere puff*"). Konkret handelte es sich um eine Werbeannonce, bei der ein Unternehmen den Verbrauchern eine bestimmte Geldsumme für den Fall versprach dass diese ihren *Carbolic Smoke Ball* kauften und regelmäßig anwendeten und dennoch von einer damals sehr gefürchteten Grippeart erfasst würden. Es handelt sich hierbei weder um einen Fall einer Auslobung, weil nicht Geld für die Vornahme einer bestimmten Handlung versprochen wird, sondern die Zahlung vom Eintritt eines Ereignisses abhängig gemacht wird, dessen Nichteintritt der Unternehmer verspricht, noch handelt es sich um eine Wette, da der Unternehmer das Ergebnis beeinflussen zu können vorgibt. Das Gericht stellte dabei fest, dass eine Werbung wenn sie nach den objektiven Empfängerhorizont hinreichend bestimmt ist schon wegen ihres wirtschaftlichen Hintergrunds die erforderliche *Consideration* besitzen kann, um ein verbindliches Vertragsangebot darzustellen.[180] Dieses nehme der Erklärungs-

---

[176] *Carlill v Carbolic Smoke Ball-Co* [1893] 1 Q. B. 256; [1891-4) E. R. Rep. 127 (133 E); *Figge*, Intention to create legal relations, Dissertation, Seite 111; *Fromholzer*, Consideration, 1997, Seite 346.

[177] *Harris v. Nickerson*, Queens Bench [1837] L. R. 8 Q. B. 286; 42 L. J. Q. B. 171; 28 L. T. 410; 37 J. P. 536; 21 W. R. 635; in Smith and Thomas Casebook on Contracts, Seite 24.

[178] *Archibald*, Anm. zu *Harris v. Nickerson*, Queens Bench [1837] L. R. 8 Q. B. 286; 42 L. J. Q. B. 171; 28 L. T. 410; 37 J. P. 536; 21 W. R. 635; in Smith and Thomas Casebook on Contracts, Seite 24 (25).

[179] *Carlill v Carbolic Smoke Ball-Co* [1893] 1 Q. B. 256; [1891-4) E. R. Rep. 127.

[180] *Carlill v Carbolic Smoke Ball-Co* [1893] 1 Q. B. 256; [1891-4) E. R. Rep. 127 (127 B, C; 130).

empfänger an, wenn er sich nach Erfüllung der in der Werbung gemachten Bedingung durch die Geltendmachung des Anspruchs auf die Werbung beziehe.[181] Hintergrund der Entscheidung war dabei insbesondere der Verkehrsschutz.[182] Die Entscheidung wurde 1913 durch *Heilbut, Symons & Co. v. Buckleton* bestätigt. Dabei entschied das Gericht, die Zusage eines Unternehmens, dass der Kunde einhundert Pfund erhalten werde, wenn er einen bestimmten Vertrag abschließt, sei für dieses Unternehmen bindend. Die Tatsache, dass ein anderer Vertrag intendiert sei, reiche als *Consideration* aus, und sie vervollständige das Versprechen zu einem beiderseitigen Vertrag.[183] Das englische Recht erfordert darüber hinaus, dass der Erklärungsgegner der Erklärung Glauben schenkte. Aus einem Angebot, dem er keinen Glauben schenkte, kann der Erklärungsgegner nämlich auch im englischen Recht keine rechtlichen Folgen herleiten.[184] Somit wäre es im *Common Law* unbedingt erforderlich, dass der Verbraucher im konkreten Fall von einer Wahrhaftigkeit des eigenen Gewinns ausgeht. Wenn ein Unternehmer U einem Verbraucher 5.000 Pfund verspricht, und dieser dem Versprechen des Unternehmers Glauben schenkt, so ist dieses Versprechen im englischen Recht verbindlich. Geht man aber, wie die englischen Gerichte bis in die heutige Zeit bestätigt haben, davon aus, die Tatsache, dass ein Unternehmer handele, müsse dem Verbraucher als Seriositätsvermutung ausreichen, aus der eine vertragliche Verpflichtung des versprechenden Unternehmens erwachse,[185] so bedarf es für die Verbindlichkeit eines Versprechens nur mehr, dass der Verbraucher als Gegenleistung daran glaubte, der Unternehmer habe sich rechtlich binden wollen. Aus diesem Grund müssten die englischen Gerichte bei der Beurteilung von Gewinnzusagen die Verbindlichkeit der in ihnen gemachten Zusagen feststellen. Auch zwei deutsche Gerichte, das Amtsgericht Cloppenburg und das Landgericht Oldenburg hatten versucht, die Teilnahme an einer so genannten Kaffeefahrt zum Preis von 14,90 DM, welche zur Erlangung des Preises, eines Farbfernsehers, erforderlich war, als Gegenleistung anzusehen, um so die vom Gesetz vorgegebene Hürde des § 518 I BGB zu übergehen.[186] Dieses Vorgehen ist in Deutschland aber abzulehnen. Das Erfordernis der Gegenleistung ist gerade im Zusammenhang mit den Vorschriften des Schenkungsrechts eine Hürde für die Formfreiheit. Unbedeutende Gegenleistungen haben daher

---

[181] *Carlill v Carbolic Smoke Ball-Co* [1893] 1 Q. B. 256; [1891-4) E. R. Rep. 127 (138 B-D).
[182] *Carlill v Carbolic Smoke Ball-Co* [1893] 1 Q. B. 256; [1891-4) E. R. Rep. 127 (131 I).
[183] *Heilbut, Symons & Co. v. Buckleton* [1913] A. C. 30 at p. 47; [1911-13] All E. R. Rep. 83 (90 H).
[184] *Figge*, Intention to create legal relations, Dissertation, Seite 11, dort Fn. 1; 112.
[185] *Esso Petroleum v. Commissioners of Customs and Excise* [1976] 1 All E. R. 117, in Cheshire & Fifoot's, Seite 49 (50).
[186] AG Cloppenburg vom 03. 11. 1998, Az. 1b C 23/98; LG Oldenburg vom 13. 11. 1998, Az. 2 S 909/98.

außer Acht zu bleiben.[187] Im deutschen Recht ist daher auf das Gesamtbild abzustellen. Anders als im englischen Recht übernimmt im kontinentaleuropäischen Recht das Formerfordernis das Erfordernis der Seriosität, während im englischen Recht aus der erfolgten Gegenleistung auf die Seriosität geschlossen wird. Die unterschiedliche Funktion der Gegenleistung ermöglicht es, dass man im englischen Recht von einer verbindlichen Erklärung ausgehen kann, weil sich der Verbraucher ernsthaft mit der Angebotspalette auseinandersetzt.

Im englischen Recht findet sich eine weitere Möglichkeit, dem Empfänger einer Gewinnzusage einen Anspruch zukommen zu lassen in der *Equity*. Die *Equity*-Rechtsprechung ist die Billigkeitsrechtsprechung des *Court of Chancery*, welche, zunächst auf dem Gedanken des Naturrechts beruhend, in der Folgezeit mittels rechtsverbindlicher "*Precedents*" festen Regeln unterworfen wurde.[188] Auch wenn sie durch die *Judicature Acts* von 1873 dem *Common Law* angegliedert wurde, wird sie noch heute als gesonderter Zweig behandelt.[189] *Equity* findet demnach Anwendung, wenn das Vertragsrecht zu keinem Ergebnis kommt. Die Rechtsfigur im Bereich der *Equity*-Rechtsprechung, welche für die Behandlung der Gewinnzusage interessant ist, ist das "*Estoppel*". Mit Hilfe dieser Rechtsfigur wird zugunsten desjenigen, der im Vertrauen auf eine Tatsachenerklärung der anderen Partei eine Vertrauensinvestition getätigt hat, dem Gegner die Möglichkeit abgeschnitten, sich auf die Nichtigkeit der Erklärung zu berufen.[190] Dabei wird nicht das konkrete Vertrauen geschützt: Es geht allgemein um Verkehrsschutz, so dass Grundlage des *Estoppel* der objektive Eindruck der Erklärung ist.[191] Da nach allgemeinen Grundsätzen das *Estoppel* selbst keinen Anspruch begründet, ist der Anspruch in einem Verfahren, in welchem ein *Estoppel* eingesetzt wird, ein Schadensersatzanspruch, wobei das abstrakte Erfüllungsinteresse als Schaden pauschaliert wird.[192] Will sich der Verbraucher aber hierauf berufen, muss er aber gutgläubig sein, denn: „*he who comes to equity must come with clean hands*".[193] Damit erfordert ein Anspruch des Empfängers einer Gewinnzusage im englischen Recht grundsätzlich den guten Glauben des Erklärungsempfängers an die Verbindlichkeit der Zusage. Dabei ist aber erforderlich, dass die Tatsachenbehauptung verschuldet falsch war.[194] Kommt es zu einem Prozess wegen der Erklärung, steht dem von der Zusage Betroffenen die

[187] *Larenz*, Schuldrecht AT Bd I, 14. Aufl., § 15 I.
[188] *Beyer*, Misrepresentation, Dissertation, 1974, Seite 2.
[189] *Beyer*, Misrepresentation, Dissertation, 1974, Seite 2.
[190] *Atiyah*, Essays on contract, 1986, Essay 10, Seite 276 (296, 317); *Kegel*, FS Pleyer, 1986, 513 (531, 535); Halsbury's Laws of England, Vol. 16 (2) - Estoppel (2003), para. 958, 1087.
[191] *Kegel*, FS Pleyer, 1986, 513 (534).
[192] *Atiyah*, Essays on contract, 1986, Essay 10, Seite 276 (313).
[193] *Kegel*, FS Pleyer, 1986, 513 (536f); Halsbury's Laws of England, Vol. 16 (2) - Estoppel (2003), para 1086.
[194] *Heilbut, Symons & Co v. Buckleton* [1911-13] 1 All E. R. Rep. 83 (91 E, H; 92 A).

Möglichkeit offen, so gestellt zu werden, als sei die Zusage tatsächlich wahr.[195] So wurde im Fall *Greenwood v. Martin's Bank Ltd* der Beklagte auf Erfüllung einer Scheckverbindlichkeit in Anspruch genommen, wobei man ihn mit Hilfe des *Estoppels* daran hinderte, sich darauf zu berufen, seine Frau habe seine Unterschrift gefälscht.[196] Handelt hingegen ein anderer Teilnehmer des Rechtsverkehrs aber gutgläubig in Bezug auf eine Erklärung, die ohne Rechtsbindungswillen abgegeben wurde, besteht ein Vertrag. Der Vertragspartner kann sich dann im Prozess nicht mehr auf einen entgegenstehenden Willen berufen. Es geht damit de facto um Fragen von Treu und Glauben: Wer gutgläubig ist kann gegenüber demjenigen, der sich im Rechtsverkehr nachlässig verhalten hat, auf die Verbindlichkeit der Abrede berufen. Diesem Gedanken entspricht es, dass der Geltendmachung eines *Estoppel* in bestimmten Fällen ein Statut, wie zum Beispiel der Minderjährigenschutz, entgegengehalten werden kann.[197] Für die Gewinnzusage würde das bedeuten, dass sich das Unternehmen im Prozess nicht auf den fehlenden Rechtsbindungswillen berufen kann, sofern der Empfänger der Gewinnzusage davon ausgegangen ist, die Erklärung sei rechtlich verbindlich.

Ob über *Estoppel* oder über *Consideration*, in jedem Fall muss ein Seriositätsanspruch des Versprechenden vorliegen.[198] Dann gibt aber auch das englische Recht dem Verbraucher einen Erfüllungsanspruch.

G) Gesamtschau

Da eine europarechtliche Verpflichtung nicht besteht, regeln die meisten EG-Staaten das Problem der Gewinnzusagen mit Hilfe des Wettbewerbsrechts. Daraus allein entsteht in keinem der Länder ein Erfüllungsanspruch des Verbrauchers. Italien und Frankreich haben sich der Gewinnzusage daher über die Rechtsprechung angenommen. Sie geben dem Verbraucher Erfüllungsansprüche, wobei das italienische Recht sich des Schuldanerkenntnisses bedient, das französische des Quasivertrags oder des *engagement unilatéral de volonté*. Auch England muss die Gewinnzusage an sich mit Hilfe der bestehenden vertraglichen Regeln angegangen werden. Durch die Besonderheiten des englischen Rechtes ist es hierbei möglich, dem Verbraucher wenn er gutgläubig ist einen Erfüllungsanspruch zuzusprechen. Allein Spanien beschränkt die möglichen Ansprüche des Verbrauchers auf den Ersatz des ihm wegen Abgabe eines Schen-

---

[195] *Atiyah*, Essays on contract, 1986, Essay 10, Seite 276 (308; 323).

[196] *Greenwood v. Martin's Bank Ltd,* [1933] AC 51; *Atiyah*, Essays on contract, 1986, Essay 10, Seite 276 (312).

[197] Halsbury's Laws of England, Vol. 16 (2) - Estoppel (2003), para 960.

[198] *Fromholzer*, Consideration, 1997, Seite 344.

kungsversprechens durch den Unternehmer trotz fehlender Freigiebigkeit entstandenen Schadens.
Insgesamt zeugt die Betrachtung der anderen Rechtsordnungen von einer Kreativität der Gerichte, und sie weist zugleich die mögliche Vielfalt rechtlicher Behandlung des Problems auf. Die Übertragung eines der in den anderen Rechtsordnungen gemachten Ansätze auf die deutsche Rechtsordnung, wie sie vor Einführung des § 661a BGB bestand, zwecks Herbeiführung eines eigenen Erfüllungsanspruchs des Verbrauchers ist dabei aus den genannten Gründen jedoch nicht möglich. Wettbewerbsrechtliche Ansprüche, die der Verbraucher bis zur Novelle vom 03.07.2004 hatte, waren auf das negative Interesse gerichtet. Die Ansprüche aus Schenkung und Schuldanerkenntnis scheiterten an der Form. Eine Behandlung als Preisausschreiben, wie sie die italienische Rechtsprechung früher vornahm führte im deutschen Recht nur zu einer Naturalobligation. Damit vollbrachte die deutsche Rechtsprechung das, was außer ihr nur noch die spanische erreichte: Sie bekannte sich zu einer Abwesenheit möglicher Ansprüche des Verbrauchers und unterließ es weitgehend, die Voraussetzungen irgendeines schuldrechtlichen Anspruchs auf die Gewinnzusage zu konstruieren.

Zweites Kapitel: Rechtslage im deutschen Recht nach Einführung des § 661a BGB

A) Motive der Einführung

Wie im ersten Kapitel gesehen war es den Verbrauchern gemäß dem vor Einführung des § 661a BGB geltenden deutschen Recht nicht möglich, gegen den Unternehmer vorzugehen. Andere Unternehmer hatten demgegenüber oft kein Interesse, das Verhalten der Konkurrenten anzugreifen. Damit war die Motivation deutscher Unternehmen, Gewinnzusagen zu versenden hoch. Angesichts dieser rechtstatsächlichen Gegebenheiten erkannte der deutsche Gesetzgeber, dass man der Praxis, Gewinnzusagen zu versenden, allein mit den bestehenden wettbewerblichen Mitteln nicht Herr werden konnte.[199] Der zunehmenden und mit Sorge betrachteten Praxis von Unternehmen, Verbrauchern Gewinnzusagen zuzusenden,[200] begegnete der Gesetzgeber schließlich indem er zum 27.06.2000[201] § 661a BGB einführte. Die Vorschrift ist nicht mit Rückwirkung ausgestattet, weshalb § 661a BGB auf Sachverhalte vor dem 27.06.2000 entgegen der Ansicht des Amtsgerichts Heinsberg[202] weder direkt noch analog anwendbar ist.[203] Ein europäischer Hintergrund der Vorschrift besteht nicht. [204] § 661a BGB beruht auf einem österreichischen Vorbild.[205] Der Gesetzgeber nahm zwar eine europäische Richtlinie, die Fernabsatzrichtlinie[206], zum Anlass, § 661a BGB zu erlassen. Wie im Fall des § 241a BGB ging der er aber über das von den europarechtlichen Vorgaben Geforderte hinaus.[207] § 661a BGB verfolgt generalpräven-

---

[199] BTDrucks 14/3195, Seite 33.

[200] BTDrucks 14/2658, Seite 48.

[201] „Gesetz über Fernabsatzverträge und andere Fragen des Verbraucherrechts sowie zur Umstellung von Vorschriften auf Euro" vom 27. 06. 2000, BGBl 2000 I, Seite 897

[202] AG Heinsberg, NJW-RR 2001, 1274.

[203] Erman, *Ehmann*, BGB, 11. Aufl., 2004, § 661a BGB, Rn. 1.

[204] *Braun*, VuR 2003, 214 (215); *Faber*, wbl 2004, 553 (557); *Häcker*, ZVglRWiss 103 (2004), 464 (492); *Leipold*, FS Musielak, 2004, 317 (318); *Lorenz*, NJW 2002, 192; ders., NJW 2000, 3305; *Mörsdorf-Schulte*, JZ 2005, 770; *Piekenbrock/Schulze*, IPrax 2003, 328 (329); *Schäfer*, JZ 2005, 981 (982); *Schneider* BB 2002, 1653; *Staudinger*, JZ 2003, 852 (856); *Härting*, Fernabsatzgesetz, 2000, Einl. Rn. 115; MK, *Seiler*, 2005, § 661a BGB, Rn. 2; Staudinger, *Bergmann*, BGB (2006), § 661a BGB Rn. 1; zu § 5j ösKSchG.

[205] vgl. hierzu Seite 45f.

[206] RiL 97/7/EG des Europäischen Parlaments und des Rates über den Verbraucherschutz bei Vertragsschlüssen im Fernabsatz vom 20. 05. 1997, Abl. EG Nr. L 144 vom 04. 06. 1997, Seite 19ff.

[207] vgl. zur Umsetzung der EU-Vorgaben bei § 241a BGB *Schöne/Fröschle*, unbestellte Waren und Dienstleistungen, Köln, 2001, Seite 1, 4.

tive Zwecke.[208] Die Vorschrift versucht, wettbewerbsrechtliche Verstöße mit Hilfe von privatrechtlichen Sanktionen zu unterbinden. Dennoch wäre es verfehlt, den Schutzbereich der Vorschrift dem Wettbewerbsrecht zuzuordnen. § 661a BGB schützt nämlich mehr als nur den Wettbewerb. Der Gesetzgeber bezweckte mit der Einführung des § 661a BGB in erster Linie, dem Verbraucher seine Wahlfreiheit zu erhalten.[209] Es handelt sich daher um eine Verbraucherschutznorm.[210] Die Vorschrift gibt dem Vertrauen des Verbrauchers auf die Verbindlichkeit der Erklärung des Unternehmers eine Grundlage. Die dahinter stehende Intention, ein Gefälle auf Seiten der Verbraucher auszugleichen, entspricht dem allgemeinen Ziel des Verbraucherschutzes.[211] Als Verbraucherschutzrecht gibt § 661a BGB dem Verbraucher ein Werkzeug in die Hand, das es ihm ermöglicht, dem Unternehmen auf Augenhöhe entgegenzutreten. Dabei wollte der Gesetzgeber sich aber keinesfalls der wettbewerbsrechtlichen Behandlung der Gewinnzusage durch das Gesetz gegen den unlauteren Wettbewerb, UWG, entledigen. Für die Behandlung der Gewinnzusage ordnete er vielmehr ein zweigleisiges Vorgehen an.

B) Die Gewinnzusage im deutschen Wettbewerbsrecht

Die europäische Kommission erließ am 11.05.2005, also fünf Jahre nach Einführung des § 661a BGB in Deutschland, eine Richtlinie, welche im Zuge der Vereinheitlichung der Verbraucher schützenden Vorschriften im Binnenmarkt verschiedene unlautere Geschäftspraktiken aufgreift.[212] Die Vorgaben der Richtlinie sollen bis zum 12.06.2007 umgesetzt werden. In Art 5 I wird dabei eine Reihe von Geschäftspraktiken aufgeführt, welche in jedem Fall als unlauter anzusehen sind. Der Anhang I, Nr. 35 zu Art 5 V nennt dabei als einen Fall aggressiver Geschäftspraktiken (Art. 8) auch die Gewinnzusage. Für Deutschland hätte es, genauso, wie für Spanien, Frankreich, England und Italien, einer derartigen Richtlinie allerdings nicht bedurft. Das deutsche Recht behandelte die Gewinnzusage bereits vor Erlass der Richtlinie wettbewerbsrechtlich. Gewinnzusagen sind wettbewerbsrelevante Maßnahmen im Sinne des Gesetzes gegen den

---

[208] *Lorenz/Unberath*, IPrax 2005, 219; *Lorenz*, NJW 2006, 472; ders., NJW 2002, 192; *Staudinger*, JZ 2003, 852 (856).

[209] Erwägungsgrund 5 der Richtlinie 97/7/EG des Europäischen Parlaments und des Rates über den Verbraucherschutz bei Vertragsschlüssen im Fernabsatz vom 20. 05. 1997, Abl. EG Nr. L 144 vom 04. 06. 1997, Seite 19.

[210] *Härting*, Fernabsatzgesetz, 2000, Einl. Rn. 116; *Leible*, NJW 2005, 796 (798).

[211] *Antoniolli Deflorian* in Europäische Rechtsangleichung und nationale Privatrechte, 1999, 119 (122; 138f; 157); *Eppe*, WRP 2005, 808; *Singer*, Selbstbestimmung, Habilitation, 1995, Seite 12.

[212] Richtlinie 2005/29/EG, Abl EG L 149 v. 11. 06. 2006, Seite 22ff.

unlauteren Wettbewerb, UWG. Allerdings will eine in Literatur und Rechtsprechung vertretene Ansicht auch § 661a BGB dem Wettbewerbsrecht zuordnen.[213]

I Verhältnis des § 661a BGB zum Wettbewerbsrecht

Die Vertreter jener Ansicht, welche in § 661a BGB einen neuartigen, wettbewerbsrechtlichen Sanktionsmechanismus sehen wollen, berufen sich insbesondere auf den wettbewerbsrechtlichen Ursprung der Vorschrift. Zudem schütze § 661a BGB schwerpunktmäßig nicht das Vertrauen, sondern die Vorschrift diene dazu, den Missstand der Zusendung von Gewinnmitteilungen zu überwinden.[214] Auch fänden in den Gesetzesmaterialien Begriffe wie „Vertrauensschutz" und „Rechtsschein", die auf eine andere als eine wettbewerbliche Einordnung der Gewinnzusage hindeuten würden, keine Erwähnung.[215] Allerdings wurde auch umgekehrt im neuen, nach Inkrafttreten des § 661a BGB erlassenen UWG auf diesen weder im Gesetz selbst noch in der Begründung Bezug genommen. Schon dies spricht deutlich gegen eine Zuordnung des § 661a BGB zum Wettbewerbsrecht.[216] Zudem hat der Gesetzgeber § 661a BGB eingeführt, weil sich die Legislative bewusst wurde, dass die wettbewerblichen Mittel nicht ausreichten.[217] Die Möglichkeit, eine Gewinnzusage einzuklagen sollte gleichwertig neben verwaltungsrechtliche und ordnungswidrigkeitsrechtliche Sanktionen treten.[218] Auch deswegen verbietet sich eine wettbewerbliche Einordnung.[219] Viel wichtiger ist aber, dass das Wettbewerbsrecht in erster Linie horizontal von Wettbewerber zu Wettbewerber wirkt. Der Gesetzgeber selbst hat bei der Novellierung des UWG durch Herausnehmen des Verbrauchers aus den von einem wettbewerblich relevanten Ereignis betroffenen Klagebefugten diese horizontale Wirkungsweise des Wettbewerbsrechts unterstrichen.[220] Durch die Streichung des Verbraucheranspruchs im UWG ist deutlich geworden, dass sich der Wettbewerbsschutz des UWG hin zu einem Schutz der Mitbewerber orientierte und dass das Gesetz primär den Sozialschutz im Auge hat.[221] § 661a BGB berührt

---

[213] *Fetsch*, RiW 2002, 936 (938); *Leible*, NJW 2003, 407; *Rauscher/Schülke*, EuLF 2000/2001, 334 (337); *Schneider*, VuR 2003, 476 (477); *Staudinger*, ZEuP 2004, 767 (776); ders., JZ 2003, 852 (856f); *Wied*, Gewinnversprechen von Versandfirmen, Dissertation, 2003, Seite 108; Musielak, *Weth*, EG-Verordnungen, Artikel 15 Verordnung EG Nr. 44/2001, Rn. 1; OLG Köln, VuR 2003, 474 (475).

[214] so *Fetsch*, RiW 2002, 936 (937).

[215] *Fetsch*, RiW 2002, 936 (937, dort Fn. 15).

[216] vgl. § 4 Nr. 5f UWG-E; BT-Drucks 15/1487, S. 18, 23f; *Schröder/Thiessen* NJW 2004, 719 (720, dort Fn. 15 a. E.).

[217] BTDrucks 14/3195, Seite 33; wohl auch *Felke/Jordans*, IPrax 2004, 409 (410, Fn. 11).

[218] *Rauscher/Schülke*, EuLF 2000/2001, 334 (337).

[219] *Häcker*, ZVglRWiss 103 (2004), 464 (479); OLG Düsseldorf, VuR 2004, 67 (70).

[220] *Eppe*, WRP 2005, 808 (812).

[221] *Eppe*, WRP 2005, 808 (810).

dem gegenüber das Verhältnis der Wettbewerber untereinander allenfalls reflexartig.[222] Zunächst schützt er jedoch den Verbraucher als Vertragspartner. Auch Sozialschutz bietet 661a BGB allenfalls mittelbar. Die Vorschrift bezweckt unmittelbar die Erweiterung des Rechtskreises des Verbrauchers. Dies spricht ebenfalls gegen eine Verortung des § 661a BGB im Wettbewerbsrecht. Vor allem aber erfolgt die Anwendung des § 661a BGB unabhängig von der wettbewerbsrechtlichen Relevanz der Maßnahme. Er setzt ein wettbewerbswidriges Verhalten des Unternehmers explizit nicht voraus.[223] Hier wird besonders die Abstraktion von der ursprünglichen Intention des Gesetzgebers, ein wettbewerbswidriges Verhalten zu sanktionieren, deutlich. Wenn aber ein wettbewerbsrechtlich relevantes Verhalten nicht einmal erfordert wird, so kann § 661a BGB erst recht nicht dem Wettbewerbsrecht zugerechnet werden.

II Behandlung der Gewinnzusage durch das UWG

Mit der Einführung des § 661a BGB wollte der Gesetzgeber ein wettbewerbsrechtlich erhebliches Verhalten einer weiteren Regelung zuführen, ohne aber die Behandlung durch das UWG zurück zu drängen.[224] Durch die Einführung veränderte sich jedoch die wettbewerbliche Beurteilung der Gewinnzusage deswegen, weil der Verbraucher den Anspruch aus der Gewinnzusage nunmehr durchsetzen kann. Vor Einführung des § 661a BGB täuschten die Versender der Gewinnzusagen einen bestehenden Anspruch vor, der tatsächlich wegen Formunwirksamkeit nicht einklagbar war, und den zu erfüllen er nicht beabsichtigte. Daher ergab sich der Anspruch für alle Formen der Gewinnzusage immer unter dem Aspekt der Irreführung der Verbraucher, weil das Versprechen dem Verbraucher keinerlei Anspruch vermittelte. Dies hat sich mit der Einführung des § 661a BGB geändert. Heute ist die durch den Unternehmer erklärte Gewinnzusage verbindlich. Der Verbraucher hat gegen den Unternehmer, der eine Gewinnzusage versendet, unabhängig von der Art der Gewinnzusage einen Anspruch auf Leistung des versprochenen Gewinns. Da dem Verbraucher heute tatsächlich ein Anspruch in Höhe des zugesagten Gewinnes zusteht, kommen wettbewerbsrechtliche Ansprüche vor allem unter dem Gesichtspunkt der Sittenwidrigkeit wegen des ausgeübten psychischen Kaufzwangs in Betracht. Allerdings muss dabei zwischen den einzelnen Formen der Gewinnzusagen differenziert werden. Je nach Art der Gewinnzusage kommen auch Ansprüche wegen des Vorliegens eines Verstoßes gegen das Kopplungsverbot oder aber aus einer Sittenwidrigkeit

[222] *Schneider* BB 2002, 1653 (1656); *Timme*, JuS 2003, 638 (641); *Katzenberger*, 11. Ringberg-Symposium, 18. 06. 1997, Seite 218 (223); *Wied*, Gewinnversprechen von Versandfirmen, Dissertation, 2003, Seite 38.
[223] *Braun*, VuR 2003, 214 (215).
[224] BGH, BB 2003, 2632 (2633); *Wied*, Gewinnversprechen von Versandfirmen, Dissertation, 2003, Seite 75.

wegen Täuschung in Betracht. Wie bereits eingangs erwähnt, ist das Wettbewerbsrecht für den Verbraucher selbst jedoch uninteressant. Dies liegt vor allem an der UWG-Novelle, vom 03.07.2004.[225] Während früher vor allem die Fallgruppen des Kundenfangs und der Wertereklame als primär Verbraucher schützend angesehen wurden und auch dem Verbraucher einen wettbewerbsrechtlichen Anspruch vermittelten, besann man sich in der Reform auf die Wurzeln des Wettbewerbsrechts als Recht zum Schutz des Wettbewerbs.[226] Seit der Novelle sind daher im Fall unlauterer Wettbewerbsmaßnahmen allein die Mitbewerber, Interessenverbände, Verbraucherschutzvereine und Industrie- und Handelskammern gem. § 8 II, I UWG zur Klage auf Unterlassung und/oder Beseitigung befugt. Daneben können die Mitbewerber gem. § 9 UWG Schadensersatzansprüche geltend machen. Den Verbraucher schützt das Wettbewerbsrecht nicht unmittelbar, sondern allenfalls mittelbar als Teil des Wettbewerbs.[227] Spätestens seit der Novelle fiel damit auch die Möglichkeit weg, für Ansprüche des Verbrauchers wegen des Versands von Gewinnzusagen das Wettbewerbsrecht verfassungsrechtlich unter dem Aspekt der Eingriffe in das allgemeine Persönlichkeitsrecht als milderes Mittel zur Behandlung der Gewinnzusage in Betracht zu ziehen. Denn zum einen fehlte dazu der Anspruch des Verbrauchers. Zum anderen ist die bloße wettbewerbsrechtliche Behandlung weniger geeignet, den Verbraucher von derartigen Machenschaften zu befreien. Zwar haben die Mitbewerber ein Interesse daran, dass das zusagende Unternehmen diese Praxis unterlässt. Sie werden aber selten von einer solchen Verkaufspraxis eines Konkurrenten Kenntnis erlangen, während dem Verbraucher, der von der Maßnahme unmittelbar betroffen ist, kein eigener Anspruch mehr zusteht.

1) Wettbewerbsrechtliche Behandlung der isolierten Gewinnzusage

Die wettbewerbsrechtliche Beurteilung der isolierten Gewinnzusage birgt bereits das erste Problem in sich. In § 4 UWG findet sich eine Aufzählung der Tatbestände, welche der Gesetzgeber als besonders unlauter erachtet. Es werden dabei im Wesentlichen die von der Rechtsprechung zu § 3 UWG alte Fassung erarbeiteten Ergebnisse wiedergegeben. Allen Sondervorschriften des UWG ist dabei gemein, dass sie auf § 3 UWG verweisen, so dass nur Maßnahmen durch das Wettbewerbsrecht mit erfasst werden, welche den Wettbewerb zum Nachteil der Mitbewerber, Verbraucher oder sonstiger Marktteilnehmer nicht unerheblich beeinträchtigen.[228] § 4 Nr. 1 UWG nennt als besonderen Tatbestand die unsachliche Einflussnahme. Diese Vorschrift setzt die marktwirtschaftliche Anforderung

---

[225] BGBl I, S. 1414; *Nassall*, NJW 2006, 127 (128).
[226] Baumbach/Hefermehl, *Köhler*, Wettbewerbsrecht, 2001, § 1 UWG, Rn. 85, 161, 188a).
[227] *Nassall*, NJW 2006, 127 (128); *Vianello*, Das internationale Privatrecht des unlauteren Wettbewerbs, Dissertation, 2000, Seite 247, 255, dort FN. 135.
[228] *Ohly*, GRUR 106 (2004), 889 (899).

um, dass jeder Marktteilnehmer in der Lage sein muss, seine Nachfrageentscheidung informiert und frei zu treffen.[229] Es soll verhindert werden, dass potenzielle Kunden durch unsachliche Beeinflussung von der Überprüfung der Angebote abgehalten und Entscheidungen anhand von Merkmalen getroffen werden, die nicht markt- oder leistungsbezogen sind.[230] § 4 Nr. 1 UWG ist so Flankenschutz des Irreführungsschutzes.[231] Unter den Oberbegriff der unsachlichen Beeinflussung fallen dabei vor allem die Fallgruppen des übertriebenen Anlockens und des psychischen Kaufzwanges, sowie die des Koppelungsverbots.[232] Psychischer Zwang liegt nach der Rechtsprechung dann vor, wenn mit Mitteln, die nicht in Preis und Qualität der Ware liegen, auf die Willensentscheidung des Umworbenen in der Weise Druck ausgeübt wird, dass dieser zumindest anstandshalber nicht umhin kommt, auf das Angebot einzugehen.[233] Gemeint sind Fälle der Wertereklame[234] sowie das Ansprechen von Passanten,[235] das Erschleichen von Vertreterbesuchen,[236] das unbestellte Zusenden von Waren,[237] die Werbung durch Betreuungspersonal[238] und die Laienwerbung.[239] Tendenziell eignet sich auch die Zusage eines großen Gewinnes dazu, von der Qualität angebotener Waren abzulenken. Nach dem Willen des Gesetzgebers resultiert die Gewinnzusage in einen verbindlichen Anspruch des Verbrauchers gegen den Unternehmer. Damit muss der zugesagte Gewinn wie eine gewährte Gratisleistung behandelt werden. Zur Beurteilung derartiger Gratisleistungen wird im Wettbewerbsrecht zwischen reinen Werbegeschenken und sog. Zugaben unterschieden. Letztere zeichnen sich dadurch aus, dass sie dem Kunden nur bei der zusätzlichen Abnahme von Waren als Kaufanreiz zugesprochen werden.[240] Daneben existiert noch die Fallgruppe der Kopplungsangebote, welche ebenfalls

---

[229] BGH, GRUR 2000, 820 (821) - *Space Fidelity Peep Show*; BGH, GRUR 1973, 81 (82) - *Gewinnübermittlung*; BGH, GRUR 1966, 47 (48) - *Indicator*; BGH, GRUR 1998, 1037 (1038).

[230] BGHZ 151, 84 (89) = GRUR 2002, 976 (978) – *Koppelungsangebot I*; *Ohly*, GRUR 106 (2004), 889 (897); *Steinbeck*, GRUR 2005, 540 (541)

[231] *Ohly*, GRUR 106 (2004), 889 (897); *Köhler*, GRUR 2003, 729 (736); BGHZ 151, 84 (89) = GRUR 2002, 976 – *Kopplungsangebot I.*

[232] *Ohly*, GRUR 106 (2004), 889 (897).

[233] BGH, NJW 2002, 3401 (3403) - *Testbestellung*; LG München, NJW 2003, 3066 (3067) - *Rubbel-Gewinnspiel*; OLG Braunschweig, WRP 2002, 356 (357) - *Frisör-Gutscheine*; BGH, GRUR 2000, 820 (821) - *Space Fidelity Peep Show*; BGH, WRP 1998, 162 - *Erstcoloration*; BGH, GRUR 1998, 735 - *Rubbelaktion.*; zustimmend *Steinbeck*, GRUR 2005, 540 (541).

[234] BGH, WRP 1998, 162 - *Erstcoloration.*

[235] BGH, GRUR 1965, 315 - *Werbewagen.*

[236] BGH, GRUR 1973, 81 - *Gewinnmitteilung.*

[237] BGH, GRUR 1966, 47f - *Indicator*; BGH, GRUR 1959, 277 - *Künstlerpostkarten.*

[238] OLG München, GRUR 1989, 280ff - *Provisionsversprechen.*

[239] OLG Saarbrücken, WRP 1994, 840 (843).

[240] *Köhler*, GRUR 2003, 729, insbes. FN 6.

nicht völlig kostenlos gewährt werden.[241] Die genaue Einordnung ist Frage des Einzelfalles. Für die Beurteilung der isolierten Gewinnzusage spielen die beiden letzten Fallgruppen gerade keine Rolle. Bei der isolierten Gewinnzusage ist die Isolation von intendiertem Geschäft und zugesagtem Gewinn gerade das ausschlaggebende Wesensmerkmal. Probleme bei der Frage der wettbewerblichen Beurteilung ergeben sich jedoch daraus, dass in den vergangenen Jahren das Leitbild des mündigen Verbrauchers, der über eine gewisse Standhaftigkeit verfügt, auch in das deutsche Wettbewerbsrecht Einzug erhalten hat.[242] So wird zumindest die von einem guten Angebot ausgehende Lockwirkung heute allgemein als erwünschte Folge des Leistungswettbewerbs anerkannt, und sie fällt daher nicht unter die Fallgruppe der Wertereklame.[243] Auch die Gewährung unentgeltlicher Zusatzleistungen kann vor diesem Hintergrund nur noch in besonders auffälligen Fällen als sittenwidrig beurteilt werden. Hinzu kommt, dass die Inanspruchnahme von Gratisleistungen, die uns allgegenwärtig begegnen, heutzutage selbstverständlich ist.[244] Es wird daher sogar vertreten, es bestünde überhaupt kein Bedürfnis mehr, Wertreklame zu unterbinden.[245] Diese Auffassung geht jedoch zu weit.[246] Denn gerade die Häufigkeit der „Aufmerksamkeiten" zeugt davon, dass der Verbraucher sie nicht als Selbstverständlichkeit abtut. Die Unternehmen würden kaum sinnlos Werte verschenken. Dabei kann die Frage der Unzulässigkeit nicht davon abhängen, ob die gewährte Zugabe gering- oder höherwertiger ist als die Hauptleistung.[247] Hinzu kommt, dass, wie vereinzelt zum psychischen Kaufzwang angemerkt,[248] der Verbraucher durch die zunehmenden Verbraucher schützenden Vorschriften ein gewisses Maß an Schutz mehr und mehr voraussetzt und sich so gewissermaßen zur Gutgläubigkeit anleiten lässt. So sind z.B. die Vorschriften zum AGB-Recht geeignet, den Verbrau-

---

[241] BGH, GRUR 1998, 1037 (1038) - *„Schmuck-Set"*; BGH, GRUR 2003, 538 - *Gesamtpreisangebot*; BGH, GRUR 2002, 1000 (1002) = NJW 2002, 3401 (3403ff) – *Testbestellung; Köhler*, GRUR 2003, 729, insbes FN 7; *Steinbeck*, GRUR 2005, 540 (545).
[242] *Ohly*, GRUR 106 (2004), 889 (897); ders., NJW 2003, 2135; *Steinbeck*, GRUR 2005, 540.
[243] vgl. BGHZ 151, 84 (87) = GRUR 2002, 976 – *Koppelungsangebot I*; BGH, GRUR 2002, 979; BGH, GRUR 2003, 538 - *Gesamtpreisangebot*; BGH, GRUR 2002, 1000 (1002) = NJW 2002, 3401 (3403ff) - *Testbestellung*; LG München, NJW 2003, 3066 (3067) - *Rubbel-Gewinnspiel*; *Köhler*, GRUR 2003, 729 (731, 736); *Steinbeck*, GRUR 2005, 540.
[244] Scherer, WRP 2005, 672 (675).
[245] *Steinbeck*, GRUR 2005, 540 (544); Harte/Henning/Stuckel, UWG, 2004, § 4 Nr. 1, Rn. 59ff; Fezer/Scherer, UWG, 2005, § 4 - 2, Rn. 92f, 94; *Berlit*, Wettbewerbsrecht, 2004, Rn. 99ff, 103; *Emmerich*, Unlauterer Wettbewerb, 2004, Seite 217f, 230ff.; Baumbach/Hefermehl, *Köhler*, Wettbewerbsrecht, 2001, § 1 UWG, Rn. 85, 89; zum übertriebenen Anlocken: *Köhler*, GRUR 2003, 729; *Ohly*, GRUR 106 (2004), 889 (897).
[246] ebenso Köhler/Piper, § 1 Rn. 202, 209.
[247] BGH, GRUR 2002, 976 – *Kopplungsangebot I*; *Köhler*, GRUR 2003, 729 (731).
[248] *Scherer*, WRP 2005, 672 (675); *Weiler*, WRP 2002, 871 (873); Fezer/Scherer, UWG 2005, § 4 - 2, Rn. 92.

cher vom „Kleingedruckten“ abzulenken, da er ja vor nachteiligen Klauseln weitgehend geschützt wird. Im Mietrecht ist der Mieter so umfassend geschützt, dass er nahezu blind jeden Vertrag unterschreiben kann, den ihm der Vermieter vorlegt. Ungünstige Klauseln betreffen ihn nicht. Aufgrund des Schutzsystems kann er sich geschützt fühlen, und er tut dies auch. Diese Entwicklung wird sich bei Gewinnzusagen ebenfalls vollziehen. Es wäre jedoch widersprüchlich, den Verbraucher auf der einen Seite zu schützen, auf der anderen Seite aber mittels des Leitbildes eines überzogen standhaften Verbrauchers aus dem Wettbewerbsrecht vollkommen herauszunehmen. Es wäre gerade falsch, aus der Häufigkeit von Werbegeschenken pauschal darauf zu schließen, dass die Verbraucher heute bei kleinen Geschenken von der Überprüfung der ihnen angebotenen Waren weniger abgelenkt sind. Richtigerweise ist in jedem Einzelfall abzuwägen.[249] Tritt zu der Gratisleistung ein weiteres, wettbewerblich zweifelhaftes Element hinzu, so spricht das auf jeden Fall für die Sittenwidrigkeit der betreffenden Maßnahme, so zum Beispiel, wenn der Verbraucher bei Ablehnung der Inanspruchnahme weiterer entgeltlicher Leistungen gewissermaßen an den Pranger gestellt wird.[250] An einer solchen öffentlichen Herabsetzung wird es bei Geschäften im Internet und auf postalischem Weg allerdings regelmäßig fehlen.[251] Hier kommen aber andere Umstände in Betracht, insbesondere nämlich dann, wenn eine lange Geschäftsbeziehung und darauf basierend ein Gefühl der Verbundenheit besteht.[252] Auch lohnt sich ein Blick in andere Rechtsordnungen. Der britische *Code of Advertising and Direct Marketing* verbietet zum Beispiel in Art 22 gesondert Werbemaßnahmen, die sich gezielt gegen besonders leichtgläubige Personen richten.[253] Ähnlich beurteilte der Bundesgerichtshof die Werbung an besonders schutzbedürftige Personen als grundsätzlich kritisch.[254] Gerade dann, wenn Zuwendungen gezielt an Adressaten verteilt werden, die mit Handelsgeschäften vertraut sind, muss gerade bei kleineren Aufmerksamkeiten davon ausgegangen werden, dass diese die Kaufbereitschaft nicht beeinflussen. Schenkungen und damit auch isolierte Gewinnzusagen in größerer Höhe, die durchaus geeignet sind, den Verbraucher zu „Anstandskäufen“ zu veranlassen, stellen hingegen eine Wertereklame im Sinne des § 4 Nr. 1 UWG dar.[255] So verhält es sich

---

[249] so auch BGH, GRUR 1998, 735 – *Rubbelaktion*; BGH, GRUR 2002, 976 (978) – *Kopplungsangebot I*; *Köhler*, GRUR 2003, 729 (732; 737); *Steinbeck*, GRUR 2005, 540 (547).
[250] *Steinbeck*, GRUR 2005, 540 (545).
[251] *Köhler*, GRUR 2003, 729 (732; 738); *Steinbeck*, GRUR 2005, 540 (545).
[252] *Steinbeck*, GRUR 2005, 540 (545).
[253] *Jergolla*, WRP 2003, 431 (436).
[254] BGH, GRUR 2002, 976 (979) – *Kopplungsangebot I*; *Köhler*, GRUR 2003, 729 (732; 738).
[255] i. E. zustimmend: BGHZ 151, 84 (89) – *Koppelungsangebot I*; *Wied*, Gewinnversprechen von Versandfirmen, Dissertation, 2003, Seite 66, der einen Fall des übertriebenen Anlockens annimmt; ebenso *Braun*, VuR 2003, 214 (218); *Steinbeck*, GRUR 2005, 540 (546).

heute mit den meisten Gewinnzusagen erfüllen regelmäßig die Voraussetzungen für eine sittenwidrige Wertereklame, da typischerweise große Geldsummen oder Automobile versprochen werden. Solche Handelspraktiken sind sittenwidrig.

2) Einordnung der geschäftsakzessorischen Gewinnzusage

Einfacher in der rechtlichen Behandlung sind die Fälle der geschäftsakzessorischen Gewinnzusagen, in denen die Auszahlung des Gewinnes von einer Bestellung abhängig gemacht wird. Wettbewerbsrechtlich bewegt man sich hier im Bereich des übertriebenen Anlockens. Die Fallgruppe behandelt Sachverhalte, bei denen ein Verbraucher die Leistung eines Unternehmers nur deswegen in Anspruch nimmt, weil er in den Genuss einer anderen, ihm zugesagten Leistung kommen will.[256] Das übertriebene Anlocken fällt ebenfalls unter die Fallgruppe der unsachlichen Beeinflussung, § 4 Nr. 1 UWG. Zwar entsteht der Anspruch aus der Gewinnzusage unabhängig von einer Bestellung des Verbrauchers.[257] Der Anspruch ist aber erst nach erfolgter Bestellung durchsetzbar. Das Ergebnis ist dasselbe: Um den zugesagten Gewinn zu erhalten muss der Verbraucher bestellen. Geschäftsakzessorische Gewinnzusagen sind daher stets wegen Verstoßes gegen § 4 Nr. 1 UWG sittenwidrig.

3) 0900er Nummern

Anders als vor Einführung des § 661a BGB kommt der Fallgruppe der Irreführung, § 5 II Nr. 2 UWG, heute das kleinste Gewicht zu. Nach dieser Vorschrift handelt unter anderem unlauter, wer Kunden über den Preis einer Dienstleistung irreführt. Wettbewerbliche Unterlassungsansprüche gestützt auf Irreführung kommen nach der neuen Rechtslage nur noch in den Fällen in Betracht, in welchen zum Beispiel eine teure 0900er Nummer angegeben wird, unter der der Verbraucher vorgeblich seinen Gewinn abfragen kann, tatsächlich aber keinerlei Information über denselben erhält.[258] In diesem Fall wird dem Verbraucher durch die gelieferten Informationen in irreführender Weise vorgetäuscht, der Anruf sei lohnenswert.[259] Solche Gewinnzusagen sind nach § 5 II Nr. 2 UWG wegen Irreführung sittenwidrig. Es obliegt dem Unternehmen, alle Unklarheiten durch hinreichende Informationen über die Erforderlichkeit und die anfallenden

---

[256] Baumbach/Hefermehl, *Köhler*, Wettbewerbsrecht, § 1 UWG, Rn. 90; BGH, GRUR 1984, 463 (464) - *Mitmacher-Tour*; BGH, GRUR 1998, 1037 (1038) - *„Schmuck-Set"*.
[257] so *Fetsch*, RiW 2002, 936 (943); *Lorenz*, IPrax 2002, 192 (196).
[258] vgl. BGH, NJW 2005, 3716 = JZ 2005, 469; insoweit zu pauschalisierend *Wied*, Gewinnversprechen von Versandfirmen, Dissertation, 2003, Seite 57.
[259] BGH, NJW 2005, 3716.

Kosten des Anrufs zu unterbreiten.[260] Hängt hingegen nach den im Schreiben gegebenen Informationen die Auszahlung von dem Anruf ab, fällt dies jedoch wie er unter die Gruppe des übertriebenen Anlockens, weil der Verbraucher dann nur anruft, um seinen Gewinn überhaupt zu erhalten.

4) Ergebnis

Die rechtliche Behandlung der Gewinnzusage im Wettbewerbsrecht hat sich im Ergebnis wenig verändert. Die Zusagen sind nach wie vor als unlauter einzustufen. Die neue Ausgestaltung, welche die Gewinnzusage durch § 661a BGB erfahren hat, zwingt lediglich im Detail zu Veränderungen. Im Rahmen des Wettbewerbsrechts ist zwischen der geschäftsakzessorischen Gewinnzusage, bei der ein Verbraucher weitere Schritte vorzunehmen hat und der isolierten Gewinnzusage zu unterscheiden. Die geschäftsakzessorische Gewinnzusage stellt wettbewerbsrechtlich einen Fall der so genannten Kopplungsangebote dar, bei denen ein Verbraucher über ein ihm attraktives Angebot (den zugesagten Gewinn) zum Erwerb weiterer Gegenstände oder der Inanspruchnahme weiterer Dienstleistungen verleitet wird. Hierzu gehören auch die Gewinnzusagen, bei denen der Verbraucher in der Gewinnzusage dazu verleitete wird, teure 0900er-Nummern anzurufen. Demgegenüber unterfallen die isolierte Gewinnzusage und die Gewinnzusage, welche den Verbraucher durch geweckte Neugier zum Anruf einer teuren 0900er Nummer verleitet wird, der wettbewerbsrechtlichen Fallgruppe des übertriebenen Anlockens. Hier wird der Verbraucher durch den zugesagten Gewinn, auf den er wegen § 661a BGB einen Anspruch hat, dazu verleitet, Geld in eine Leistung zu investieren, welche für ihn ansonsten uninteressant gewesen wäre. Beide Fälle werden wettbewerbsrechtlich von § 4 UWG geregelt. Soll ein Verweis auf eine 0900er-Nummer nur zu einem vollkommen untauglichen Telefonanruf verleiten, so unterfällt die Gewinnzusage der Fallgruppe der Irreführung, welche heute von § 5 II Nr. 2 UWG erfasst wird. Interessant ist die rechtliche Einordnung in diesem Bereich, nur noch für die Konkurrenten des zusagenden Unternehmens. Der Verbraucher ist hingegen seit der Novelle, welche am 03.04.2004 in Kraft trat, nicht mehr aktivlegitimiert. Er wurde, zumindest in Fragen der Gewinnzusage, durch die Einführung des § 661a BGB entschädigt, welcher neben dem Wettbewerbsrecht anwendbar ist und dem Verbraucher eigene Ansprüche ermöglicht.

---

[260] BGH, NJW 2005, 3716 (3718); Hefermehl/Köhler/Bornkamm, *Köhler*, Wettbewerbsrecht, 2006, § 4 UWG Rn. 5. 11.

III Zusammenfassung

Seit der Einführung des § 661a BGB verläuft Behandlung der Gewinnzusage in der deutschen Rechtsordnung zweigleisig. Auf der einen Seite existiert das Wettbewerbsrecht. Dieses ermöglicht es, Gewinnzusagen als unlauter zu verbieten. Dabei muss zwischen den Arten der Gewinnzusage unterschieden werden: Geschäftsakzessorische Gewinnzusagen sind wegen Verstoßes gegen das Koppelungsverbot unlauter, während isolierte Gewinnzusagen den Tatbestand des übertriebenen Anlockens erfüllen. Solche Gewinnzusagen, bei denen der Verbraucher zur Zahlung angeblich fälliger Verwaltungsgebühren verpflichtet werden, unterfallen weiterhin der Unlauterkeit wegen Täuschung im Rechtsverkehr. Für den Verbraucher vermittelt das Wettbewerbsrecht allerdings keinen Anspruch. Er ist seit der Novelle, die am 03.04.2004 in Kraft trat, nicht mehr aktivlegitimiert. Für ihn hält allerdings das Bürgerliche Gesetzbuch einen Anspruch bereit.

C) Rechtsdogmatische Einordnung des § 661a BGB

Der Gesetzgeber schwieg sich nicht nur über die Frage aus, ob § 661a BGB Teil des Wettbewerbsrechts oder des Verbraucherrechts sein sollte. Er enthielt sich jeglicher Frage zur Rechtsnatur der Vorschrift. Wahrscheinlich erachtete er dieses Problem für zu dogmatisch und maß ihm keine Relevanz für die Anwendung der Vorschrift bei. Tatsächlich ist die Frage jedoch bedeutend wichtiger, als man auf den ersten Blick meinen würde.

I § 661a BGB in der deutschen Rechtsprechung

Wie bereits eingangs erwähnt machten die deutschen Gerichte von dem neu eingeführten § 661a BGB unmittelbar Gebrauch. Die Gerichte erkannten als das zentrale Element, dass das Gesetz dem Verbraucher einen Anspruch auf den Gewinn zuerkennen wollte.[261] Eine einheitliche Rechtsprechung zu den Voraussetzungen des § 661a BGB hat sich jedoch bis heute nicht herausgebildet, was sich vor allem darauf zurückführen lässt, dass die wenigsten Entscheidungen überhaupt zur Frage der Rechtsnatur des § 661a BGB Stellung nehmen. Sofern sie sich zu Rechtsnatur äußerten, gingen manche der Gerichte in ihren Entscheidungen davon aus, § 661a BGB sei ein gesetzlich normierter Anspruch der *culpa in contrahendo*.[262] Noch im Jahr 2004 unterstrich der BGH die Nähe der Gewinnzusage zur c.i.c.. Dies lehnten andere Gerichte deswegen ab, weil der An-

[261] OLG Dresden, IPrax 2001, 421 (423).
[262] LG Braunschweig, IPrax 2002, 213.

spruch des Verbrauchers auf das positive Interesse gerichtet ist, weshalb es sich nicht um einen Fall deliktischer Haftung oder um eine *culpa in contrahendo* handeln konnte.[263] Diese Gegenansicht in der Rechtsprechung geht daher davon aus, die Gewinnzusage sei eine geschäftsähnliche Handlung oder ein einseitiges Rechtsgeschäft.[264] Das LG Braunschweig, welche das Rechtsfolgenproblem bereits im Jahr 2002 erkannt hatte, hält bis heute dennoch an einer Einordnung der Gewinnzusage als c.i.c. fest.[265] Manche Gerichte gingen aber auch davon aus, § 661a BGB sei ein Fall einer Haftung wegen zurechenbar gesetzten Rechtsscheins.[266] Das OLG Nürnberg vertrat demgegenüber, dass es sich nach nationalen Begriffen bei der Gewinnzusage um ein einseitiges Rechtsgeschäft handele.[267] Der Bundesgerichtshof unterstrich noch im Jahr 2005 die Nähe des § 661a BGB zu den einseitigen Rechtsgeschäften der Auslobung, § 657 BGB, und des Preisausschreibens, § 661.[268] Einige Gerichte lehnten Ansprüche des Verbrauchers mit dem Hinweis ab, dass § 661a BGB eine Straffunktion erfülle, weshalb er restriktiv auszulegen sei.[269] Andere Gerichte nahmen besagte Straffunktion gerade zum Anlass, den Tatbestand weit auszulegen. So nahm das OLG Frankfurt in einem Fall, in dem eine Telefongesellschaft, welche über einhundert Prozent des Betrages ausgezahlt bekommen sollte und die personell weitgehend gleich besetzt war, wie das gewinnzusagende Unternehmen, eine Beteiligung am Betrug an, welche dazu führe, den mit § 661a BGB einhergehenden Sanktionscharakter in Kraft zu setzen.[270] Das Gericht führte das Telefonunternehmen ausdrücklich unter Benennung des § 25 II StGB zur Haftung wegen des Betruges.[271] Die Probleme, welche sich in den Voraussetzungen der Gewinnzusage ergeben können, folgten auf den Fuß. Die Zerrissenheit soll exemplarisch an einigen Punkten aufgeführt werden, bei denen sich eine besondere Anhäufung von Gerichtsurteilen unterschiedlichen Ausgangs verzeichnen lässt.

1) Subjektive Erfordernisse auf Seiten des Empfängers

Aus der Tatsache, dass mit Hilfe des § 661a BGB dem Verbraucher ein Anspruch auf den zugesagten Gewinn zugesprochen werden soll und aus dem Wortlaut des § 661a BGB schloss ein Teil der Gerichte, dass § 661a BGB eine

---

[263] OLG Düsseldorf, VuR 2004, 67 (68, 72); OLG Nürnberg, NJW 2002, 3637 (3639).
[264] BGH, BB 2004, 2259 (2260); BGHZ 153, 82 (88).
[265] LG Braunschweig, IPrax 2002, 213 (214).
[266] OLG Düsseldorf, NJW-RR 2002, 1632 (1633).
[267] OLG Nürnberg, NJW 2002, 3637 (3639).
[268] BGH, NJW 2006, 230 (232); so schon OLG Nürnberg, NJW 2002, 3637 (3639).
[269] OLG Dresden, IPrax 2001, 421 (424); OLG Düsseldorf, NJW-RR 2002, 1632 (1633); OLG Düsseldorf, VuR 2004, 67 (69).
[270] OLG Frankfurt am Main, NJW-RR 2005, 1366 (1367).
[271] OLG Frankfurt am Main, NJW-RR 2005, 1366 (1367).

objektive Auslegung der Zusagen erfordere.[272] Ob darüber hinaus auf Seiten des Erklärungsempfängers ein weiteres, subjektives Element hinzukommen muss, ist hingegen umstritten. Einige Gerichte wollten die „Messlatte" bewusst niedrig hängen.[273] Für das Bestehen eines Anspruchs sei es demnach nicht einmal erforderlich, dass der Verbraucher der Mitteilung Glauben schenkt.[274] Rechtsdogmatisch ist ein solches Vorgehen durchaus möglich. Auch § 15 HGB fordert auf Seiten des Erklärungsempfängers kein konkretes Vertrauen.[275] Im Fall des § 151 BGB beurteilt sich die Erklärung bloß vom Standpunkt eines unbeteiligten Dritten aus.[276] Allerdings stützen weder die Gesetzesmaterialien noch der Wortlaut des § 661a BGB eine derartige Auslegung. Dieser Punkt wird bei der Frage der Anwendbarkeit des § 116 S. 2 BGB noch einmal eine Rolle spielen. Weil sich jene Gerichte mit der Auslegung von der allgemeinen Rechtsgeschäftslehre entfernten, welche bei der Auslegung rechtsgeschäftlicher Erklärungen auch dasjenige berücksichtigt wissen will, was der Erklärungsempfänger verstanden hat, forderten andere Gerichte auf Seiten des Empfängers einen guten Glauben, wenigstens aber ein Sich-Angesprochen-Fühlen.[277] Die Unterscheidung bewirkt, dass derjenige, der begründete Zweifel an der Verbindlichkeit der Gewinnzusage hegt, eine Klage nicht wagen wird, weil er es riskiert, mit seinem Begehren zu scheitern. Auch auf die Einbeziehung allgemeiner Geschäftsbedingungen wirkt sich die Frage der Auslegung der Gewinnzusage aus. Hier argumentiert ein Teil der Gerichte mit dem AGB-Recht, ein anderer Teil stellt auf den objektiven Eindruck der Zusage ab.[278]

2) Der Durchgriff auf Hintermänner

Ebenso deutlich zeigte sich die Verwirrung über die Rechtsnatur der Gewinnzusage bei der Frage, wer Versender einer Gewinnzusage ist. Diejenigen Oberlandesgerichte, welche von einer Einordnung der Gewinnzusage im Bereich des Deliktsrechts ausgingen, konnten § 830 zur Anwendung bringen, mit dem Vorteil, dass auf Strohmänner problemlos zugegriffen werden konnte. Bei einer

[272] OLG Dresden, IPrax 2001, 421 (423); OLG Düsseldorf, VuR 2004, 67 (69); OLG Frankfurt am Main, MDR 2002, 1023; OLG Stuttgart, VuR 2004, 151.
[273] so wörtlich: OLG Frankfurt am Main, MDR 2002, 1023 (1024).
[274] BGH, NJW 2004, 1652; OLG Düsseldorf, VuR 2004, 67 (69); OLG Frankfurt am Main, NJW-RR 2005, 1366.
[275] *Schäfer*, JZ 2005, 981 (983).
[276] *Pfeiffer*, LMK 2003, 79 (80); *Lorenz*, FS W. Lorenz, 1991, Seite 191 (197); dies erkennt auch *Leible*, IPrax 2003, 28 (31, dort Fn. 49).
[277] OLG Nürnberg, NJW 2002, 3637 (3640); OLG Stuttgart, VuR 2004, 151.
[278] für Anwendung des AGB-Recht: LG Braunschweig, IPrax 2002, 213 (215); OLG München, in NJW 2004 1671 (1672); OLG Bremen NJW-RR 2004, 347 (348); OLG Oldenburg in NJW-RR 2003, 1564; a. A. OLG Hamm, NJOZ 2003, 135 (140); OLG Stuttgart, VuR 2004, 151 (152).

Einordnung als Rechtsschein kam die Anwendung des § 830 BGB nicht in Betracht. Die Gerichte konnten Ansprüche konsequent auch nur gegen denjenigen zusprechen, der nach außen als Garant der Erklärung in Erscheinung tritt.[279] Handelte es sich bei dem Handelnden um eine Gesellschaft, so sollte der Durchgriff auf die Hintermänner nach teilweise vertretener Auffassung dennoch auf die gesellschaftlichen Regeln beschränkt sein.[280] Die Vertreter der Ansicht, die Gewinnzusage sei ein Fall der *culpa in contrahendo* nahmen für sich in Anspruch, bei Gewinnzusagen sei ein Durchgriff auf das Handelsunternehmen stets möglich.[281] In einer Entscheidung aus dem Jahr 2004 ging der Bundesgerichtshof davon aus, dass man diejenigen Unternehmen, welche vorgeben, für ein tatsächlich nicht existentes Unternehmen aufzutreten, als "Sender" im Sinne des § 661a BGB ansehen könne.[282] Wenig später nahm der Bundesgerichtshof an, dass derjenige, welcher im Rechtsverkehr für ein Unternehmen auftritt, welches tatsächlich nicht existiert, als Vertreter ohne Vertretungsmacht nach § 179 BGB analog zu haften habe.[283] Das Oberlandesgericht Frankfurt am Main sprach deutlich aus, was die Gerichte im Hinterkopf hatten: Der Begriff des Versenders sei, so das Gericht, weit zu fassen, um auch die nicht erkennbar in Erscheinung tretenden Unternehmen greifbar machen zu können. Erforderlich sei lediglich, dass das Unternehmen ein wirtschaftliches Interesse an der Versendung der Gewinnzusage habe, und dass es organisatorisch in das Gewinnspiel eingebunden sei.[284]

3) Ergebnis

Der Blick in die Rechtsprechung macht deutlich, dass die Frage der rechtlichen Behandlung der Gewinnzusage auch nach der Einführung des § 661a BGB von den Gerichten alles Andere als einheitlich beurteilt wird. Derzeit wirkt sich die Klage vor unterschiedlichen Gerichten noch auf das Ergebnis der Klage aus. Dieser Zustand ist unhaltbar. Ein Blick in die Literatur hilft dabei leider ebenfalls nicht, da sie bei dieser Frage ebenso uneinheitlich ist, wie die Rechtsprechung. Literatur und Rechtsprechung sind in vielen Fragen der Anwendung von § 661a BGB hilflos. Ausschlaggebend ist dabei stets die Frage, wie man § 661a BGB in das System des bürgerlichen Gesetzbuches einzuordnen hat. Doch auch dieser Punkt konnte sechs Jahre nach Einführung des § 661a BGB immer noch keiner Klärung zugeführt werden. Die Autoren, die sich zur Gewinnzusage äußern, vertreten mit mehr oder weniger überzeugenden Argumenten alles, von der

---

[279] OLG Düsseldorf, VuR 2004, 67; OLG Düsseldorf, NJW-RR 2002, 1632 (1633).

[280] BGH, BB 2004, 2259 (2260); BGHZ 153, 82 (90); OLG Düsseldorf, NJW-RR 2002, 1632; OLG Düsseldorf, VuR 2004, 67.

[281] LG Braunschweig, IPrax 2002, 213 (214).

[282] BGH, DB 04, 2751.

[283] BGH, NJW 2006, 701.

[284] OLG Frankfurt am Main, NJW-RR 2005, 1366.

Einordnung als einseitiges Rechtsgeschäft oder als gesetzliches Schuldverhältnis aufgrund Rechtsscheins bis hin zu einer Einordnung als unerlaubte Handlung. Weite Teile der dogmatischen Einordnung erfolgt dabei fernab der tatsächlich dogmatischen Diskussion allein aufgrund ergebnisorientierter Erwägungen. Dabei kann an sich nicht das gewünschte Ergebnis festlegen, wie die Voraussetzungen einer Vorschrift zu verstehen sind, sondern es gibt umgekehrt die Natur der Vorschrift die Folgen für die Auslegung vor.

II Betrachtung der Diskussion um die Rechtsdogmatik des § 5j ösKSchG

Mit den Einordnungsproblemen steht Deutschland nicht allein. Auch die österreichische Literatur ist in Fragen der dogmatischen Einordnung der österreichischen Vergleichsvorschrift § 5j ösKSchG gespalten. Bereits im Jahr 1998 arbeitete der Gesetzgeber in Österreich an § 5j ösKSchG, und suchte nach Wegen, wie man den Gewinnzusagen am besten begegnen könnte.[285] Hintergrund der Beschäftigung mit der Gewinnzusagenproblematik war auch hier, dass man sich über Belange des Verbraucherschutzes schon aus Anlass der Umsetzung der Fernabsatzrichtlinie Gedanken machen musste.[286] Der Gesetzgeber erwog verschiedene Möglichkeiten, um dem Problem zu begegnen. Er zog dabei insbesondere auch die Einführung einer Verwaltungsstrafe ernsthaft in Betracht, welche er in § 28a ösUWG festschreiben wollte, verwarf diese Idee letztendlich aber als einerseits zu aufwendig, andererseits als zu unsicher, da eine derart feststehende Strafe vom Werbenden einfach als Kosten der Werbung in diese mit eingerechnet werden könnten.[287] In der Hoffnung, die Wettbewerbsverstöße so wirksam eindämmen zu können, beschloss der österreichische Gesetzgeber schließlich, eine zivilrechtliche Norm zu schaffen, die es dem Verbraucher ermöglicht, selbst gegen das versprechende Unternehmen vorzugehen.[288] Die erarbeitete Vorschrift, § 5j KSchG, wurde dann im Jahr 1999 verabschiedet, und sie trat am 01.10.1999 in Kraft. Sie wurde Vorbild für § 661a BGB in Deutsch-

---

[285] vgl. Regierungsvorlage zum österreichischen Fernabsatzgesetz, 1998, der Beilagen zu den stenographischen Protokollen des Nationalrates XX. Gesetzgebungsperiode, S. 30f; Regierungsvorlage BlgNr 1998 XX. GP, abrufbar unter http://www. parlament. gv. at/pls/portal/Url/page/PG/DE/XX/I/I_0198/.

[286] *McGuire*, ecolex 2005, 489.

[287] Regierungsvorlage BlgNr 1998 XX. GP, abrufbar unter http://www. parlament. gv. at/pls/portal/Url/page/PG/DE/XX/I/I_0198/.

[288] Regierungsvorlage zum österreichischen Fernabsatzgesetz, 1998, der Beilagen zu den stenographischen Protokollen des Nationalrates XX. Gesetzgebungsperiode, S. 30f; *McGuire*, ecolex 2005, 489 (490); Rummel, ABGB, Bd. II, 2002, *Krejci*, § 5j KSchG, Rn. 1; vgl. EuGH-Urteil vom 20. 01. 2005, Rs. C-27/02, in NJW 2005, 811 (812, Rn. 39) - *Engler*.

land, und eine Ähnlichkeit zwischen den beiden Vorschriften ist unverkennbar. § 5j ösKSchG lautet:

> *„Unternehmer, die Gewinnzusagen oder andere vergleichbare Mitteilungen an bestimmte Verbraucher senden und durch die Gestaltung den Eindruck erwecken, dass der Verbraucher einen bestimmten Preis gewonnen habe, haben dem Verbraucher diesen Preis zu leisten; er kann auch gerichtlich eingefordert werden.“*

Die deutsche und die österreichische Vorschrift weisen kleine Unterschiede im Tatbestand auf. Ein augenfälliger Unterschied zur deutschen Vorschrift ist, dass § 5j KSchG das Versprechen eines *bestimmten* Preises an einen *bestimmten* Verbraucher voraussetzt, ein Erfordernis, das in Deutschland auf Bestreben der Verbraucherschutzverbände nicht übernommen wurde.[289] Dieser Unterschied relativiert sich jedoch durch einen Blick in die Gesetzesbegründung, in der deutlich herausgestellt wird, dass schon das Inaussichtstellen eines „Hauptpreises“ als ausreicht, um eine verbindliche Gewinnzusage zu begründen.[290] Die österreichischen Gerichte sehen diese Voraussetzung dann nicht mehr als gegeben an, wenn das Schreiben unzweifelhaft mitteilt, dass der Empfänger bloß potenzieller Gewinner ist, eine Ziehung zum Gewinner noch erfolgen muss.[291] Darüber hinaus geben die österreichischen Gerichte dem Unternehmer die Möglichkeit, sich mit der bewiesenen Behauptung, die Zusage sei versehentlich an den falschen Verbraucher geraten, der Haftung zu entziehen.[292] Der österreichische Gesetzgeber hatte bezüglich der Rechtsnatur lediglich klargestellt, dass man die zivilrechtlichen Schranken für die Einklagbarkeit solcher Zusagen beseitigen wollte, weil die Unternehmen, welche Gewinnzusagen versenden, des Schutzes durch den Gesetzgeber nicht bedürfen.[293] Die Gerichte nahmen dies zum Anlass, die Voraussetzungen der Vorschrift weit zu fassen.[294] Die Mehrzahl der österreichischen Gerichte wendet hierzu die so genannte "Unklarheitenregel" für die Auslegung des Inhalts der Gewinnzusage an. Demnach gilt: „Im Zweifel zu Lasten des Versenders“.[295] So will man die Unternehmer dazu zwingen, Informationen

---

[289] BTDrucks 14/3195, Seite 34; *Wied*, Gewinnversprechen von Versandfirmen, Dissertation, 2003, Seite 79.

[290] Regierungsvorlage BlgNr 1998 XX. GP, abrufbar unter http://www. parlament. gv. at/pls/portal/Url/page/PG/DE/XX/I/I_0198/.

[291] ÖstOGH, ÖJZ 2003, 464; ÖstOGH vom 01. 07. 2003 - 1 Ob 118/03i; ÖstOGH von 01. 07. 2003 - 1 Ob 148/03a; *Faber*, wbl 2004, 553 (558).

[292] *Faber*, wbl 2004, 553 (555).

[293] Regierungsvorlage BlgNr 1998 XX. GP.

[294] *Faber*, wbl 2004, 553 (554) mit zahlreichen Nachweisen aus der Rechtsprechung.

[295] ÖstOGH, wbl 2002, 177; ÖstGH vom 10. 02. 2004, 10 Ob 1/04a; ÖstOGH vom 01. 07. 2003, 1 Ob 118/03i; *Faber*, wbl 2004, 553 (555; krit 559); *Dittrich/Tades*, § 5j KSchG, E 3.

absolut klar und unmissverständlich zu formulieren.[296] Weder der Gesetzeswortlaut noch die Motive des Gesetzgebers lassen hingegen eine genaue Aussage über die Rechtsnatur des § 5j KSchG zu. Ein Teil der österreichischen Literatur will den Gesetzgeber so verstehen, dass § 5j KSchG eine Vorschrift rechtsgeschäftlicher Natur sei.[297] Andere vertreten hingegen, die Vorschrift sei deliktischer Natur,[298] während wieder andere der Auffassung sind, es handele sich um eine Norm sui generis, welche eine Rechtsfolge anordne, die auf einer Wissenserklärung basiere.[299] Zumindest der Ansatz, es handele sich bei § 5j KSchG um einen Schadensersatzanspruch, lässt sich deswegen ausräumen, dass ein solcher Anspruch, anders als § 5j KSchG den Eintritt eines Schadens erfordert, was aber nichts an der Tatsache ändert, dass auch eine derartige Einordnung ernsthaft im Gespräch war.[300] Entsprechend umstritten sind auch die Tatbestandsvoraussetzungen. So wollen Teile der Literatur die Frage des Vorliegens einer Gewinnzusage objektiv beurteilt wissen, wie sie ein verständiger Verbraucher verstehen musste, wobei insbesondere unauffällig Kleingedrucktes außer Acht gelassen werden soll.[301] zugrunde zu legen sei das Leitbild des durchschnittlich informierten, aufmerksamen und verständigen Durchschnittsverbrauchers.[302] Was einen solchen Verbraucher genau ausmacht, ist unklar.[303] Ein Teil der Literatur geht sogar noch weiter. Er vertritt, dass es auf ein Verbraucherleitbild gar nicht ankomme, weil sich der „verständige Verbraucher" in dem Zweck des § 5j KSchG, eine verpönte Vertriebspraxis effektiv zu unterbinden, nicht findet. Aus diesem Grund dürfe es dem Unternehmer auch nicht zum Vorteil gereichen, wenn er an einen besonders verständigen Verbraucher gerate.[304] Insbesondere die österreichischen Gerichte orientieren sich an einem objektiven Verbraucherleitbild, mit im europäischen Vergleich niedrigem Niveau.[305] Sie haben, trotz bestehender Zweifel bei der Auslegung, von einer Vorlage zum Europäischen Gerichtshof abgesehen.[306] Es gibt auch einen Verständnisansatz, welcher von einer vertraglichen Natur der Gewinnzusage ausgeht. Sie rechtfertigen ihre Auf-

---

[296] *Faber*, wbl 2004, 553 (560).
[297] *McGuire*, ecolex 2005, 489 (491); Rummel, ABGB, Bd. II, 2002, *Krejci*, § 5j KSchG, Rn. 8.
[298] *Klauser*, ecolex 1999, 751 (752ff).
[299] *Fenyves*, VR 2003, 89; *Matt*, ecolex 2000, 494.
[300] *Brenn*, ÖJZ 2005, 698 (698f); *McGuire*, ecolex 2005, 489 (491).
[301] ÖstOGH, wbl 2002, 177; *McGuire*, ecolex 2005, 489 (490); *Dittrich/Tades*, § 5j KSchG, E 1; Regierungsvorlage BlgNr 1998 XX. GP, abrufbar unter http://www. parlament. gv. at/pls/portal/Url/page/PG/DE/XX/I/I_0198/; *Faber*, wbl 2004, 553 (555).
[302] OLG Innsbruck, 1 R 228/00i KRES 10/134; Rummel, ABGB, Bd. II, 3. Aufl., 2002, *Krejci*, § 5j KSchG, Rn. 5.
[303] vgl. ÖstOGH, ÖJZ 2003, 464; krit. daher *Faber*, wbl 2004, 553 (556)
[304] *Faber*, wbl 2004, 553 (560).
[305] *Faber*, wbl 2004, 553 (555); *Jud*, ÖJZ 2004, 241 (243).
[306] ÖstOGH, wbl 2003, 601.

fassung damit, dass der fehlende Rechtsbindungswille auf Seiten des Versenders der Gewinnzusage als bloße Mentalreservation ohnehin unbeachtlich sei.[307] War dem Empfänger der Erklärung die gewollte Unverbindlichkeit positiv bekannt, soll demnach eine Anwendung des § 5j ösKSchG hingegen ausscheiden.[308] Auch der österreichische oberste Gerichtshofs entschied sich für eine rechtsgeschäftliche Auslegung der Gewinnzusagen, als er in einem Urteil vom 28.02.2003 zunächst überprüfte, ob ein Schreiben nach zweimaliger oberflächlicher Durchsicht den Eindruck erweckte, es sei ernst zu nehmen,[309] dann aber forderte, dass der Verbraucher die Verbindlichkeit des Schreibens auch ernstlich für möglich hielt.[310] Auf Seiten des Unternehmers erfordert § 5j ösKSchG, dass der Unternehmer eine unsachliche Beeinflussung intendierte. Dies wird zum Teil als ein subjektives Tatbestandsmerkmal angesehen.[311] Damit wäre dann auch der Wettbewerbsverstoß Anknüpfung der Vorschrift. Auf ein zusätzliches Erfordernis der Erfüllung einer evtl. beigefügten Bedingung für die Entstehung des Anspruchs, also insbesondere auf eine etwaige Bestellung des Verbrauchers, wird überwiegend verzichtet.[312] Insgesamt lässt sich allerdings feststellen, dass auch die österreichische Literatur und Rechtsprechung Probleme mit der Behandlung ihrer Vorschrift haben. Daher ist der Blick in das österreichische Recht auf dem Weg zu einer dogmatischen Einordnung des § 661a BGB im deutschen Recht insgesamt wenig erfolgreich. Es bedarf neuer, eigener Überlegungen.

III Einordnung des § 661a BGB in das System des Bürgerlichen Rechts

Wie eingangs festgestellt[313] handelt es sich bei § 661a BGB nicht um eine Vorschrift des Wettbewerbsrechts. Dies bedeutet, dass § 661a BGB im Bürgerlichen Recht im engeren Sinne zu verorten ist. Im Folgenden soll daher untersucht werden, ob die Verortung im Rahmen des BGB als Deliktsrecht, welches die Eingriffe in die Rechtssphäre anderer regelt, oder als Vertragsrecht einzuordnen ist.

---

[307] *McGuire*, ecolex 2005, 489 (491); Rummel, ABGB, Bd. II, 2002, *Krejci*, § 5j KSchG, Rn. 8.
[308] *Faber*, wbl 2004, 553 (556).
[309] OstOGH OJZ 2003, 464; OstOGH vom 01. 07. 2003 - 1 Ob 118/03i; *Faber*, wbl 2004, 553 (559).
[310] OstOGH, OJZ 2003, 464; *Jud*, OJZ 2004, 241 (244).
[311] *Brenn*, OJZ 2005, 698 (699).
[312] Staudinger, *Bergmann*, BGB (2006), § 661a BGB, Rn. 3.
[313] vgl. oben, Seite 33f.

1) Verortung im Bereich des Deliktsrechts

Zunächst gingen weite Teile der deutschen Literatur davon aus, bei § 661a BGB handele es sich um eine deliktsrechtliche Vorschrift.[314] Diese Annahme entspricht derjenigen, welche auch im französischen Recht zunächst verherrschend war.[315] Im deutschen Recht hätte eine derartige Einordnung den Vorteil, dass man § 830 BGB anwenden könnte.[316] Damit wäre ein Durchgriff auf den Veranlasser in jedem Fall möglich. Die Rechtsdogmatik spricht allerdings eindeutig gegen eine Verortung der Gewinnzusage im Bereich des Deliktsrechts.[317]
Ein Weg, welcher in der deutschen Literatur zur Verortung des § 661a BGB im Bereich des Deliktsrechts beschritten wird, ist es, darauf abzustellen, die Handlung des Unternehmers sei ein Betrug im Sinne von § 263 StGB.[318] Damit stellt diese Ansicht auf die klassische Funktion des deliktsrechtlichen Schuldrechts ab. Während die römisch-rechtliche Gruppe *delicta* dem im Rahmen einer Straftat Verletzten einen Anspruch gegen den Täter gab, dass dieser für das dem Opfer zugefügte Unrecht mit seinem Vermögen aufkommt,[319] umfassten die quasideliktsrechtlichen Ansprüche fahrlässig begangene Delikte ebenso wie Tatbestände der Gefährdungshaftung.[320] Eine Einordnung des § 661a BGB scheitert aber bei diesem Ansatz bereits daran, dass dieser in seinem Tatbestand das Vorliegen einer strafrechtlich relevanten Handlung nicht erfordert. Die Versendung einer Gewinnzusage vermag aber darüber hinaus den Tatbestand des Betrugs auch regelmäßig nicht zu erfüllen. § 263 StGB erfordert tatbestandlich den Eintritt eines Vermögensschadens. Auf den ersten Blick könnte man annehmen, die durch viele Gewinnzusagen intendierte Warenbestellung stelle einen Vermögensschaden dar. Einen solchen erfordert § 661a BGB aber ebenfalls nicht. Im Gegenteil kann es bis zu seiner Anwendung niemals zu einem strafrechtlich erheblichen Schaden kommen. Die Frage, ob ein Schaden vorliegt, wird strafrechtlich nach der sog. Theorie der Gesamtsaldierung ermittelt, welche die Vermögenslagen vor und nach dem schädigenden Ereignis vergleicht.[321] § 661a BGB findet in dem Moment Anwendung, in dem einem Verbraucher die Gewinnzusage zugeht. Zu diesem Zeitpunkt hat der Verbraucher (außer ggf. einem überfüllten Briefkasten) keinen Schaden erlitten. Alle weiteren Handlungen nimmt nicht der Versender der Gewinnzusage, sondern der Empfänger selbst vor. Es kommt daher lediglich eine strafrechtliche Relevanz als Eingehungsbetrug in Betracht.

[314] *Schneider* BB 2002, 1653; wohl auch *Schmidt-Räntsch*, VuR 2000, 427 (434).
[315] Cour d'appell de Paris, Vie Jud. 10. 03. 1996, 9.
[316] *Bornemann*, VuR 2004, 434 (435, 440).
[317] Staudinger, *Bergmann*, BGB (2006), § 661a BGB, Rn. 14.
[318] *Schneider* BB 2002, 1653 (1656, 1657).
[319] *Kaser*, Romisches Privatrecht, 3. Teil, 3. Bd., 2. Abschn., 1975, § 271 I 1.
[320] *Kaser*, Romisches Privatrecht, 3. Teil, 3. Bd., 2. Abschn., 1975, § 271 II 2.
[321] BGH, NJW 1961, 1876; BGHSt 23, 300; BGH, NJW 1987, 388 (389).

Doch auch hier ergeben sich Probleme, einen Schaden beim Verbraucher zu konstruieren. Ein derartiger Schaden ergäbe sich nur dann, wenn der Verbraucher zum Kauf von Waren verleitet würde, die den Kaufpreis nicht wert sind. Letzteres wird jedoch regelmäßig nicht der Fall sein. Spendet der „Gewinner" aus Dankbarkeit dem Unternehmer einen bestimmten Betrag, käme man ebenfalls nicht zu einer Strafbarkeit wegen Betrugs, weil dann die erforderliche Unmittelbarkeit des Vermögensschadens fehlt. Zu einem anderen Ergebnis käme man über die Grundsätze zur sozialen Zweckverfehlung.[322] Diese Rechtsfigur greift dann ein, wenn eine Ware gekauft wurde weil man mit ihr einen bestimmten sozialen Zweck verfolgt, dem tatsächlich das dafür aufgebrachte Geld nicht zugute kommt. Doch auch daran fehlt es hier, denn das Geld käme wie geplant dem potenziellen Wohltäter zugute. Es gäbe nur einen einzigen Fall, in dem die Argumentation Recht hat. Das ist die isolierte Gewinnzusage, die dem Verbraucher eine vorgezogene Gebühr für die Bearbeitung von im Zusammenhang mit einem Gewinn entstandenen Kosten abverlangt, obwohl bereits der Gewinn realiter gar nicht existiert. Allerdings handelt es sich bei diesen Gewinnzusagen eher um die Ausnahme als um die Regel. Der Rückschluss von der Ausnahme auf die Regel ist aber in dieser Richtung keine dogmatisch befriedigende Lösung.
Mit ähnlichen Argumenten ist auch das Vorliegen eines zivilrechtlichen Schadens zu verneinen. Die Frage, ob ein Schaden vorliegt, wird im Zivilrecht nicht nach der Theorie der Gesamtsaldierung sondern nach der so genannten Differenzhypothese ermittelt, bei der die tatsächlichen Vermögenswerte nach dem schädigenden Ereignis mit denen verglichen werden, die hypothetisch nach dem Ereignis bestanden hätten.[323] Im Fall des § 661a BGB fehlt es jedoch an einem solchen Schaden ersichtlich.[324] An eben diesem Punkt war, wie oben[325] gesehen, auch die früher vorherrschende Meinung im französischen Recht gescheitert, welche auf die Generalklausel des französischen Deliktsrechts, Art 1382 Code Civil, abstellte.[326] Es stellte sich nämlich das Problem, dass auch das französische Recht für einen deliktsrechtlichen Schadensersatzanspruch einen Schaden voraussetzt. In diesem Punkt stimmt es folglich mit dem deutschen Recht überein. Folgeaufwendungen, die dadurch entstehen, dass der Verbraucher aus Dankbarkeit Waren bestellt, um das eigene aus der Dankbarkeit erwachsene Pflichtgefühl zu befriedigen, können, wie die französische Literatur festgestellt hat, nicht zum Schaden gerechnet werden. Dies führt dazu, dass mangels Vorliegens eines entsprechenden Schadens ein solcher auch nicht ersetzt werden

322 vgl. zu diesem Themenkreis: *Gutmann*, MDR 1963, 3; *Otto*, § 51, Rn. 128.
323 vgl. zu den Einzelheiten MK, *Oetker*, BGB, § 249, Rn. 19.; Staudinger *Schiemann*, BGB, § 249 Rn. 5.
324 so auch *Häcker*, ZVglRWiss 103 (2004), 464 (475); *Mörsdorf-Schulte*, JZ 2005, 770 (773); OLG Nürnberg, IPrax 2003, 54 (57) = NJW 2002, 3637 (3639).
325 vgl. oben, Seite 7f.
326 so noch Cour d'appell de Paris, Vie Jud. 10. 03. 1996, 9.

kann.[327] Außerdem setzt § 661a BGB die Entstehung derartiger Folgeaufwendungen des Verbrauchers, wie etwa Portokosten für die Entstehung des Anspruchs nicht voraus.[328] Im Fall der Gewinnzusage fehlt daher ein für die Einordnung als Delikt erforderlicher Schaden.[329] Schon das OLG Nürnberg erkannte 2002, dass § 661a BGB weder tatbestandlich einen Schaden voraussetze, sondern dass ein solcher tatsächlich auch niemals drohe, da bereits mit Zugang der Gewinnzusage der Anspruch nach § 661a entsteht, also sogar noch *vor* einer etwa veranlassten Bestellung.[330] Allenfalls könnte man den Anspruch des § 661a BGB als Ersatz eines Nichtvermögensschadens sehen. Auch dies hatte die französische Rechtsprechung in Erwägung gezogen. Sie erkannte aber schnell, dass derartige Schäden an den Wert des versprochenen Gewinns niemals heranreichen werden, weshalb das Deliktsrecht für die Behandlung der Gewinnzusagen nicht ausreichend ist.[331] Im deutschen Recht ist der Ersatz von Nichtvermögensschäden überdies die Ausnahme. Die Ablehnung der Ersatzfähigkeit von Nichtvermögensschäden ist geschichtlich daraus bedingt, dass die erste Kommission zum Bürgerlichen Gesetzbuch den Nichtvermögensschaden komplett aus dem Bürgerlichen Gesetzbuch ausklammern wollte. Dies stieß seinerzeit auf heftige Kritik der Vertreter der Germanisten, allen voran *Otto von Geiers*. Heute gewährt § 253 I BGB Ersatz für solche Schäden nur in den vom Gesetz bestimmten Fällen. Dass § 661a BGB eine derartige gesetzliche Bestimmung sein könnte, ist jedoch abzulehnen.

Außerdem spricht gegen eine Einordnung des § 661a BGB als deliktsrechtliche Vorschrift, dass eine solche in Deutschland stets die Verletzung einer Rechtsposition des Opfers voraussetzt, die ursächlich für einen Schaden war.[332] Die Rechtsposition müsste zumindest der Gesundheit, dem Körper oder dem Leben ebenbürtig sein. Primäre Vermögensschäden werden für dieses Erfordernis ebenso wenig als ausreichend erachtet wie Eingriffe in die allgemeine Handlungsfreiheit.[333] Das „Recht", nicht mit Schriftstücken belastet zu werden, welche keinen ernst gemeinten Hintergrund haben, wird einem so strengen Erfor-

---

[327] *Mestre*, Revue Trimestrielle de Droit Civil civ. 1996, 397 (398), unter Verweis auf einen arrêt des Cour d'appell de Paris, Vie Jud. 10. 03. 1996, 9; *Terrier*, Recueil Dalloz, 2004 Chr. 179 (180).

[328] *Häcker*, ZVglRWiss 103 (2004), 464 (475, dort Fn. 53); *Schneider* BB 2003, 2534 (2535); *Bornemann*, BB 2004, 2260 (2261).

[329] *Mörsdorf-Schulte*, JZ 2005, 770 (773); MK, *Seiler*, § 661a BGB, Rn. 10.

[330] *Fetsch*, RiW 2002, 936 (937); OLG Nürnberg NJW 02, 3637 (3639f); *Schäfer*, JZ 2005, 981 (983); *Schneider* BB 2002, 1653 (1654), *Dörner*, FS Kollhosser, 2004, 75 (76).

[331] *Fages*, FS Sonnenberger, 2004, Seite 226; *Witz/Reinert*, ZEuP 2005, 134 (136f); *Mestre*, Revue Trimestrielle de Droit Civil civ. 1996, 397 (398), unter Verweis auf einen arrêt des *Cour d'appell de Paris*, Vie Jud. 10. 03. 1996, 9.

[332] *Oberhammer*, ZZP 2004, 92 (94); *Häcker*, ZVglRWiss 103 (2004), 464 (475).

[333] BVerfGE 34, 269 (293) - *Soraya*; Hk-BGB (4. Aufl., 2005), *Staudinger*, Vor §§ 823-853, Rn. 8; *Larenz/Canaris*, SchR II/2, 1994 § 75 I 3 b), Seite 356.

dernis ebenfalls nicht gerecht werden.[334] Eine derartige Beeinträchtigung ist allenfalls für die Gewährung eines Unterlassungsanspruchs ausreichend.[335] Hinzukommt, dass die Höhe des Anspruchs mit dem zugesagten Gewinn, nicht aber mit der Stärke der von den Schriftstücken verursachten Belastung ansteigen soll. Es leuchtet jedoch nicht ein, weshalb die Schwere der Rechtsgutsverletzung gerade proportional zum versprochenen Gewinn ansteigen sollte.[336]
Ein weiterer Begründungsansatz, dessen sich die Ansicht bedient, ist der Hinweis, es läge aber wenigstens eine Täuschung im Sinne des § 123 BGB vor.[337] Dieses Argument ist aber nicht nur wenig zielbringend, es konterkariert letztendlich die gesamte Argumentation dieser Ansicht. Einmal erfordert der Tatbestand des § 661a BGB gerade keine vorsätzliche Täuschung des Verbrauchers.[338] Die Existenz einer Täuschung des Verbrauchers gibt diesem zudem das von jener Ansicht selbst ins Feld geführte Anfechtungsrecht. Die Anfechtung des Vertrages ist aber weder das Ziel des § 661a BGB noch das Ziel desjenigen, der Opfer einer Gewinnmitteilung ist. Würde der Empfänger der Gewinnzusage jene Erklärung nämlich wegen Irrtums anfechten, so wären seine Ansprüche auf das negative Interesse beschränkt. Darüber hinaus führen sich die Vertreter dieser Ansicht mit diesem Argument *ad absurdum*: die Anfechtung ist nämlich bekanntlich ein typisches Mittel nicht des Delikts- sondern des Vertragsrechts.
Auch die Teleologie spricht gegen eine Verortung des § 661a BGB im Deliktsrecht. § 661a BGB ist erkennbar auf Naturalerfüllung gerichtet, und nicht auf Substitution des in der Zusage selbst zugesprochenen Anspruchs in Form eines Ersatzes des Vertrauensschadens, also auf das positive, nicht auf das negative Interesse.[339] Eine Verortung der Gewinnzusage im Bereich des Deliktsrechts ist daher abzulehnen. Im Fall des § 661a BGB liegt eine engere Beziehung zwischen den Parteien vor als beim Delikt.[340] Was bleibt ist eine Verortung der Gewinnzusage nach § 661a BGB im Bereich des Vertragsrechts.

[334] *Häcker*, ZVglRWiss 103 (2004), 464 (476); *Schäfer*, JZ 2005, 981 (983).
[335] BGHZ 106, 229 (231).
[336] *Häcker*, ZVglRWiss 103 (2004), 464 (476f); *Schneider*, VuR 2003, 476 (478); OLG Frankfurt a. M., Urteil vom 06. 02. 2003 - 12 U 155/01.
[337] so *Schneider* BB 2002, 1653 (1656).
[338] *Bornemann*, VuR 2004, 434 (436); *Leipold*, FS Musielak, 2004, 317 (329).
[339] BGH, NJW 2006, 230; BGH, ZIP 2004, 37 = BB 2003, 2532 = DB 2003, 2592 2593) = NJW 2003, 3620; OLG Düsseldorf, NJW-RR 2002, 1632 (1633); OLG Düsseldorf, VuR 2004, 67 (68); *Bornemann*, VuR 2004, 434 (436); *Lorenz*, NJW 2000, 3305 (3306); *Schäfer*, JZ 2005, 981 (983); *Härting*, Fernabsatzgesetz, 2000, Einl. Rn. 118.
[340] BGH, NJW 2006, 230 (232).

2) Vertragliche Einordnung der Gewinnzusage

Der Bereich des Vertragsrechts ist bekanntlich weit gefächert. Im besonderen Teil des vertraglichen Schuldrechts gibt es einzelne Vertragstypen, und im allgemeinen Schuldrecht finden sich Fragen der Haftung wegen Rechtsscheins, der vorvertraglichen Haftung aber auch Formvorschriften. Während ein Teil der Befürworter einer vertraglichen Einordnung des § 661a BGB sich für eine Zuordnung der Vorschrift im allgemeinen Teil ausspricht, neigt ein anderer eher zur Verortung im besonderen Teil des Schuldrechts.

a) Vorvertragliche Einordnung

Einige Stimmen in der Literatur befürworten eine Einordnung als *culpa in contrahendo*.[341] Der Bundesgerichtshof zog die Verortung der Gewinnzusage als Fall der c.i.c. in Betracht, indem er darauf abstellte, die Erklärung, welche der Unternehmer gegenüber dem Verbraucher abgegeben hat, sei in jedem Fall auf Vertragsanbahnung angelegt.[342] Die entsprechende Literaturansicht geht hingegen davon aus, es handele sich bei der Erklärung des Unternehmers um eine geschäftsähnliche Erklärung, so dass auch nur ein vertragsähnlicher Konsens entstehen könne, ein geschäftsähnliches Schuldverhältnis, das dann mit dem gesetzlichen Schuldverhältnis der c.i.c. konvergiert.[343] Allerdings passt schon die in § 661a BGB gewählte Rechtsfolge nicht zu einer derartigen Einordnung. Nach § 661a BGB soll dem Verbraucher ein Erfüllungsanspruch gegeben werden. Das ist im Fall der *culpa in contrahendo* anders.[344] Diese gibt einen Schadensersatzanspruch. Wie schon zur Frage der deliktischen Qualifikation der Gewinnzusage erörtert, fehlt es aber im Fall der Gewinnzusage an einem solchen Schaden. Es wäre aber auch teleologisch nicht sinnvoll, einen Anspruch allein deswegen als vorvertraglichen Anspruch zu beurteilen, weil der Unternehmer im Rahmen der Vertragsverhandlungen seinen wahren Willen, den zugesagten Gewinn nicht zu leisten, verschleiert. Der subjektive Wille, nicht ordnungsgemäß zu erfüllen, und die objektive Erklärung, sich vertraglich hierzu zu verpflichten, fallen nämlich bei jedem Vertragsbruch auseinander. Damit würden alle Ansprüche wegen Vertragsbruchs unter die Ansprüche wegen *culpa in contrahendo* fallen.[345] Zudem knüpft der Anspruch wegen § 661a BGB nicht wie die *culpa in contrahendo* an

---

[341] *Mankowski*, EWiR 2002, 873 (874); LG Braunschweig, IPrax 2002, 213.

[342] BGHZ 153, 82 (89) = EuLF 2003, 39 (40) = ZZP 2004, 87 (90) = MDR 2003, 348 (350) = NJW 2003, 426 = JZ 2003, 850 (851); ebenso LG Braunschweig, IPrax 2002, 213 (214).

[343] *Piekenbrock/Schulze*, IPrax 2003, 328 (331).

[344] *Deschler*, Handelsregisterpublizität, Dissertation, 1977, Seite 204; *Häcker*, ZVglRWiss 103 (2004), 464 (474, dort Fn. 51); *Leipold*, FS Musielak, 2004, 317 (329); *Wied*, Gewinnversprechen von Versandfirmen, Dissertation, 2003, Seite 106.

[345] *Häcker*, ZVglRWiss 103 (2004), 464 (485, dort Fn. 98).

dem intendierten Vertrag an, sondern an der Gewinnmitteilung selbst. Die Frage, ob es nach der Handlung, an die die Vorschrift anknüpft, zu einem weiteren Vertragsschluss kommt oder nicht, ist hingegen für die Anwendbarkeit des § 661a BGB unerheblich.[346] Die Gewinnzusage ließe sich nur dann dogmatisch sauber als Fall der c.i.c. einordnen, wenn man die Zusage selbst dem gegebenenfalls daneben abgeschlossenen Kaufvertrag unterordnet. Dies widerspräche jedoch dem eindeutigen Willen sowohl des deutschen als auch des österreichischen Gesetzgebers, welche die Rechtsfigur von einem daneben abgeschlossenen Kauf- oder Dienstvertrag losgelöst normierten. Die Vorschrift soll nicht nur die geschäftsakzessorische Gewinnzusage erfassen, sondern sie erfasst auch alle anderen Arten von Gewinnzusagen. Zudem ist die Gewinnzusage nach dem eindeutigen Willen des Gesetzgebers dem vom versendenden Unternehmer in Aussicht genommenen Geschäft nicht untergeordnet. Beide Verträge stehen selbstständig nebeneinander.[347] Aus diesen Gründen kann die Gewinnzusage dogmatisch nicht der Haftung wegen vorvertraglichen Vertrauensschadens unterstellt werden.

b) Einordnung als Rechtsscheinstatbestand

Verschiedene Ansätze in Literatur und Rechtsprechung zielen auf eine Einordnung des § 661a BGB als gesetzlicher Anspruch.[348] Dies hätte zur Folge, dass ein Verbraucher V gegenüber einem Unternehmer U, welcher ihm ein Schreiben zugesandt hat, in welchem er dem Verbraucher einen Gewinn versprach, dann einen Anspruch hätte, wenn er dem Schreiben des Unternehmers Glauben schenkt. Ausgangspunkt für diese Ansicht ist die Formulierung des Gesetzes, in der von der Mitteilung über einen gewonnenen Preis die Rede ist, weshalb der Wortlaut eine bloße Veranlassung genügen lasse.[349] Weil das Gesetz die Rechtsfolge anordne, ohne dass ein entsprechender subjektiver Wille des Erklärenden ausdrücklich gefordert wird, soll gerade keine Willenserklärung vorliegen.[350] § 661a BGB setzte eine Rechtsfolge ohne einen entsprechenden Rechtsfolgewillen.[351] Eine Erklärung, die selbst keinen Willen wiedergibt, kann aber, da sie auf einen tatsächlichen und nicht auf einen rechtsgeschäftlichen Erfolg gerichtet ist,

[346] *Fetsch*, RiW 2002, 936 (937); *Lorenz*, IPrax 2002, 192 (195); ders., NJW 2000, 3305 (3307).
[347] *Staudinger*, ZEuP 2004, 767 (769).
[348] *Braun*, VuR 2003, 214 (215); *Lorenz*, NJW 2000, 3305 (3307); *Timme*, JuS 2003, 638 (641); *Dörner*, FS Kollhosser, 2004, 75 (79); MK, *Seiler*, 2005, § 661a BGB, Rn. 1, 4.
[349] *Timme*, JuS 2003, 638 (640); MK, *Seiler*, 2005, § 661a BGB, Rn. 6.
[350] *Fages*, FS Sonnenberger, 2004, Seite 228; *Geist*, Unbestellte Waren, Dissertation, 2002, Seite 53; *Timme*, JuS 2003, 638 (641); MK, *Seiler*, 2005, § 661a BGB, Rn. 1, 4; ablehnend: *Dörner*, FS Kollhosser, 2004, 75 (80).
[351] *Lorenz*, NJW 2000, 3305 (3306); ders., NJW 2002, 192 (195).

keine rechtsgeschäftliche Regelung in Gang setzen,[352] weswegen es nach deutscher Rechtsdogmatik für die Gewinnzusage bei einem gesetzlichen Schuldverhältnis bleiben müsse.[353] Es gehe um einen den Willenserklärungen nahe stehenden, spezialgesetzlichen Fall der Haftung für typisiertes Vertrauen, dessen Wesen es ist, dass auch ohne einen irgendwie geäußerten Willen eine Rechtsfolge eintritt.[354] Der Gesetzgeber ordnet demnach dem durch § 661a BGB beschriebenen Lebenssachverhalt eine Deutung an, die man einem derartigen Verhalten im Rechtsverkehr typischerweise beilegen würde.[355] Sodann werde zugunsten des Verbrauchers das Bestehen einer Willenserklärung per Gesetz fingiert, weil die Interessen des Verbrauchers gegenüber denen des Unternehmers als schutzwürdiger erachtet würden.[356] Die Gewinnzusage sei demnach als eine geschäftsähnliche Handlung einzuordnen.[357] Uneinigkeit herrscht innerhalb dieser Ansicht darüber, wie sich eine positive Kenntnis des Erklärungsempfängers von einer tatsächlichen Abwesenheit eines entsprechenden Willens des Erklärenden auswirkt. Der überwiegende Teil der Vertreter dieser Ansicht nimmt dabei an, wie ein Blick auf § 171 BGB zeige, handele es sich um einen Fall der Haftung für einen zurechenbar gesetzten Rechtsschein.[358] Ein anderer Teil geht einen Schritt weiter, indem er annimmt, § 661a BGB verdränge die allgemeinen Vorschriften in der Weise, dass man Teilnahmebedingungen anhand des objektiven Eindrucks beurteilen könne.[359] Auch diesen Aspekt will die Ansicht dem Wortlaut der Vorschrift entnehmen, nach dem eine Gewinnmitteilung auch dann rechtlich verbindlich sei, wenn sich der Absender im Kleingedruckten von der Verbindlichkeit distanziert.[360] Immerhin hat die Annahme eines gesetzlichen

---

[352] *Piekenbrock/Schulze*, IPrax 2003, 328 (331); Flume, BGB AT, Bd II, 1992, § 92b; Soergl, *Hefermehl*, BGB, Vor § 104, Rn. 20.
[353] *Braun*, VuR 2003, 214 (216); *Lorenz*, IPrax 2002, 192 (193); *Piekenbrock/Schulze*, IPrax 2003, 328 (331); *Schäfer*, JZ 2005, 981 (985); Jauernig, *Mansel*, BGB, § 661a Rn. 2.
[354] *Fages*, FS Sonnenberger, 2004, Seite 228; *Lorenz*, NJW 2006, 472 (474); *Nickel*, Die Erklärungsfiktion, Dissertation, 1996, Seite 76; *Ulrici*, NJW 2003, 2053.
[355] *Deschler*, Handelsregisterpublizität, Dissertation, 1977, Seite 132ff.; *Geist*, Unbestellte Waren, Dissertation, 2002, Seite 25; *Nickel*, Die Erklärungsfiktion, Dissertation, 1996, Seite 77.
[356] *Nickel*, Die Erklärungsfiktion, Dissertation, 1996, Seite 87, 139), befürwortend *Singer*, Selbstbestimmung, Habilitation, 1995, Seite 84f.
[357] BGHZ 153, 82 (88) = EuLF 2003, 39 (40) = ZZP 2004, 87 (90) = MDR 2003, 348 = NJW 2003, 426 = JZ 2003, 850 (851); OLG Düsseldorf NJW-RR 2002, 1632 (1633); *Lorenz*, NJW 2000, 3305 (3306); ders., NJW 2002, 192 (193); Palandt, *Sprau*, § 661a Rn. 1; *Ring*, Fernabsatzgesetz, 2000, IV Art 2 Rn. 172.
[358] *Piekenbrock/Schulze*, IPrax 2003, 328 (331); *Timme*, JuS 2003, 638 (641); *Dörner*, FS Kollhosser, 2004, 75 (79); MK, *Micklitz*, § 13 BGB, Rn. 47; MK, *Seiler*, 2005, § 661a BGB, Rn. 1, 4.
[359] OLG Stuttgart, VuR 2004, 151 (152); *Schneider* BB 2002, 1653 (1655).
[360] so *Fetsch*, RiW 2002, 936 (937); *Leible*, IPrax 2003, 28 (30).

Anspruches gegenüber den bisher aufgeführten Ansichten den Vorteil, dass die resultierenden Ansprüche auf das positive Interesse gehen.[361] Alle darüber hinaus gehenden materiellrechtlichen Probleme will diese Ansicht vermieden wissen.[362] Dogmatisch vermag die Ansicht jedoch nicht zu überzeugen. Zunächst einmal ist festzustellen, dass der Wortlaut des § 661a BGB keinesfalls zur Frage der Natur der Erklärung des Unternehmers Anhaltspunkte gibt, geschweige denn dazu, wie diese Erklärung auszulegen ist. An keiner Stelle legt die Vorschrift fest, dass der Unternehmer sich nicht auf Teilnahmebedingungen berufen könne, welche dem zugesprochenen Anspruch zuwider laufen. Damit lässt sich aber auch die von dieser Ansicht beschriebene Folge dem Wortlaut des § 661a BGB nicht unmittelbar entnehmen, sondern sie muss in den Wortlaut hinein gelesen werden. Zugleich spricht die Gestaltungsfreiheit, welche § 661a BGB bietet, deutlich gegen die Annahme einer rechtsgeschäftsähnlichen Erklärung. Der Unternehmer legt mit seiner Erklärung mehr fest als nur die Frage, ob er leisten muss. Er bestimmt zusätzlich, was er zu leisten hat, und vor allem, wie viel davon. Diese Freiheit hebt die Gewinnzusage von gesetzlichen Schuldverhältnissen ab.[363] Außerdem sind auf geschäftsähnliche Erklärungen die Vorschriften über Willenserklärungen entsprechend anzuwenden.[364] Dies gilt insbesondere für die Formvorschriften, da auch hier die Ausgestaltungsbefugnis der Anwendung der Form zu folgen hat.[365] Sieht man aber in § 661a BGB eine geschäftsähnliche Erklärung, welche den Rechtsschein einer Schenkung eines Schuldanerkenntnisses hervorruft, so bedarf diese Erklärung der notariellen Form. Damit wäre die Erklärung, welche der Unternehmer abgibt, auch bei Annahme einer geschäftsähnlichen Erklärung formunwirksam. Überdies ist auch die Schlussfolgerung, weil § 661a BGB den Unternehmer an seine Erklärung binde obwohl er die Folgen der Erklärung nicht tragen will, könne es sich hierbei nicht um eine Willenserklärung handeln, keinesfalls zwingend. Im Gegenteil ist die Erklärung des Absenders der Gewinnzusage eine echte Willenserklärung. Bekanntermaßen ist eine Willenserklärung die unmittelbar auf die Herbeiführung einer Rechtswirkung gerichtete Äußerung eines privaten Willens. In ihr wird ein Rechtsfolgewillen, d.h. ein Willen, der auf die Begründung, inhaltliche Änderung oder Beendigung eines Rechtsverhältnisses abzielt, zum Ausdruck gebracht.[366] Es ist jedoch nicht allein der subjektive Wille, welcher die Willenserklärung ausmacht. Bliebe man allein bei einem subjektiven Element stehen, könnte man in der Tat

---

[361] *Deschler*, Handelsregisterpublizität, Dissertation, 1977, Seite 202.

[362] *Lorenz*, NJW 2006, 472 (474)

[363] *Felke/Jordans*, IPrax 2004, 409 (411).

[364] *Ulrici*, NJW 2003, 2053 (2054).

[365] *Ulrici*, NJW 2003, 2053 (2054).

[366] BGHZ 36, 30 (33) = NJW 1961, 2251 (2252); *Geist*, Unbestellte Waren, Dissertation, 2002, Seite 8; *Leipold*, FS Musielak, 2004, 317 (324f); *Nickel*, Die Erklärungsfiktion, Dissertation, 1996, Seite 105f; *Spieß*, JZ 1985, 593 (596).

annehmen, die Gewinnzusage wie sie im Gesetz Niederschlag gefunden hat führe zu einem vom Unternehmer nicht gewollten Ergebnis. Das wäre aber zu kurz gedacht. Tatsächlich beinhaltet eine Willenserklärung immer zwei Elemente: den Willen, eine bestimmte Rechtsfolge herbeizuführen und die Kundgabe dieses Willens an den Erklärungsempfänger.[367] Damit kommt ihr eine Doppelfunktion zu. Sie dient einmal der Selbstbestimmung, zum anderen ist sie aber auch ein Sozialakt.[368] Weil die Willenserklärung auch immer Sozialakt ist, muss ihre rechtliche Verbindlichkeit im Wege rechtlicher Auslegung bestimmt werden.[369] Welcher Erklärungsinhalt dabei als maßgeblich zu erachten ist, ergibt sich aus dem Umfeld, in dem die Erklärung abgegeben wurde, eine Kenntnis der Parteien davon, wie die Erklärung tatsächlich aufgefasst wurde, ist entbehrlich.[370] Es genügt, dass der Erklärende eine Handlung vornimmt, welche auf einer Willensbetätigung beruht, und dass diese Willensbetätigung vom Rechtsverkehr als Willenserklärung aufgefasst werden kann.[371] Dies hat zur Folge, dass darin der Erklärung geäußerte „Wille" mit dem „wahren Willen" des Erklärenden nichts zu tun hat. Sein Inhalt ist das Ergebnis der Auslegung. Gegenstand der Auslegung ist niemals der tatsächliche Wille.[372] Der ermittelte rechtsgeschäftliche Wille und das, was sich der Erklärende bei seiner Erklärung vorgestellt hat, können im Gegenteil weit auseinander fallen.[373] Eine solche Diskrepanz zwischen Gewolltem und Erklärten beseitigt gerade nicht die Eigenschaft einer Erklärung als Willenserklärung.[374] Die subjektive Seite dessen, der rechtsgeschäftlich tätig wird, beschränkt sich allein auf die Existenz von Handlungswillen und Erklärungsbewusstsein.[375] Bereits die Existenz eines Geschäftswillens ist, wie ein Blick auf §§ 116-118 BGB zeigt, keine Voraussetzung für die Wirksamkeit der Willenserklärung.[376] Die in der Zusage verkörperte Erklärung wird aber vom Unternehmer mit Handlungswillen und Erklärungsbewusstsein an den Empfän-

---

367 *Geist*, Unbestellte Waren, Dissertation, 2002, Seite 6.

368 *Singer*, Selbstbestimmung, Habilitation, 1995, Seite 2; *Flume*, AT II, 1979, Seite 40f; Larenz/Wolf, AT, 2004, § 26, Seite 467f; MK, *Kramer*, Vor § 116, Rn. 37.

369 *Flume*, AT II, 1979, § 1 3 e; *Hanau*, AcP 165 (1965), 220 (224); *Leipold*, FS Musielak, 2004, 317 (325); *Singer*, Selbstbestimmung, Habilitation, 1995, Seite 7.

370 *Raiser*, Allgemeine Geschäftsbedingungen, Seite 163, 166.

371 *Hanau*, AcP 165 (1965), 220 (226).

372 *Wolff*, Mentalreservation, Seite 67f, 92; bestätigend *Klausberger*, Willensmängel, Dissertation, 1989, Seite 95.

373 *Raiser*, Allgemeine Geschäftsbedingungen, Seite 162, 167.

374 *Klausberger*, Willensmängel, Dissertation, 1989, Seite 83, 94.

375 *Geist*, Unbestellte Waren, Dissertation, 2002, Seite 9; Grundschok, Der geheime Vorbehalt, Dissertation, Frankfurt am Main, 1965, Seite 65; *Nickel*, Die Erklärungsfiktion, Dissertation, 1996, Seite 121.

376 *Geist*, Unbestellte Waren, Dissertation, 2002, Seite 9, dort Fn. 30; *Nickel*, Die Erklärungsfiktion, Dissertation, 1996, Seite 130; *Klausberger*, Willensmängel, Dissertation, 1989, Seite 94; *Larenz/Wolf*, AT, 2004 § 24 II, Rn. 10, Seite 438.

ger gesandt. Der Unternehmer ist sich bei Abgabe der Erklärung über die Wirkungen, welche diese auf den Verbraucher hat, im Klaren. In der Zusage existiert ein im Rechtsverkehr geäußerter Wille. Aus einer Willensbetätigung, dem Abschicken des Schreibens an einen Adressaten, wird auf einen dahinter stehenden Willen geschlossen. Dass sich die Erklärung nicht mit dem deckt, was der Unternehmer mit ihr bezweckt, bewirkt allein, dass eine Mentalreservation vorliegt. Deren Vorliegen bewirkt nach allgemeiner Ansicht nicht einmal, dass die Erklärung mit einem Willensmangel belastet ist.[377] Diese Tatsache unterstrich auch Savigny in seinem *System des heutigen römischen Rechts*, obwohl er als Vertreter der Willenstheorie, welche sich für den Inhalt einer Erklärung auf den tatsächlichen Willen bezog, eigentlich deren Beachtlichkeit hätte annehmen müssen.[378] Damit liegen im Fall der Gewinnzusage alle Voraussetzungen einer Willenserklärung vor. Damit zwingt auch kein Teil des Tatbestandes des § 661a BGB dazu, von einer Abwesenheit einer solchen auszugehen. Es besteht daher auch kein Bedarf, auf den schillernden Begriff der geschäftsähnlichen Handlung zurückzugreifen.[379]

c) Einordnung als einseitiges Rechtsgeschäft; Vergleich mit Auslobung, § 657 BGB und Preisausschreiben, § 661 BGB

Da die Zusage des Unternehmers, wie gezeigt, den Tatbestand der Willenserklärung erfüllt, nimmt die Mehrzahl der Stimmen in der Literatur an, § 661a BGB sei im vertraglichen Schuldrecht einzuordnen. Ausgangspunkt ist dabei der entstehungsgeschichtliche Hintergrund der Vorschrift, die als vertragliche Vorschrift neben die wettbewerblichen Regeln treten sollte.[380] Auch die Stellung der Vorschrift im besonderen Schuldrecht spricht für eine solche Einordnung des § 661a BGB.[381]

§ 661a BGB steht in dem mit „Auslobung" überschriebenen Kapitel des BGB. Hier findet sich auch die Ausspielung. Einige Stimmen in der Literatur sprechen sich daher für eine Verortung im vertraglichen Schuldrecht als ein neuartiges, einseitiges Rechtsgeschäft aus, das eine besondere Ausformung der Auslobung nach § 657 BGB darstellt.[382] Eine „verwandtschaftliche Beziehung" zwischen § 661a BGB und § 657 BGB wird dabei mit der Begründung angenommen, der Erklärende solle erkennbar auch ohne einen auf Gewinnauskehr gerichteten Willen auf Auszahlung haften, unabhängig davon, ob der Empfänger die wahre

---

[377] *Klausberger*, Willensmängel, Dissertation, 1989, Seite 96.

[378] *Savigny*, System des heutigen römischen Rechts, Bd. III, Seite 258f.

[379] *Leipold*, FS Musielak, 2004, 317 (327).

[380] *Piekenbrock/Schulze*, IPrax 2003, 328 (332).

[381] *Rauscher/Schülke*, EuLF 2000/2001, 334 (336).

[382] *Leipold*, FS Musielak, 2004, 317 (328); Palandt, *Sprau*, § 661a Rn. 1; OLG Nürnberg, IPrax 2003, 54 (57).

Intention des Erklärenden gekannt habe oder nicht.[383] Dies entspreche der Auslegung des § 657 BGB, welche nach der derzeit herrschenden Ansicht mittels einer einseitigen Willenserklärung eine schuldrechtliche Verpflichtung in Form der öffentlichen Bekundung der Erklärung ohne deren Zugang oder Annahme begründet.[384] Ein Mangel der Ernstlichkeit sei demnach unbeachtlich.[385] Die Vertreter dieser Ansicht versprechen sich von der Annahme, § 661a BGB behandele eine Auslobung überdies, dass dem Unternehmer, der eine Gewinnzusage versendet, die Möglichkeit genommen wird, die Annahmeerklärung an besondere Voraussetzungen zu knüpfen, welche die Anspruchsentstehung faktisch behindern.[386] Im internationalen Vergleich entspricht diese Annahme derjenigen weiter Teile der französischen Literatur.[387] Tatsächlich lässt sich würden die Hoffnungen des entsprechenden Teils der deutschen Literatur jedoch enttäuscht. Einmal ist die Auslobung als einseitiger Versprechensakt natürlich der Auslegung zugänglich. Ein Mangel der Ernstlichkeit der Erklärung ist damit wegen § 118 BGB tatsächlich unbeachtlich. Trotzdem kann die Frage, wie die Auslobung für den Empfänger zu verstehen gewesen ist, nicht übergangen werden. Unerheblich ist nicht, wie derjenige, welcher die Handlung vornimmt, die Auslobung selbst versteht. Es ist allein nicht erforderlich, dass dem Handelnden bei der Vornahme der Handlung bewusst ist, dass für die betreffende Handlung ein Preis ausgelobt wurde.[388] Ein entsprechender Wille des Gesetzgebers, dass das abstrakte Täuschungspotenzial der Gewinnzusage für ihre Verbindlichkeit ausreichen soll, wie ihn *Lorenz* festgestellt zu haben meint, lässt sich aber tatsächlich aus den Gesetzesmaterialien auch nicht entnehmen.[389] Hinzu kommt, dass in Deutschland durch die Auslobung eine Belohnung für die Vornahme einer

---

[383] *Timme*, JuS 2003, 638 (639); *Dörner*, FS Kollhosser, 2004, 75 (76); Palandt, *Sprau*, § 661a, Rn. 4; *Leible*, NJW 2003, 407, der sodann aber auf eine deliktsrechtliche Qualifikation über die Einordnung als wettbewerbsrechtlicher Anspruch kommt; vgl. demgegenüber *Leible*, NJW 2005, 796 (797); *Piekenbrock/Schulze*, IPrax 2003, 328 (332).

[384] *Leipold*, FS Musielak, 2004, 317 (328).

[385] Palandt, *Sprau*, § 657 Rn. 1.

[386] *Leipold*, FS Musielak, 2004, 317 (328); *Lorenz/Unberath*, IPrax 2005, 219 (220, dort FN 18).

[387] *Cour de Cassation 1re civ.*, Recueil Dalloz 1996, Jur p. 180; *Cour d'Appel de Toulouse*, besprochen in Recueil Dalloz 1997, Somm, S. 168; *Mazeaud*, Recueil Dalloz 1997, Somm, S. 168; ders., Recueil Dalloz 2002, Jur., 2963 (2964); *Mestre*, Revue Trimestrielle de Droit Civil civ. 1996, 397f, mit Verweis auf einen arrêt des *Cour d'appell de Douai* vom 10. 02. 1993 und einem arrêt des *Cour de Cassation, Civ 1re* vom 28. 03. 1995; *Delebecque*, Recueil Dalloz, 1995, Somm., 227; *Terrier*, Recueil Dalloz, 2004 Chr. 179 (181); *Libchaber*, Recueil Dalloz 1999, Somm., Seite 109 (119); *Mestre*, Revue Trimestrielle de Droit Civil civ. 1995, 886.

[388] *Medicus*, Schuldrecht II, BT, Rn. 467).

[389] *Lorenz/Unberath*, IPrax 2005, 219 (221), der in Fn. 33 als Beleg für den Willen des Gesetzgebers seinen eigenen Aufsatz heranzieht.

Handlung versprochen wird,[390] bei Preisausschreiben ist dies die Vornahme einer Ausspielung nach erfolgter Teilnahme. Damit wäre aber auch die weitere Hoffnung, welche die Vertreter dieser Ansicht in eine Einordnung als Auslobung setzen, enttäuscht. Anders, als von ihnen erhofft, entspricht es nämlich gerade dem Wesen der Auslobung, dass die Auskehr des Ausgelobten an die Vornahme einer Handlung geknüpft wird. Die Auslobung setzt stets die Vornahme einer Handlung oder Leistung des Empfängers voraus.[391] Hieran fehlt es bei der Gewinnzusage.[392] Außerdem lässt sich die Gewinnzusage auch wegen der Art ihrer Verbreitung nicht als Auslobung verstehen. So kann eine Auslobung zwar auch mittels Postwurfsendung vorgenommen werden, sofern ungewiss ist, welche und wie viele Personen Möglichkeit der Kenntnisnahme haben.[393] Anders als im französischen Recht, scheidet in Deutschland jedoch bei Schreiben, welche an einen Empfänger persönlich adressiert sind, die Annahme einer Auslobung aus.[394] Eine derartige Individualisierbarkeit des Empfängers der Zusage setzt § 661a BGB aber gerade voraus. Ein Schreiben, in welchem eine Belohnung für eine bestimmte Handlung vorgenommen wird, kann allerdings, wenn es einem begrenzten und bekannten Personenkreis zugeht, ein Preisausschreiben im Sinne von § 661 BGB sein.[395] Diese ist nach dem Wortlaut ebenfalls eine Form der Auslobung. Auch das italienische Recht löste Fragen der Gewinnzusage zunächst über die Vorschriften zum Preisausschreiben (auf Italienisch: *concorso a premi*).[396] Im deutschen Recht sprechen entscheidende Punkte aber gegen eine Einordnung der Gewinnzusage als Preisausschreiben. Im Fall des Preisausschreibens hat nämlich noch eine Entscheidung eines Preisrichters zwischen den Vertragsschluss und die Entstehung des Anspruchs zu treten.[397] Zu-

---

[390] OLG Düsseldorf NJW 1997, 2122; Palandt, *Sprau*, § 657 Rn. 1; *Medicus*, Schuldrecht II, BT, Rn. 508; anders Staudinger, *Bergmann*, BGB (2006), § 657, Rn. 7ff, nach dem die Auslobung bloß eine besondere Art des Vertragsschlusses ist.

[391] Palandt, *Sprau*, § 657 Rn. 1, 4.

[392] *Lorenz*, NJW 2000, 3305 (306); Palandt, *Sprau*, § 661a Rn. 1.

[393] Palandt, *Sprau*, § 657 Rn. 3; *Wied*, Gewinnversprechen von Versandfirmen, Dissertation, 2003, Seite 29.

[394] OLG Düsseldorf, NJW 1997, 2122; *Rauscher/Schülke*, EuLF 2000/2001, 334 (336); abweichend vor allem Staudinger, *Bergmann*, BGB (2006), § 657, Rn. 54, der auf die Ungewissheit über die Person dessen, der tätig werden wird abstellt, so dass eine Auslobung auch bei zwei mit Namen versehenen Schreiben gegeben sein kann, wenn ungewiss ist, welcher der Adressaten handeln wird.

[395] Erman, *Ehmann*, BGB, 2004, § 661a BGB, Rn. 1; Palandt, *Sprau*, § 657 Rn. 4; vgl hierzu unten, Seite 79f.

[396] Tribunale di Milano, VuR 1996, 134 –*Vestro*; Tribunale di Milano, Giurisprudenza Italiana 1993, 739 – *Pedone/Postalmarket G. Di. A.*; Tribunale di Milano, Giurisprudenza Italiana 1993, 740 (746) – *Morano/Postalmarket G. Di. A.*; *d'Usseaux*, VuR 1996, 136 (137); vgl hierzu oben, Seiten 14ff.

[397] Palandt, *Sprau*, § 661 Rn. 1.

dem wird für das Vorliegen eines Preisausschreibens ein aleatorisches Element gefordert. Beides fehlt bei der Gewinnzusage, da diese einen gesicherten Anspruch gibt.[398] Insgesamt erscheint es aber auch fraglich, ob eine Einordnung als Unterfall der Auslobung tatsächlich gewollt ist. Das einseitige Rechtsgeschäft ist im deutschen Recht nämlich eine Ausnahme.[399] Sogar § 2180 BGB über die Annahme des Vermächtnisses und § 516 II BGB zur Schenkung bedürfen eines Angebots und einer Annahme. Darüber hinaus beinhaltet die Rechtsordnung in den §§ 651a II, 612 I, 632 I BGB eine Reihe von Verträgen, bei denen es Unternehmern versagt wird, die Folgen ihres Tuns einseitig zu bestimmen.[400] Der Grundsatz ist daher nicht im einseitigen Rechtsgeschäft zu sehen. Auch der Vergleich zum kaufmännischen Bestätigungsschreiben spricht gegen die Annahme, es handele sich bei der Gewinnzusage um ein einseitiges, formfreies Rechtsgeschäft. Im sog. kaufmännischen Bestätigungsschreiben, an dem immerhin zwei Kaufleute beteiligt sind, gibt ein Unternehmer das Ergebnis abgeschlossener Vertragsverhandlungen bestätigend wieder. Weicht der Kaufmann in dem Schreiben in einzelnen Punkten von in den Vertragsverhandlungen abgesprochenen Punkten ab, so wird das Schreiben allgemein als neues Angebot gedeutet, welches der Empfänger des Schreibens dann ohne ausdrückliche Erklärung der Annahme annehme.[401] Man konstruiert also sogar im Handelsverkehr einen zweiseitigen Vertrag, um die Rechtsfolge der Neubestimmung des Vertragsinhaltes zu begründen. Tatsächlich ist auch im Fall des § 661a BGB die Annahme eines zweiseitigen Vertrages aber nicht nur möglich sondern sie ist aufgrund praktischer Bedürfnisse sogar zwingend erforderlich.

d) Einordnung als Schenkungsvertrag

Die vertragliche Einordnung des § 661a BGB wird von der Gegenansicht mit dem Argument abgelehnt, § 661a BGB verlange keinerlei Zustimmung des Verbrauchers.[402] Damit umgeht diese Auffassung jedoch das eigentliche Problem. Die Frage, ob tatsächlich ein Vertrag vorliegt, beantwortet sie damit nämlich bewusst nicht. Tatsächlich wird nur die Behauptung aufgestellt, ein zweiseitiger Vertrag läge nicht vor, ohne auf die Voraussetzungen eines Vertrages überhaupt einzugehen. Die Tatsache allein, dass § 661a BGB das Erfordernis der Annahme nicht explizit nennt, gebietet jedenfalls nicht die Vermutung, eine solche sei nicht erforderlich. Genauso wenig lässt sich aus der Tatsache, dass § 433 I BGB

---

398 *Wied*, Gewinnversprechen von Versandfirmen, Dissertation, 2003, Seite 31f, 45.
399 *Lorenz/Unberath*, IPrax 2005, 219 (220).
400 *Piekenbrock/Schulze*, IPrax 2003, 328 (332).
401 *Mathys*, Bestätigungsschreiben, Dissertation, 1997, Seite 71, 77.
402 BGH, NJW 2006, 230 (232); *Leible*, IPrax 2003, 28 (30, 31); *Lorenz*, NJW 2000, 3305 (3307); *Lorenz/Unberath*, IPrax 2005, 219 (220); *Schäfer*, JZ 2005, 981 (983); *Dörner*, FS Kollhosser, 2004, 75 (76).

einen Anspruch gibt, herleiten, dass es sich beim Kaufvertrag nicht um einen zweiseitigen Vertrag handelt.[403] Die Einordnung als zweiseitiger Vertrag hätte den Vorteil, dass es dem Verbraucher möglich wäre, anders als bei der Einordnung der Gewinnzusage als einseitiger Vertrag, die Entscheidung, ob er den ihm zugesagten Gewinn tatsächlich will, selbst zu treffen.[404] Der Unternehmer könnte den Verbraucher nicht zur Abnahme unnützer Waren zwingen. Einer derartigen Gewinnzusage könnte der Verbraucher bei Annahme eines zweiseitigen Vertrages einfach dadurch begegnen, dass er den zugesagten Gewinn ablehnt.[405] Auch einen Vorteil soll niemand ohne seinen Willen erhalten.[406] Der Unternehmer hätte es bei jeder einseitigen Ausgestaltung des Anspruchs darüber hinaus in der Hand, dem Verbraucher einseitig die Pflicht aufzuerlegen, die gewonnenen Waren abzuholen. Hierzu müsste sich der Verbraucher dann in den Laden des Unternehmers begeben, wo er mit weiteren Werbemaßnahmen konfrontiert werden würde. Hinzu kommt, dass dem Verbraucher gegenüber dem Unternehmen im Fall einer Vertragsverletzung alle Ansprüche, bis hin zum Anspruch aus *culpa in contrahendo* (§ 311 II BGB) oder aus positiver Forderungsverletzung (§ 280 I BGB) zustünden.[407] Der zuletzt genannte Anspruch würde dabei auch solche Schäden erfassen, welche dem Verbraucher wegen der konkreten Ausgestaltung der Gewinnzusage bei dem Verbraucher entstanden sind.[408] Die Einordnung als zweiseitiger Vertrag wäre aber nicht nur sinnvoll, sie entspräche auch der Systematik des BGB. In der Tat ist in Deutschland grundsätzlich vom Vorliegen eines zweiseitigen Vertrages auszugehen, denn das Vertragsprinzip ist Grundlage der deutschen Zivilrechtsordnung.[409] Im Fall der Gewinnzusage bereitet es keinerlei Mühe, das Angebot in der Gewinnzusage selbst zu sehen. Eine diesem Angebot korrespondierende Annahmeerklärung des Empfängers der Gewinnzusage lässt sich zumindest konkludent erkennen, in dem Aufkleben der Gewinnmarke oder einer anderen in der Gewinnzusage geforderten Handlung.[410] Der Unternehmer verspricht einen Gewinn, und der Empfänger nimmt durch die

---

[403] *Häcker*, ZVglRWiss 103 (2004), 464 (480); ähnlich *Lorenz*, IPrax 2002, 192 (195); *Mankowski*, IPrax 2003, 127 (131f).
[404] *Häcker*, ZVglRWiss 103 (2004), 464 (482).
[405] vgl. *Medicus*, Schuldrecht II, BT, 12. Aufl., Rn. 175.
[406] *Medicus*, Schuldrecht II, BT, 12. Aufl., Rn. 175; Staudinger, *Bergmann*, BGB (2006), § 661a BGB, Rn. 18.
[407] *Häcker*, ZVglRWiss 103 (2004), 464 (482).
[408] *Lorenz*, NJW 2000, 3305 (3306).
[409] *Nickel*, Die Erklärungsfiktion, Dissertation, 1996, Seite 138; ebenso *Lorenz/Unberath*, IPrax 2005, 219 (220), der aus dem Regelfalll den seltsamerweise Schluss zieht, es müsse sich bei § 661a BGB um eine Ausnahmevorschrift handeln.
[410] *Häcker*, ZVglRWiss 103 (2004), 464 (481); ähnlich: EuGH-Urteil vom 20. 01. 2005, Rs. C-27/02, in NJW 2005, 811 (813, Rn. 55; 814 Rn. 61) - *Engler*; wohl auch OLG Braunschweig, NJW 2006, 161; *Kropholler*, 2005, Art 5 EuGVVO, Rn. 10 a. E. .

Erledigung der in der Zusage benannten Formalitäten an.[411] Eines Nachweises der Annahme bedarf es nicht, weil das Angebot für den Verbraucher lediglich vorteilhaft ist.[412] Ähnlich wurde vor Einführung des § 241a BGB auch die Zusendung unbestellter Waren behandelt.[413]

Die Möglichkeit, es könne sich bei § 661a BGB um eine Schenkung handeln, wird in der deutschen Literatur und Rechtsprechung zwar oft in Betracht gezogen, eine Einordnung als Schenkung erfolgt dann aber meist nicht.[414] Dies ist umso überraschender, wenn man bedenkt, dass die Literatur ebenso wie der Gesetzgeber bei § 241a BGB, welcher die Zusendung unbestellter Waren regelt, von einer solchen schenkungsrechtlichen Einordnung ausgehen.[415] Auch die Bestrebungen der früheren Rechtsprechung gingen dahin, die Gewinnzusagen als Schenkungsversprechen zu behandeln.[416] Sogar die italienische Rechtsprechung zog es ernsthaft in Betracht, die Gewinnzusage unter die in Art 769 des italienischen Codice Civile geregelte Schenkung zu fassen. Sie scheiterte allerdings daran, dass das Gesetz vom Schenkenden einen *animus donandi* erfordert, d.h. einen autonomen Wunsch des Schenkers, das andere Subjekt ohne Gegenleistung zu bereichern, Art 1050 c.c. (1865) erfordert.[417] Ohne die Frage der Rechtsnatur der Gewinnzusage zu klären, verliert sich die deutsche Literatur lieber in den einzelnen mit der Erklärung selbst verbundenen Problemen. Diese lassen sich aber erst klären, wenn man weiß, worum es in der Sache geht.

Nach § 516 I BGB handelt es sich bei der Schenkung um die Verpflichtung einer Person, einer anderen unentgeltlich etwas zuzuwenden. Auch im Fall der Gewinnzusage erhält der Empfänger einer Gewinnzusage etwas, ohne eine nennenswerte Gegenleistung erbringen zu müssen, weshalb bei § 661a BGB die tatbestandlichen Voraussetzungen eines Schenkungsversprechens anders als bei §§ 657, 661 BGB sehr wohl vorliegen.[418] Während der Schenkende im italienischen Recht aus Freigiebigkeit handeln soll, erfordert das deutsche Recht bekanntlich keinen über die Willenserklärung hinausgehenden *animus donandi* des Schenkers. Die Schenkung muss im deutschen Recht auch keinesfalls aus rein altruistischen Motiven erfolgen. Zudem kann auch die Schenkung, ähnlich

---

[411] *Feuchtmeyer*, NJW 2002, 3598 (3599).

[412] *Geist*, Unbestellte Waren, Dissertation, 2002, Seite 45; Staudinger, *Bergmann*, BGB (2006), § 661a BGB, Rn 18.

[413] *Schöne/Fröschle*, unbestellte Waren und Dienstleistungen, 2001, Seite 8.

[414] vgl *Fetsch*, RiW 2002, 936 (937); *Lorenz*, NJW 2002, 192 (192, 195); *Piekenbrock/Schulze*, IPax 2003, 328 (331); LG Braunschweig, IPrax 2002, 213 (214).

[415] *Schöne/Fröschle*, unbestellte Waren und Dienstleistungen, Köln, 2001, Seite 4. BT Drucks14/2658, Seite 23; BT Drucks 14/2920, Seite 14.

[416] vgl. OLG Stuttgart, MDR 1986, 756; OLG Düsseldorf, NJW 1997, 2122 (2123).

[417] Tribunale di Roma, Foro Italiano 1995 1 I 1355 (1357) – *Caparesi/Postalmarket*.

[418] *Häcker*, ZVglRWiss 103 (2004), 464 (479f); *Leible*, NJW 2005, 796 (797).

wie im Fall der Auslobung, zu einer bestimmten Handlung veranlassen.[419] Anders als im Fall der Auslobung ist die Annahme einer Schenkung aber nicht ausgeschlossen, wenn es an der Forderung nach einer solchen Handlung fehlt. Auch ist die Annahme einer Schenkung selbst dann nicht ausgeschlossen, wenn der Begünstigte unzweifelhaft feststeht.[420] So ging das OLG München in einem Fall, in dem ein Fan einer Eishockeymannschaft bei Klassenerhalt Geld versprochen hatte, von einer Anwendung der Schenkungsvorschriften aus.[421] Die einzige Schwierigkeit, die sich bei einer Einordnung des § 661a BGB als Schenkung ergibt, ist § 518 I BGB, der für das Schenkungsversprechen die notarielle Form fordert. An diesem Punkt scheiterte auch ein entsprechender Versuch im französischen Recht, Gewinnzusagen über das Schenkungsrecht zu lösen.[422] Die Schenkung bedarf auch in Frankreich einer *„acte authentique"*, also einer notariellen Beurkundung, Art 931 Code Civil. Dem Problem lässt sich aber einfach begegnen, geht man davon aus, dass § 661a BGB diesen Formmangel beseitigt indem er § 518 BGB teleologisch reduziert.[423] § 661a BGB neutralisiert demnach ein im Vertragsrecht angelegtes Täuschungspotenzial und der Grundsatz *„pacta sunt servanda"* wird wiederhergestellt.[424] Es besteht insoweit auch kein schutzwürdiges Interesse, eine Verbindlichkeit von Gewinnzusagen auszuschließen. Gerade im Zusammenhang mit der Auslegung von allgemeinen Geschäftsbedingungen trat anfangs das Problem auf, dass durch Gesetz Verkehrssitten normiert wurden, von denen der Verwender keine Kenntnis hatte.[425] Ein derartiges Problem stellt sich hier aber nicht. Es benötigt keine vertiefte Kenntnis komplexer Rechtsverhältnisse, um die Gefahr zu erkennen, dass eine verbindlich klingende Erklärung vom Empfänger entsprechend aufgefasst wird. Gerade darauf spekulieren ja die Verwender der Gewinnzusagen. Das von § 661a BGB gewählte Vorgehen entspricht auch Sinn und Zweck der Formvorschriften. Diese dienen üblicherweise dem Schutz besonders gefährdeter Personengruppen, die übereilt, leichtfertig oder nicht ernsthaft handeln, bzw. vor einer Spiel-

---

[419] Palandt, *Sprau*, § 657 Rn. 2.

[420] *Medicus*, Schuldrecht II, BT, Rn. 466.

[421] OLG München, in NJW 1983, 759.

[422] Cour de Cassation civ. 2ème, Recueil Dalloz 1999; Somm., 109; Cour de Cassation civ 1ère, Recueil Dalloz 2002, Somm., 1316 La Semaine Juridique (JCP) 2002, II, S. 10104; *Libchaber*, Recueil Dalloz 1999, Somm., Seite 109; *Mazeaud*, Recueil Dalloz 2002, Jur., 2963 (2965); ders., Recueil Dalloz 1997, Somm, S. 168 (169).

[423] BTDrucks 14/2658, S. 49; OLG Nürnberg, IPrax 2003, 54 (56) = NJW 2002, 3637 (3638); *Schäfer*, JZ 2005, 981 (983); Staudinger, *Bergmann*, BGB (2006), § 661a BGB Rn. 3, 16; deutlich insoweit die Regierungsvorlage im österreichischen Recht, BlgNr 1998 XX GP, abrufbar unter http://www. parlament. gv. at/pls/portal/Url/page/PG/DE/XX/I/I_0198/.

[424] *Bornemann*, VuR 2004, 434 (436, 438).

[425] vgl. hierzu *Raiser*, Allgemeine Geschäftsbedingungen, Seite 163f.

sucht bewahrt werden sollen.[426] In Fällen, in denen ein Unternehmer vorsätzlich eine Erklärung abgibt, mit der er den Verbraucher über einen Gewinn täuschen will, besteht kein solches Schutzbedürfnis.[427] Im Handelsverkehr sieht das Gesetz ohnehin kein besonders starkes Bedürfnis, den Kaufmann durch besondere Formerfordernisse vor unüberlegten Handlungen zu bewahren. So stellt § 350 HGB klar, dass ein Kaufmann ohne Einhaltung der Formvorschriften eine wirksame Bürgschaftserklärung abgeben kann. Andererseits besteht durchaus ein Schutzbedürfnis des Verbrauchers. Diesem kommt wegen des Schriftlichkeitserfordernis, welches sich in § 661a BGB findet, als Angebotsempfänger die in der Schriftform liegende Beweisfunktion zugute.

D) Ergebnis

§ 661a BGB ist demnach kein besonderer Vertragstyp.[428] Gegenstand des Schenkungsversprechens ist ein Schuldanerkenntnis, weil der Unternehmer gegenüber dem Verbraucher gegenüber erklärt, es bestehe eine Schuld. Weil § 661a BGB auch diejenigen Fälle erfasst, in denen eine Gewinnausspielung nicht stattgefunden hat, das Schuldanerkenntnis also nicht deklaratorisch sondern konstitutiv wirkt, ist das Schuldanerkenntnis schenkungsweise erteilt. Für die Annahme eines Schuldanerkenntnisses wenn auch infolge des fehlenden *animus donandi* nicht in Form einer Schenkung, plädierte auch das *Tribunale di Roma* in einer späteren Entscheidung. Das Gericht ging in seiner Entscheidung davon aus, bei der Gewinnzusage verpflichte sich der Unternehmer mittels eines Schuldanerkenntnisses, Art 1324 c.c., zur Erfüllung.[429] In Deutschland, wo die Schenkung einen *animus donandi* nicht erfordert, ist § 661a BGB richtigerweise eine Ausnahme zu § 518 I BGB, mit der Folge, dass man im Fall der Gewinnzusage von einem Anspruch aus § 516 BGB sprechen muss.[430] Man kann daher, um sich von der bisherigen Nomenklatur zu lösen, von einer Gewinnschenkung sprechen.

---

[426] *Fetsch*, RiW 2002, 936 (943); *Schäfer*, JZ 2005, 981 (984); *Schröder/Thiessen* NJW 2004, 719 (721); vgl. BGH, NJW 2003, 426 m. w. N.; Regierungsvorlage zu § 5j Konsumentenschutzgesetz, 1998, Beilage zu den stenographischen Protokollen des Nationalrates, XX. GP, abrufbar unter http://www. parlament. gv. at/pls/portal/Url/page/PG/DE/XX/I/I_0198/.
[427] *Fetsch*, RiW 2002, 936 (943); *Schäfer*, JZ 2005, 981 (984); *Schröder/Thiessen* NJW 2004, 719 (721); vgl. BGH, NJW 2003, 426 m. w. N.; Regierungsvorlage zu § 5j Konsumentenschutzgesetz, 1998, Beilage zu den stenographischen Protokollen des Nationalrates, XX. GP, abrufbar unter http://www. parlament. gv. at/pls/portal/Url/page/PG/DE/XX/I/I_0198/.
[428] *Schäfer*, JZ 2005, 981 (983); a. A. BGH, NJW 2006, 230 (232).
[429] Tribunale di Roma, VuR 1996, 135 = Foro Italiano 1995 1 I 1355 (1359) – *Caparesi/Postalmarket.*
[430] *Häcker*, ZVglRWiss 103 (2004), 464 (480, dort insbes. Fn. 78); *Oberhammer*, ZZP 2004, 92 (95).

Drittes Kapitel: Konsequenzen der dogmatischen Einordnung der Gewinnzusage als Schenkung

Durch die dogmatische Einordnung der Gewinnzusage als Gewinnschenkung lassen sich die Voraussetzungen klar erfassen. Diese richten sich nach den für Verträge geltenden Vorschriften.

A) Die Vertragsparteien

Vertragsparteien der Gewinnschenkung sind, wie sich unmittelbar aus § 661a BGB ergibt, der Verbraucher als Anspruchsinhaber und der Unternehmer als Anspruchsgegner. Die Begriffe „Verbraucher" und „Unternehmer" sind seit den Veränderungen durch das Gesetz über Fernabsatzverträge und andere Fragen sowie der Umstellung von Vorschriften auf Euro vom 27.06.2000[431] in §§ 13, 14 BGB legaldefiniert.[432] § 14 BGB definiert den Begriff des Unternehmers. Demnach ist ein Unternehmer eine natürliche oder juristische Person oder eine rechtsfähige Personengesellschaft, die gewerblich oder selbstständig beruflich tätig ist, und die in Ausübung dieser Tätigkeit handelt. Verbraucher i.S.d. § 13 BGB ist jede natürliche Person die ein Rechtsgeschäft zu einem Zwecke abschließt, der nicht ihrer beruflichen oder gewerblichen Tätigkeit zuzurechnen ist. Die Gerichte haben wiederholt angedeutet, für die Frage, ob es sich bei dem Absender um ein Unternehmen handelt, sei auf das in Aussicht genommene Geschäft abzustellen, in dessen Vorbereitung die Gewinnzusage versandt wurde.[433] § 661a BGB erfasst jedoch nicht nur die Fälle, in denen die Gewinnzusage zu Werbezwecken genutzt wird, sondern es werden auch Fälle erfasst, in denen der Verbraucher nur zur Vorleistung von Depot-Gebühren veranlasst werden soll. In diesem Fall wäre das intendierte Hauptgeschäft nach der Erklärung des Versenders allein die Auskehr von Geschenken. Damit könnten die Versender solcher Zusagen schon denknotwendig nicht unter § 14 BGB fallen, weil kein Unternehmen gewerbsmäßig Geschenke verschickt. Genauso wenig gibt es berufliche Geschenkeannehmer, welche aus dem Anwendungsbereich des § 13 BGB herausfallen könnten.[434] Es ist daher darauf abzustellen, wob der Versender, wenn er nicht Gewinnzusagen versendet, ein Unternehmen betreibt, und ob der Empfänger der Gewinnzusage diese Dienste in Anspruch nehmen könnte. Es geht § 661a BGB um das in §§ 13, 14 BGB zum Ausdruck kommende Gefälle zwischen dem Professionellen und dem Laien. Wer sich gegenüber einem anderen

---

[431] BGBl I, Seite 897, ber 1139.
[432] *Schmidt-Räntsch*, VuR 2000, 427 (433).
[433] LG Wuppertal, Urteil, VuR 2001, 387 (388); OLG Nürnberg, IPrax 2003, 54 (57) = NJW 2002, 3637 (3638).
[434] *Bornemann*, BB 2004, 2260 (2262); Palandt, *Sprau*, § 661a Rn. 2.

darauf beruft, er handele professionell, unterstreicht damit, dass jeder Irrtum ausgeschlossen ist. Dies rechtfertigt es, dass derjenige, welcher professionell handelt, das von § 661a BGB geregelte schenkungsweise Schuldanerkenntnis ohne Einhaltung der sonst üblichen notariellen Form erklären. Tritt eine Person oder eine Gruppe von Personen auf, die nicht Unternehmer sind, ist auf den Rechtsscheinsgedanken zurück zu greifen.[435] Zwar vermag der Rechtsschein für sich genommen eine Formvorschrift nicht ersetzen.[436] Hier eröffnet aber der Rechtsschein des unternehmerischen Handelns den Zugang zu den für einen Unternehmer geltenden Formvorschriften. Tritt der Versender mit der Behauptung auf, er sei Unternehmer, so entsteht ein entsprechender Rechtsschein, an dem er sich festhalten lassen muss.[437] Wie im Fall des Scheinkaufmanns, der sich durch das Auftreten als Kaufmann ohne tatsächliche Kaufmannseigenschaft zum Subjekt kaufmännischer Sorgfaltspflichten macht, muss sich derjenige, der im Rechtsverkehr mit dem Seriositätsanspruch auftritt, er sei Unternehmer, auch wenn er nicht Unternehmer ist, als solcher behandeln lassen. In dem Moment, in dem sich ein Nichtunternehmer als Unternehmer aufspielt, steht ihm damit auch die unternehmerische Handlungsform des § 661a BGB mit dem mit ihr verbundenen Risiko zu.[438] Es bedarf seit der Anerkennung der Rechtsfähigkeit durch den Bundesgerichtshof[439] keiner gesonderten Erwähnung mehr, dass auch eine Gesellschaft Bürgerlichen Rechts Unternehmer sein kann[440] Im Übrigen finden die Grundsätze über unternehmensbezogenes Handeln Anwendung, weshalb etwaige Fehlvorstellungen des Verbrauchers über die Person des Unternehmers irrelevant sind.[441]

Eine mit der Haftung des Unternehmers eng verbundene Frage ist die des Durchgriffs auf die Hintermänner. Dabei ist die Gewinnzusage nach den bestehenden Grundsätzen des Vertragsrechts zu behandeln. Eine im Namen eines Unternehmens abgegebene Willenserklärung wirkt daher für und gegen den Unternehmensträger.[442] Auf diese Grundsätze beschränkt sich dann auch in solchen Fällen die Haftung, in denen der einzige Begünstigte aus der Gewinnzusage die Telefongesellschaft ist, wie zum Beispiel in dem vom OLG Frankfurt entschiedenen Fall, in dem von den über eine isolierte Gewinnzusage mittels einer 0190er-Nummer eingenommenen Telefongebühren mehr als 90% bei der Tele-

---

[435] *Bornemann*, BB 2004, 2260 (2262); *Braun*, VuR 2003, 214 (216); *Schneider* BB 2002, 1653 (1655).
[436] *Ulrici*, NJW 2003, 2053 (2054)
[437] *Bornemann*, BB 2004, 2260 (2262); *Braun*, VuR 2003, 214 (216); *Schneider* BB 2002, 1653 (1655).
[438] OLG Düsseldorf, VuR 2004, 67 (68) = DB 2004, 128; *Braun*, VuR 2003, 214 (216).
[439] BGH, NJW 2001, 1056 (1061).
[440] *Wied*, Gewinnversprechen von Versandfirmen, Dissertation, 2003, Seite 85f.
[441] OLG Düsseldorf, VuR 2004, 67 (67/70) = DB 2004, 128 (129).
[442] *Bornemann*, VuR 2004, 434 (435); BGHZ 62, 216 (221f); BGHZ 91, 148 (152).

fongesellschaft verblieben, welche neben den Telefondiensten auch die Gewinnzusagen versandte, so dass sie unter Einbeziehung der „Fremdkosten“ insgesamt über 100% des eingenommenen Geldes erhielt.[443] Auch in diesem Fall ist Vertragspartner grundsätzlich nur das versendende Unternehmen. Mit diesem tritt der Verbraucher in Kontakt, und auf dessen Finanzkraft ist er angewiesen, nicht auf diejenige einer dritten Person, zu der keinerlei Beziehung besteht. Existiert der auf dem Schreiben als Absender benannte Unternehmensträger tatsächlich nicht, sind allerdings die Grundsätze des Handelns unter fremdem Namen[444] sowie die Grundsätze zum Boten ohne Botenmacht anzuwenden, so dass hier ausnahmsweise auf den Handelnden zugegriffen werden kann.[445] Ob das handelnde Unternehmen nur eine Strohmannfunktion erfüllt ist demnach für die Zuordnung der Willenserklärung unerheblich.[446] Gibt der Handelnde vor, für eine tatsächlich nicht vorhandene Versandgesellschaft zu handeln, haftet er nach §§ 177, 179 BGB als vollmachtloser Vertreter.[447] Es sind diese Grenzen, innerhalb derer Unternehmer, die in den Absatz oder in den Versand eingebunden sind haften können. Eine Haftung bloßer Absatzgehilfen ist daher in der Regel abzulehnen. Neben der allgemeinen Haftung als vollmachtloser Vertreter, bzw. der Botenhaftung kommt ein Durchgriff nach den allgemeinen gesellschaftsrechtlichen Regeln in Betracht.[448] Wird demnach eine GmbH tätig, kann allein auf diese, nicht aber auf den dahinter stehenden Geschäftsführer zurückgegriffen werden, da dieser mangels selbstständiger beruflicher Tätigkeit nicht Unternehmer ist.[449] Bei einer erkennbaren Unterkapitalisierung der zum Versand der Zusage vorgeschobenen GmbH ist ein Rückgriff auf die dahinter stehenden Unternehmen jedoch ausnahmsweise möglich.[450] Außerdem kommt das Konzernrecht mit seinen Haftungsregeln zur Anwendung.[451] Zum Teil wird versucht, § 830 BGB über die deliktische Einstandspflicht von Mittätern bei der Behandlung von Gewinnzusagen zur Anwendung zu bringen, um eine möglichst weitgehende Haftung der Versender von Gewinnzusagen zu erreichen. Da auf vertragliche Ansprüche §

---

[443] OLG Frankfurt, NJW-RR 2005, 1366.

[444] *Bornemann*, VuR 2004, 434 (435); BGH, NJW-RR 2006, 701 (702); BGH, DB 2004, 2751 = BB 2004. 2375 (2376); vgl zur Haftung des in fremdem Namen Handelnden: BGHZ 45, 193 (195f); BGH, NJW 1963, 148; für eine entsprechende Anwendung: *Fetsch*, RiW 2002, 936 (937); Palandt, *Sprau*, § 661a Rn. 2; OLG Düsseldorf, VuR 2004, 67 (69) = DB 2004, 128; *Bornemann*, BB 2004, 2260 (2261); *Lorenz*, NJW 2000, 3305 (3307); MK, *Seiler*, 2005, § 661a BGB, Rn. 12.

[445] *Bornemann*, VuR 2004, 434 (435).

[446] OLG Düsseldorf, VuR 2004, 67 (69) = DB 2004, 128.

[447] BGH, NJW-RR 2006, 701; *Bornemann*, BB 2004, 2260 (2261).

[448] OLG Düsseldorf, VuR 2004, 67 (70) = DB 2004, 128.

[449] BGH, BB 2004, 2259 = NJW 2004, 3039 (3040); (OLG Düsseldorf, VuR 2004, 67 (70) = DB 2004, 128 (129); Staudinger, *Bergmann*, BGB (2006), § 661a BGB, Rn. 48.

[450] *Bornemann*, VuR 2004, 434 (438).

[451] OLG Düsseldorf, VuR 2004, 67 (71).

830 BGB unmittelbar keine Anwendung findet, und weil so ein Zugriff auf die Hintermänner einer Gewinnzusage oftmals nur schwer möglich ist, wird die Vorschrift zum Teil auf die Gewinnzusage analog angewendet.[452] Das ist dogmatisch jedoch nicht richtig.[453] Die analoge Anwendung von Vorschriften erfordert einmal das Bestehen einer vergleichbaren Rechtslage, zum anderen bedarf es aber auch einer entsprechenden Regelungslücke im Bereich der zu ergänzenden Vorschriften. Letzteres übersieht diese Ansicht. Tatsächlich fehlt eine solche Regelungslücke bei vertraglichen Ansprüchen wegen der umfassenden Regeln in §§ 164ff BGB. § 830 BGB kann daher auf die Gewinnzusage ebenso wenig wie die wettbewerblichen Störerregeln Anwendung finden.[454] Daher muss sich der Verbraucher dann, wenn die vertraglichen Ansprüche zu keinem Ergebnis führen, der allgemeinen schadensersatzrechtlichen Ansprüche bedienen,[455] hier insbesondere § 826 BGB.[456]

Der Empfänger der Gewinnzusage (ein Verbraucher im Sinne des hinter § 13 stehenden Rechtsgedankens) muss, wie jede Person, die im Rechtsverkehr rechtlich tätig werden will, geschäftsfähig sein.[457] Ist er es nicht, so muss die Erklärung dem gesetzlichen Vertreter zugehen,[458] denn auch hier finden die allgemeinen für Rechtsgeschäfte gültigen Regeln Anwendung.

B) Anwendung auf andere Schenkungen und Ausspielungen des Unternehmers

In vorauseilendem Gehorsam hat das AG Bremen § 661a BGB auf andere Schenkungen eines Unternehmers angewendet.[459] Es berief sich dabei darauf, dass der Begriff der Schenkung auf dem lateinischen Ausdruck „*pretium*“ beruht, welcher für Wert, Lob und Anerkennung stehe[460] Die ausdrückliche Regelung in § 661a BGB spricht allerdings deutlich gegen eine solche Annahme.

---

[452] *Bornemann*, BB 2004, 2260 (2261).

[453] OLG Düsseldorf, NJW-RR 2002, 1632 (1633), nach dem der Strafcharakter des § 661a BGB eine enge Auslegung der Vorschrift gebiete; ebenso: OLG Düsseldorf, VuR 2004, 67 (69).

[454] OLG Düsseldorf, VuR 2004, 67 (69) = DB 2004, 128; a. A. OLG Frankfurt, NJW-RR 2005, 1366 (1367).

[455] OLG Düsseldorf, DB 2004, 128 (130).

[456] OLG Düsseldorf, VuR 2004, 67 (71).

[457] MK, *Seiler*, 2005, § 661a BGB, Rn. 13; a. A. Erman, *Ehmann*, BGB, 11. Aufl., 2004, § 661a BGB, Rn. 2; Palandt, *Sprau*, § 661a Rn. 2; Staudinger, *Bergmann*, BGB (2006), § 661a BGB, Rn. 27; allgemein zu Tatbeständen mit Erklärungsobliegenheit: *Hanau*, AcP 165 (1965), 220 (249).

[458] MK, *Seiler*, 2005, § 661a BGB, Rn. 13.

[459] AG Bremen, NJW-RR 2002, 417f.

[460] AG Bremen, NJW-RR 2002, 417 (418).

Dies muss umso mehr deswegen gelten, weil § 661a BGB eine Rückausnahme zu einer Ausnahmevorschrift darstellt. Als Ausnahme einer Ausnahme ist eine restriktive Handhabung geboten. Ähnlich ist auch die Frage zu beurteilen, ob man § 661a BGB auf § 661 BGB anwenden kann. § 661 regelt die Preisausschreiben. Dabei wäre zu beachten, dass § 7 S. 1 Nr. 4 TDG über die Anordnung des BGB hinaus bestimmt, dass Preisausschreiben mit Werbecharakter als solche klar zu erkennen zu geben sind. Eine derartige Annahme würde aber erfordern, dass der Gesetzgeber den § 661 BGB den Charakter der Naturalobligation nehmen wollte, was sich jedoch den Gesetzesmaterialien nicht entnehmen lässt. § 661a BGB kann daher keine verbindliche Verpflichtung des Unternehmers begründen, wenn eine Ausspielung tatsächlich stattgefunden hat und die für die Verbindlichkeit erforderliche Bekanntmachung des Unternehmers und einer Bewerbung des Verbrauchers fehlt.[461] § 661a BGB regelt ein schenkungsweises Schuldanerkenntnis. Fehlt eines der beiden Elemente, der Schenkungscharakter oder das Schuldanerkenntnis, so verbietet sich die unmittelbare Anwendung. Für eine analoge Anwendung fehlt allerdings die erforderliche Vergleichbarkeit.

C) Das Schreiben

I Form

§ 661a BGB ist eine Rückausnahme zu § 518 BGB. Doch § 661a BGB statuiert keine völlige Formfreiheit, wenn das auch von Teilen der Literatur[462] gefordert wird. Wie sich aus dem Begriff des „Sendens" in § 661a BGB ergibt, hat die Zusage in verkörperter Form zu erfolgen.[463] Die Erklärung in einem Brief, in einem Fax, aber auch als E-Mail und sogar SMS genügt dem Formerfordernis.[464] Anders als in der österreichischen Parallelvorschrift, § 5jösKSchG, muss das Schreiben den Empfänger namentlich nicht benennen.[465] Ein solches Erfordernis wurde im deutschen Gesetzgebungsverfahren auf Bestreben der Verbraucherschutzverbände aufgegeben.[466] Es genügt daher, wenn sich der Verbraucher per-

---

[461] *Dörner*, FS Kollhosser, 2004, 75 (79).
[462] *Härting*, Fernabsatzgesetz, 2000, Einl. Rn. 122.
[463] *Braun*, VuR 2003, 214 (216); *Dörner*, FS Kollhosser, 2004, 75 (77); *Wied*, Gewinnversprechen von Versandfirmen, Dissertation, 2003, Seite 89; MK, *Seiler*, 2005, § 661a BGB, Rn. 8.
[464] Erman, *Ehmann*, BGB, 2004, § 661a BGB, Rn. 2; Palandt, *Sprau*, § 661a Rn. 2; MK, *Seiler*, 2005, § 661a BGB, Rn. 8.
[465] BTDrucks 14/3195, Seite 34; *Schmidt-Räntsch*, VuR 2000, 427 (434); *Schneider* BB 2002, 1653 (1654); MK, *Seiler*, 2005, § 661a BGB, Rn. 9.
[466] *Leipold*, FS Musielak, 2004, 317 (319); *Wied*, Gewinnversprechen von Versandfirmen, Dissertation, 2003, Seite 79.

sönlich angesprochen fühlt.[467] Auch so genannte Popups, also neu aufspringende Browserfenster, genügen den Voraussetzungen des § 661a BGB, weil ein Popup immer nur einen bestimmten Verbraucher erreicht, der sich auch unmittelbar angesprochen fühlt.[468] Zudem hat der Unternehmer es in der Hand, die Zahl der Popups zu begrenzen und von Bedingungen abhängig zu machen. Der Unternehmer hat wegen der mit der Programmierung eines Popups verbundenen Schwierigkeiten auch genug Zeit und ausreichend Anlass, seine Entscheidung für eine Gewinnzusage mehrfach zu überdenken. Damit erfüllt das Popup auch den Zweck von Formvorschriften, vor Übereilung zu schützen.

II Probleme bei der Auslegung der Gewinnzusage

Wenn Unternehmen im Rechtsverkehr Gewinne zusagen, geschieht dies meist unter Verwendung zweideutiger Klauseln oder undeutlicher Floskeln. Es stellt sich dann die Frage, wie man diese auszulegen hat.

1) Anwendung der §§ 133, 157 BGB

Wie Gewinnzusagen auszulegen sind, ist bisher umstritten. Zumindest der Wortlaut der Vorschrift gibt keine Anhaltspunkte für ihre Auslegung. Die Vorschrift äußert sich weder zu subjektiven Voraussetzung seitens des Unternehmers noch zu solchen beim Verbraucher. Dass § 661a BGB in seinem Wortlaut auf Seiten des Unternehmers keinerlei subjektive Tatbestandsvoraussetzungen vorschreibt wird von Teilen der Literatur dahin gedeutet, dass für die Beurteilung der Gewinnzusage der objektive Eindruck maßgebend ist, den das Schriftstück hervorruft.[469] Diese Art der Auslegung der Gewinnzusage wird von anderen Stimmen in der Literatur zu Recht als problematisch angesehen.[470] Das Bürgerliche Gesetzbuch hält in seinem allgemeinen Teil des Schuldrechts hinreichend Vorschriften zur Auslegung von Willenserklärungen bereit. Diese Regeln finden systematisch auch auf die Gewinnzusage Anwendung. Richtigerweise ist der Inhalt der Erklärung daher wie jede Willenserklärung nach den in §§ 133, 157 BGB festgeschriebenen Interpretationsgrundsätzen, also normativ zu ermitteln.[471] Die Rechtspraxis hat sich für Fragen der Auslegung der Willenserklärung der Empfängerhorizonttheorie angeschlossen, nach welcher der Erklärende eine geäußerte Erklärung in der Weise gegen sich gelten lassen muss, wie sie

---

[467] *Braun*, VuR 2003, 214 (216).
[468] ohne Begründung: *Schneider* BB 2002, 1653 (1654, dort FN. 23).
[469] *Braun*, VuR 2003, 214 (215); *Lorenz/Unberath*, IPrax 2005, 219 (221); *Timme*, JuS 2003, 638 (641); BGH, NJW 2006, 230 (232); OLG Frankfurt, NJW-RR 2005, 1366; OLG Stuttgart, VuR 2004, 151; AG Cloppenburg, NJW-RR 2001, 1274 (1275).
[470] MK, *Seiler*, 2005, § 661a BGB, Rn. 10.
[471] *Dörner*, FS Kollhosser, 2004, 75 (77, 80); *Leipold*, FS Musielak, 2004, 317 (326).

von der Verkehrssitte nach dem objektiven Empfängerhorizont aufgefasst wird.[472] Die Folge ist der oben beschriebene Effekt, dass der erklärte Wille und der tatsächliche Wille auseinander fallen können.[473] Die Auslegung nach dem Empfängerhorizont bewirkt, dass im Rechtsverkehr nicht der wirkliche, sondern der erklärte Wille dessen, der die Willenserklärung abgibt, maßgeblich ist, sofern nicht der tatsächliche Wille nicht feststeht oder bekannt ist.[474] Maßgeblich für die Auslegung ist nicht die Sichtweise eines besonders misstrauischen, aufgeklärten Verbrauchers. Es genügt, dass die Mitteilung durch die Art ihrer Gestaltung geeignet ist, einen durchschnittlichen Verbraucher in der Position des Empfängers davon zu überzeugen, er werde einen solchen, ihm zuerkannten Preis erhalten.[475] Finden sich in der Erklärung des Unternehmers Relativierungen, wie z.B. die Aussage, es handele sich um eine *Vorab*-Zusage, bewirken diese, dass eine vollwertige Gewinnzusage nicht entsteht.[476] Die Zusage umfasst dann nur das, was sich ihr nach einer Auslegung entnehmen lässt. Wenn ein Unternehmen U einem Verbraucher V also zusagt, er habe die Teilnahme an einem Gewinnspiel gewonnen, in dem er eine Millionen gewinnen kann, so kann der Verbraucher je nach Art der Erklärung durchaus davon ausgehen, dass es sich um eine Millionen Euro handelt. Die Auslegung der Erklärung ergibt aber nicht, dass ihm die Millionen Euro verbindlich zugesagt sind. Die Zusage umfasst lediglich die Teilnahme an einem entsprechenden Gewinnspiel. Es ist dem Unternehmer in dem so gebildeten Fall daher möglich, die von ihm begründete Verpflichtung durch Zusenden eines Lottoscheines zu erfüllen. Umgekehrt fließt in die Auslegung der Gewinnzusage aber auch die Frage ein, inwieweit der Sender bemüht ist, Zweifel über die Verbindlichkeit zu zerstreuen.[477] Hier kann auch die Tatsache, dass eine Gewinnzusage den Adressaten nicht namentlich nennt, Relevanz erlangen.[478] Es kann daher sein, dass ein Schreiben, welches an einer Stelle in einem Nebensatz eine Relativierung enthält dennoch eine verbindliche Zusage begründet, wenn die Relativierung durch einen entsprechenden Verbindlichkeitseindruck wieder beseitigt wird. Wann dies der Fall ist, ist Frage des Gesamteindrucks des Schreibens.

---

[472] BGHZ 36, 30 (33) = NJW 1961, 2251 (2252); *Geist*, Unbestellte Waren, Dissertation, 2002, Seite 7.

[473] vgl. oben, Seite 57f.

[474] *Wolff*, Mentalreservation, Seite 61f; Jauernig, *Jauernig*, § 133 Rn. 8; *Leipold*, FS Musielak, 2004, 317 (326).

[475] OLG Frankfurt am Main, MDR 2002, 1023; OLG Stuttgart, VuR 2004, 151; *Braun*, VuR 2003, 214 (215); *Lorenz*, NJW 2000, 3305 (3306); *Schneider* BB 2002, 1653 (1654); Palandt, *Sprau*, § 661a Rn. 2.

[476] OLG Frankfurt a. M. vom 06. 02. 2003 - 12 U 155/01; OLG Frankfurt am Main, MDR 2002, 1023; *Schneider* BB 2003, 2534 (2535); ders., BB 2002, 1653 (1654).

[477] OLG Frankfurt am Main, MDR 2002, 1023 (1024).

[478] a. A. *Wied*, Gewinnversprechen von Versandfirmen, Dissertation, 2003, Seite 80; MK, *Seiler*, 2005, § 661a BGB, Rn. 9.

2) Berücksichtigung des tatsächlichen Willens: §§ 118, 116 BGB

In den vom Bürgerlichen Gesetzbuch festgelegten Fällen kann die Auslegung auch zu einer Berücksichtigung des tatsächlichen Willens des § 661a BGB führen. So ist eine nicht ernst gemeinte Erklärung dann nichtig, wenn der Erklärende seinen Willen nicht verhehlen wollte, sondern davon ausging, der Empfänger werde ihn richtig verstehen, § 118 BGB. Das Bestehen dieser Erwartung hat dann aber der Unternehmer als der Erklärende zu beweisen hat. Solange er den Beweis nicht erbracht hat, schuldet er Erfüllung, im Übrigen haftet er auf den Vertrauensschaden.[479] Doch welcher Unternehmer wird eine Gewinnzusage versenden, von der er ausgehen kann, sie werde nicht ernst genommen? Regelmäßig wird es sich bei Gewinnversprechen wird es sich zwar um Willenserklärungen handeln, welche mit Täuschungsabsicht abgegeben wurden, bei denen sich der Unternehmer also tatsächlich darum bemüht, ernst genommen zu werden.
Auch § 116 BGB zur Frage der Mentalreservation erklärt unter engen Voraussetzungen ausnahmsweise den tatsächlichen Willen des Erklärenden für maßgeblich. Deswegen bereitet die Vorschrift vielen Autoren Kopfzerbrechen. § 116 BGB regelt bekanntlich den Fall, dass eine Person eine Erklärung abgibt, welche mit dem Makel behaftet ist, dass der Erklärende sich nicht an sie binden lassen möchte. Die Vorschrift erklärt eine solche hinter der Erklärung stehende Mentalreservation für unbeachtlich. Von der Mentalreservation, wie sie § 116 BGB regelt, sind diejenigen, von § 661a BGB nicht geregelten Fälle zu unterscheiden, in denen sich der Erklärende lediglich vorbehält, die von ihm eingegangene Verpflichtung nicht zu erfüllen, billigt aber den Inhalt des Rechtsgeschäfts selbst.[480] Wer eine solche Erklärung abgibt, wird sich im Verfahren gerade nicht auf einen fehlenden Verpflichtungswillen, sondern auf die Abwesenheit eines entsprechenden Geschäftswillens berufen.[481] In jenen Fällen findet § 116 BGB keine Anwendung.[482] Bei § 661a BGB bedienen sich die Unternehmer, welche Gewinnzusagen versenden, hingegen regelmäßig bewusst des Formmangels. Die Unternehmen wollen nicht bloß niemals eine Geldzahlung vornehmen. Es ist daher bereits ein Vertrag des entsprechenden Inhalts nicht gewollt. Gewinnschenkungen sind daher regelmäßig mit einer Mentalreservation belastet. Bei Vorliegen einer Mentalreservation bestimmt § 116 S. 2 BGB, dass eine derartige Erklärung ausnahmsweise dann keine rechtliche Verbindlichkeit erzeugt, wenn der Empfänger die fehlende Ernsthaftigkeit der Erklärung kannte, ein Grundsatz,

---

[479] *Schröder/Thiessen* NJW 2004, 719 (721).
[480] *Klausberger*, Willensmängel, Dissertation, 1989, Seite 86.
[481] *Klausberger*, Willensmängel, Dissertation, 1989, Seite 87.
[482] *Klausberger*, Willensmängel, Dissertation, 1989, Seite 87; *Wolff*, Mentalreservation, Seite 105.

der auch im römischen Recht schon bekannt war,[483] und der in allen EU-Staaten bekannt ist.[484] Einige Stimmen in der Literatur und Rechtsprechung sehen eine Anwendung des § 116 S. 2 BGB aufgrund der wettbewerbs- und verbraucherpolitischen Zielsetzung der Vorschrift als kritisch an, und sie lehnen eine Anwendbarkeit von § 116 S. 2 BGB auf die Gewinnzusage ab.[485] Die Vertreter dieser Ansicht meinen, § 661a BGB schließe in Fällen, in welchen einem durchschnittlichen Verbraucher in der Position des Erklärungsempfängers nach dem objektiven Erklärungswert der entgegenstehende Willen des Erklärenden nicht bewusst war, eine gegenläufige Kenntnis des Erklärungsempfängers aus.[486] Auf die tatsächliche Annahme des Verbrauchers, er habe einen Preis gewonnen, komme es nicht an, sondern es werde das abstrakte Erfüllungsinteresse geschützt.[487] So will diese Ansicht dem Unternehmer die Möglichkeit nehmen, sich auf die Unverbindlichkeit seiner Äußerung zu berufen. Tatsächlich ist jedoch auch in diesem Punkt an den allgemeinen, im Bürgerlichen Gesetzbuch festgelegten Prinzipien festzuhalten. Prinzipiell ist eine derartige Konstruktion bei der Beurteilung der Gewinnschenkung auch nicht erforderlich. § 116 S. 2 BGB schließt eine Berufung auf den erklärten Willen aus, wenn der entgegenstehende tatsächliche Wille bekannt war. Von einer positiven Kenntnis des Erklärungsempfängers von einem fehlenden Geschäftswillen des Erklärenden ist bei der Beurteilung von Gewinnzusagen jedoch regelmäßig nicht auszugehen. Im Gegenteil: In der Regel wird der Unternehmer bemüht sein, Zweifel beim Erklärungsempfänger gerade zu zerstreuen. Er bemüht sich, die Abwesenheit des Geschäftswillens gegenüber dem Erklärungsempfänger zu verheimlichen. Nur wenn es ihm gelingt, den Eindruck zu erwecken, die Erklärung sei verbindlich, kann er den von ihm gewünschten Effekt erreichen, dass der Kunde aus Dankbarkeit über den Gewinn Gegenstände aus dem Unternehmenssortiment bestellt.[488] Eine solche Re-

---

[483] *Mayer-Maly*, Römisches Recht, 1999, § 21 I, V.

[484] EuGH-Urteil vom 20. 01. 2005, Rs. C-27/02, in NJW 2005, 811 (814, Rn. 59) - *Engler*; Schwimann, *Apathy*, ABGB, Bd. V, § 869 ABGB Rn. 5; Koziol/Welser, Bürgerliches Recht I, 2006, Seite 145; *Franceschelli*, 2. Auflage, 2000, Seite 228; Ghestin, Traite de droit civil, - la formation du contrat, 1993, no. 388; *Mankowski*, IPrax 2003, 127 (130).

[485] BGH, NJW 2006, 230 (232); BGH, NJW 2004, 1652 (1653); ebenso OLG Frankfurt am Main, NJW-RR 2005, 1366; *Dörner*, FS Kollhosser, 2004, 75 (78); *Lorenz/Unberath*, IPrax 2005, 219 (221); *Mankowski*, EWiR 2004, 275; *Piekenbrock/Schulze*, IPrax 2003, 328 (332); *Wied*, Gewinnversprechen von Versandfirmen, Dissertation, 2003, Seite 21.

[486] *Piekenbrock/Schulze*, IPrax 2003, 328 (332); Jauernig, *Mansel*, BGB, § 661a Rn. 4; *Lorenz*, NJW 2000, 3305 (3306).

[487] *Fetsch*, RiW 2002, 936 (937); *Lorenz*, NJW 2000, 3305 (3306); *Lorenz/Unberath*, IPrax 2005, 219 (221); Palandt, *Sprau*, § 661a Rn. 2; OLG Düsseldorf, VuR 2004, 67 (69) = DB 2004, 128. OLG Düsseldorf, NJW-RR 2002, 1632 (1633).

[488] *Dörner*, FS Kollhosser, 2004, 75 (80); *Häcker*, ZVglRWiss 103 (2004), 464 (481); *Klausberger*, Willensmängel, Dissertation, 1989, Seite 89; *Lorenz/Unberath*, IPrax 2005, 219 (221); *Mankowski*, EWiR 2004, 275; *Piekenbrock/Schulze*, IPrax 2003, 328 (332); *Wied*, Ge-

aktion wird jedenfalls dann gewiss ausbleiben, wenn der Verbraucher den Eindruck gewinnt, es werde ihm etwas vorgegaukelt. Über die in der Gewinnzusage gemachte Erklärung des Unternehmers hinaus ist es dem Verbraucher nicht möglich, in die Motive des Unternehmers Einsicht zu nehmen. Immerhin sind nicht alle Gewinnzusagen fraudulenter Natur. Es gibt im Gegenteil auch seriöse Preisausschreiben, die ohne Spieleinsatz durchgeführt werden.[489] Daneben wirkt § 661a BGB seinerseits auf den Empfängerhorizont zurück. Die Vorschrift bestärkt den Verbraucher in der Annahme, dass ein als Schenker auftretendes Unternehmen, tatsächlich verbindlich zu handeln in der Lage ist. All dies führt zu einem Wertungsgefälle zugunsten des Verbrauchers. Deshalb kann der Verbraucher grundsätzlich von einer Verbindlichkeit des Schreibens ausgehen.[490] Weitaus wichtiger ist aber, dass der Zweck der Einführung von § 661a BGB mit dem Zweck des § 116 S. 2 BGB in wesentlichen Punkten deckungsgleich ist. Beide Vorschriften sind Ausdruck des Bedürfnisses, den Erklärungsempfänger zu schützen. Es geht um die Beseitigung eines Täuschungspotenzials, das im Fall der Gewinnzusage darin liegt, dass der Unternehmer sich bewusst einer Rechtsform bedient, bei der er darauf vertraut, dass sie rechtlich unverbindlich ist. Der hinter § 116 S. 1 BGB stehende Gedanke ist der, dass Arglist und Täuschung im Recht keine Wirkung haben sollen.[491] Daher soll demjenigen, der im Rechtsverkehr zu täuschen versucht, die Möglichkeit genommen werden, sich dann auf die allgemeinen Auslegungsregeln zu berufen, wenn der Erklärungsempfänger auf die Täuschung hereinfällt. Mit dieser Rechtsidee ist es nicht vereinbar, wenn der Erklärungsempfänger seinerseits dolos handeln kann.[492] Auf diesem Gedanken beruht die Unterscheidung zwischen dem Erklärungsempfänger, der die Mentalreservation kannte, und demjenigen, dem sie nicht bewusst war.[493] Im Fall des § 116 S. 2 BGB, in dem der Erklärungsempfänger den wahren Willen kannte, besteht kein Risiko, dass die beabsichtigte Täuschung des Erklärenden Erfolg hat. Aus diesem Grund wäre eine Trennung des § 116 S. 2 BGB von § 116 S. 1 BGB systemwidrig. Sie hat daher auch im Fall der Gewinnschenkung zu unterbleiben.

---

winnversprechen von Versandfirmen, Dissertation, 2003, Seite 44; OLG Köln, VuR 2003, 474 (476).

[489] So zutreffend auch *Faber*, wbl 2004, 553 (558).

[490] so auch Staudinger, *Bergmann*, BGB (2006), § 661a BGB, Rn. 30.

[491] Grundschok, Der geheime Vorbehalt, Dissertation, 1965, Seite 61; *Klausberger*, Willensmängel, Dissertation, 1989, Seite 96f.

[492] Grundschok, Der geheime Vorbehalt, Dissertation, 1965, Seite 84; entsprechend zu § 241a BGB *Schöne/Fröschle*, unbestellte Waren und Dienstleistungen, 2001, Seite 58.

[493] *Grundschok*, Der geheime Vorbehalt, Dissertation, 1965, Seite 84.

3) Anwendung des AGB-Rechts

Da die Gewinnzusage eine Willenserklärung ist, findet das AGB-Recht auf die Gewinnzusage uneingeschränkt Anwendung.[494] AGB, welche den Erhalt des zugesagten Preises ausschließen, sind demnach nach § 305 BGB überraschend und deshalb unwirksam.[495] Sie werden damit grundsätzlich nicht Vertragsbestandteil. Darüber hinaus werden versteckte Ausspielungsbedingungen, die sich zum Beispiel auf der Innenseite des Briefumschlags befinden, mit welchem die Gewinnmitteilung versandt wurde, keinesfalls Bestandteil der Gewinnzusage.[496]

4) § 661a BGB als Erfüllungsortsvereinbarung

Der Bundesgerichtshof hat sich in einer Entscheidung aus dem Jahr 2005[497] im Zusammenhang mit der Frage, welches Gericht das "Gericht des Erfüllungsortes" in Art 5 Nr. 1 EuGVVO sei, dafür ausgesprochen, in § 661a BGB eine Erfüllungsortvereinbarung hinein zu lesen, wenn auch der Wortlaut eine derartige Annahme nicht stützt. Hintergrund der Entscheidung war es, dass bei einer vertraglichen Qualifikation das Gericht des Erfüllungsortes zur Entscheidung berufen ist, dieses aber bei Schenkungen regelmäßig beim Schenker liegt.[498] Dies wäre jedoch eine Überdehnung des Inhalts von § 661a BGB. Dessen primärer Zweck ist es, den Unternehmer beim Wort zu nehmen, und dem Verbraucher einen Anspruch auf den zugesagten Gewinn zu geben.[499] § 661a BGB gibt dem Verbraucher einen Anspruch. Es ist am Ende Sache des Verbrauchers, zu entscheiden, ob er seinen Gewinn einklagen oder verfallen lassen will. Jedenfalls gereicht die Gewinnzusage allein seinem Vorteil, so dass es nur billig ist, ihm auch den in der Abholung liegenden Nachteil zukommen zu lassen.[500] Richtigerweise muss es daher auch hier bei den allgemeinen Bestimmungen bleiben, wonach die Vertragsparteien im Einzelfall Vereinbarungen über den Erfüllungsort einer Schuld treffen können. Dabei ist die Parteivereinbarung genau auszulegen. So wird eine Klausel wie „frei Klagenfurt“ regelmäßig nur auf Fragen der

---

494 *Oberhammer*, ZZP 2004, 92 (95).

495 *Fetsch*, RiW 2002, 936 (937); *Leible*, IPrax 2003, 28 (30); *Oberhammer*, ZZP 2004, 92 (95); *Dörner*, FS Kollhosser, 2004, 75 (77); Palandt, *Sprau*, 2002, § 661a Rn. 2.

496 LG Braunschweig, IPrax 2002, 213.; OLG Nürnberg, IPrax 2003, 54 (55) = MDR 2002, 3687; *Braun*, VuR 2003, 214 (216).

497 BGH, NJW 2006, 230 (233); ähnlich: *Häcker* ZVglRWiss 103 (2004) 464 (490).

498 vgl. unten, Seite 113f.

499 *Lorenz/Unberath*, IPrax 2005, 219 (222); *Mörsdorf-Schulte*, JZ 2005, 770 (778); OLG Düsseldorf, VuR 2004, 67 (68) = DB 2004, 128; ähnlich *Lorenz*, NJW 2006, 472 (475); *Lorenz/Unberath*, IPrax 2005, 219 (222).

500 so aber *Häcker*, ZVglRWiss 103 [2004] 464 (490); für den Fall, dass der Unternehmenssitz unbekannt auch *Mörsdorf-Schulte*, JZ 2005 770 (778).

Kostentragung bezogen sein, ohne die Frage des Erfüllungsortes zu berühren.[501] Hat der Unternehmer hingegen, wie in den von OLG Nürnberg[502] und LG Braunschweig[503] entschiedenen Fällen, zugesagt, den Gewinn an die Haustür des Verbrauchers zu liefern, so liegt darin eine echte Erfüllungsortvereinbarung - unabhängig jedoch von den Vorgaben des § 661a BGB.[504]

5) Erfordernis einer besonderen Täuschungsabsicht

Gerade im Fall des § 241a BGB wird über den Wortlaut der Vorschrift hinaus sei für ihr Eingreifen eine Wettbewerbswidrigkeit erforderlich. Hierdurch will man vermeiden, dass solche Fälle von § 241a BGB erfasst werden, in denen der Versender der Waren mit Fremdgeschäftsführungswillen handelte und so die Geschäftsführung ohne Auftrag aus dem Anwendungsbereich der Erbringung nicht angeforderter Dienstleistungen herausnehmen zu können.[505] Eine entsprechende Erweiterung des Tatbestandes der Gewinnzusage ist in Österreich für § 5j ösKSchG als ungeschriebene Tatbestandsvoraussetzung anerkannt.[506] Unabhängig von der Frage, ob die österreichische Entwicklung *contra* legem ist, fehlt in Deutschland ein solches Bedürfnis, weil sich § 661a BGB auf eine verkörperte Willenserklärung bezieht, nicht auf eine rechtstatsächliche Handlung. Zudem hat sich der deutsche Gesetzgeber aber durch die Einführung des § 661a BGB gerade vom Wettbewerbsrecht distanzieren wollen.[507] Damit fordert § 661a BGB nicht das Vorliegen einer derartigen Täuschungsabsicht.[508]

III Widerruf

§ 130 BGB über den Zugang von Willenserklärungen findet ebenfalls uneingeschränkt Anwendung. Eine Gewinnzusage kann daher nur dann widerrufen werden, wenn sie dem Empfänger noch nicht zugegangen ist. Ein Widerruf nach § 658 BGB ist, wenn sich die Vorschrift auch im näheren Umfeld des § 661a BGB befindet, nicht möglich.[509] § 661a BGB erfordert, anders als § 658 BGB, keine Mitwirkungshandlung des Erklärungsempfängers. Daher ist es nicht gerechtfertigt, dem den Gewinn Zusagenden einen Schutz davor zu gewähren, dass diese

[501] *Bajons* in, FS Geimer, 2002, 15 (51).
[502] IPrax 2003, 54 = NJW 2002, 3637.
[503] IPrax 2002, 213.
[504] *Dörner*, FS Kollhosser, 2004, 75 (84).
[505] *Schöne/Fröschle*, unbestellte Waren und Dienstleistungen, 2001, Seite 5.
[506] *Brenn*, ÖJZ 2005, 698 (699).
[507] vgl. oben, Seite 33f.
[508] *Bornemann*, VuR 2004, 434 (436); *Leipold*, FS Musielak, 2004, 317 (329).
[509] *Schneider* BB 2002, 1653 (1655); *Dörner*, FS Kollhosser, 2004, 75 (78); HK, *Schulze*, § 661a, Rn. 4; Jauernig, *Mansel*, BGB, § 661a Rn. 4.

Mitwirkungshandlung noch erbracht wird, nachdem das Interesse an ihr entfallen ist. Eine Anwendbarkeit des § 658 BGB wäre auch teleologisch nicht sinnvoll. Andernfalls wäre es dem Unternehmer möglich, Gewinnschenkungen willkürlich nachträglich zu beseitigen. Weil es an einer vergleichbaren Interessenlage fehlt, kommt auch eine entsprechende Anwendung nicht in Betracht. § 658 BGB soll nämlich außer dem Auslobenden auch denjenigen schützen, der die geforderte Handlung erbringt ohne mit dem Auslobenden in unmittelbarem Kontakt zu stehen. Die Gewinnzusage wird hingegen an eine individuell bestimmbare Person geschickt, und es bestehen nur Verpflichtungen zwischen dem Unternehmer und dem Verbraucher. Der Verbraucher ist daher ab dem Zeitpunkt des Erhalts des Schreibens in vollem Umfang schützenswert und nicht erst ab Vornahme der vom Unternehmer geforderten Handlung.[510] Zum Teil wird dem Unternehmer ein Widerrufsrecht bis zur ersten Kontaktaufnahme des Verbrauchers zugebilligt.[511] Gründe hierfür sind jedoch nicht ersichtlich. Im Gegenteil spricht gerade die Tatsache, dass die Gewinnschenkung für den Verbraucher ein vorteilhaftes Geschäft ist für die Annahme, der Empfang der Annahmeerklärung sei gänzlich entbehrlich. Die entsprechende Ansicht ist daher abzulehnen.

IV Anfechtung

Eine Anfechtung der Gewinnzusage wegen Inhalts- oder Erklärungsirrtums ist grundsätzlich möglich.[512] Dies gilt insbesondere in den Fällen, in welchen ein Unternehmer eine Gewinnzusage irrtümlich an die falsche Person geschickt hat.[513] Eine Anfechtung nach § 119 I BGB mit dem Argument, man habe die Wirkung der Erklärung nicht gewollt ist hingegen grundsätzlich nicht möglich. Der Irrtum, man sei durch §§ 518, 762 BGB geschützt, ist kein Inhalts- sondern ein unbeachtlicher Rechtsfolgenirrtum.[514]

---

[510] Staudinger, *Bergmann*, BGB (2006), § 661a BGB, Rn. 37.

[511] Palandt, *Sprau*, § 661a Rn. 4.

[512] Staudinger, *Bergmann*, BGB (2006), § 661a BGB, Rn. 36; MK, *Seiler*, 2005, § 661a BGB, Rn. 10.

[513] Zu § 241a BGB *Schöne/Fröschle*, unbestellte Waren und Dienstleistungen, Köln, 2001, Seite 13.

[514] *Hanau*, AcP 165 (1965), 220 (226, 250; 252); *Leipold*, FS Musielak, 2004, 317 (326, 330); Staudinger, *Bergmann*, BGB (2006), § 661a BGB, 36; dies offenbar verkennend *Schäfer*, JZ 2005, 981 (985); *Schneider* BB 2002, 1653 (1655) sowie MK, *Seiler*, 2005, § 661a BGB, Rn. 10

D) Anspruchsumfang

I Der Preis

Inhaltlich muss in dem Schreiben ein Preis versprochen werden. Preis im Sinne der Vorschrift kann jede Art von Leistung sein, also die Lieferung von Gegenständen gleichermaßen wie die Erbringung von Dienstleistungen, die Zahlung von Geld, usw.[515] Die Anwendung des § 661a BGB erfordert, dass das Schreiben den Eindruck hervorruft, der Verbraucher habe diesen Preis gewonnen. Aus diesem Grund muss wenigstens aus den Gesamtumständen zu entnehmen sein, es habe eine irgendwie geartete Ausspielung stattgefunden.[516] Der Anspruch aus § 661a BGB erstreckt sich auf den gesamten zugesagten Gewinn. Eine Verrechnung mit einer eventuell vorzunehmenden Bestellung ist nicht vorgesehen und hat demnach zu unterbleiben.[517] Auch an die Bestimmtheit des Preises sind keine hohen Anforderungen zu knüpfen.[518] Ausreichend ist es, wenn die Ankündigung hinreichend genau ist, dass aus Sicht des Empfängers der Gewinnzusage der Gegenstand bestimmt werden kann.[519] Häufig versprechen Gewinnzusagen dem Empfänger, er sei einer von mehreren Gewinnern von Barpreisen in einem bezeichneten Wert. Bei einer solchen fehlenden Nennung des Gewinnumfanges soll nach einer Ansicht die Zahl der „Mitgewinner" auf zehn zu beschränken sein.[520] Hier drängt sich der Gedanke auf, dieser Wert sei aus der Luft gegriffen. Tatsächlich muss man sich an die bestehenden Auslegungsregeln halten. Hier gilt vor allem: *„ambiguitas contra stipulatorem est"* - „Im Zweifel zu Lasten des Versenders" (sog. Unklarheitenregel). Unter Zugrundelegung dieser Regel favorisierte die österreichische Rechtsprechung bei der Auslegung von Gewinnzusagen stets die ungünstigste Auslegungsvariante.[521] Die auf *Celsus* zurückgehende Auslegungsregel kannte bereits das römische Recht. Dieses kannte darüber hinaus eine Abwandlung für einseitig verpflichtende Verträge. Man nahm hier an, der Verpflichtete wolle sich im Zweifel nur die leichtere der möglichen Verpflichtungen auferlegen, was Ausfluss der römischrechtlichen Regel *donatio non praesumitur* entspricht.[522] Im österreichischen Recht hat diese Regel ihren Niederschlag in § 915, 2. Alt gefunden, sie wird aber erstaunlicher Weise auf §

---

[515] *Schneider* BB 2002, 1653 (1654).
[516] *Schneider* BB 2002, 1653 (1654).
[517] *Schneider* BB 2002, 1653 (1654); AG Cloppenburg, NJW-RR 2001, 1274f.
[518] *Timme*, JuS 2003, 638 (641).
[519] *Schneider* BB 2002, 1653 (1654); Palandt, *Sprau*, § 661a Rn. 2; MK, *Seiler*, 2005, § 661a BGB, Rn. 5
[520] Erman, *Ehmann*, BGB, 2004, § 661a BGB, Rn. 2.
[521] ÖstGH, Entscheidung vom 10. 02. 2004, 10 Ob 1/04a; ÖstOGH, Entscheidung vom 01. 07. 2003, 1 Ob 118/03i.
[522] *Barta*, Zivilrecht, 2004, Seite 732.

5j KSchG nicht angewendet. Das deutsche Recht kennt keine entsprechende Einschränkung der Unklarheitenregel. Deswegen hat es hier bei der für den Versender ungünstigsten Auslegung zu bleiben.[523] Dies entspricht einmal der konkreten Gestalt des § 661a BGB als Vertrag. Der Vertrag ist das Ergebnis einer Vertragsverhandlung, bei der sein Inhalt durch die beiden Vertragsparteien gleichermaßen festgelegt wird. Dabei hat der Erklärende es in der Hand, Zweifel entstehen zu lassen oder diese auszuräumen. Auch tragen die Formvorschriften, welche das deutsche Recht für die Schenkung vorsieht, den Interessen des Schenkers hinreichend Rechnung. Zusätzlich wird im geschäftlichen Rechtsverkehr das Vertrauensschutzprinzip und das Bedürfnis nach Verkehrsschutz, wie ein Blick in das Handelsgesetzbuch zeigt, ohnehin stärker geschützt.[524] Dabei beeinflusst die günstige Wirkung des § 661a BGB den Empfängerhorizont zusätzlich positiv dahin gehend, dass der Verbraucher regelmäßig von einer Verbindlichkeit der Gewinnzusage ausgehen kann.[525] Diese Erwartungshaltung muss auch bei der Frage der Höhe des Preises Ausschlag geben. Ein anderer Fall ist derjenige, bei dem dem Verbraucher mehrere Gewinne zur Wahl gestellt werden. Hierbei handelt es sich um ein echtes Wahlrecht.[526]

II Auflagen

Wie einleitend festgestellt ist die Gewinnzusage für den Unternehmer sowohl dann verpflichtend, wenn sie isoliert abgegeben wird (sog. isolierte Gewinnzusage), als auch dann, wenn der Empfänger in der Zusage verpflichtet wird, seinerseits eine Handlung vorzunehmen (sog. geschäftsakzessorische Gewinnzusage).[527] Die rechtliche Einordnung der Verpflichtung des Empfängers in der geschäftsakzessorischen Gewinnzusage ist erneut sehr umstritten. Die italienische Rechtsprechung ging bei ihren Entscheidungen davon aus, eine etwa erforderliche Bestellung sei Potestativbedingung, also eine im Verhalten einer Partei stehende Willkürbedingung der versprochenen Leistung.[528] Diese Ansicht ist jedoch vor dem Hintergrund zu sehen, dass das italienische Recht die Annahme des Vorliegens einer Schenkung bei Gewinnzusagen wegen des erforderlichen *animus donandi* nicht erlaubt. In Deutschland stellt die Gewinnzusage einen Unterfall der Schenkung dar. Daher entstehen die Ansprüche aus der Gewinnzusa-

---

[523] Erman, *Ehmann*, § 661a BGB, Rn. 2; Staudinger, *Bergmann*, BGB (2006), § 661a BGB, Rn. 29, 43.
[524] *Fuchs*, Das kaufmännische Bestätigungsschreiben, Dissertation, 1998, Seite 8.
[525] so auch Staudinger, *Bergmann*, BGB (2006), § 661a BGB, Rn. 30; a. A. MK, *Seiler*, 2005, § 661a BGB, Rn. 10.
[526] OLG Stuttgart, NJW-RR 2004, 1063; Palandt, *Sprau*, § 661a Rn. 3.
[527] Palandt, *Sprau*, § 661a Rn. 2.
[528] Tribunale di Roma, VuR 1996, 135 (136) = Foro Italiano 1995 1 I 1355 ((1359) – *Caparesi/Postalmarket*.

ge unabhängig von den in der Zusage gestellten Anforderungen entstehen.[529] Dies hat zugleich zur Folge, dass Verpflichtungen, welche der Zusagende dem Empfänger im Fall der geschäftsakzessorischen Gewinnzusage auferlegt, Auflagen im Sinne des § 525 I BGB sind. Aus diesem Grund kann der Unternehmer, wie es sich schon aus § 525 I BGB ergibt, vom Verbraucher die Erfüllung der Auflage verlangen.[530]

III Nebenpflichten des Schenkenden und des Beschenkten

Neben dem Anspruch aus §§ 518, 661a BGB bestehen die herkömmlichen, schuldrechtlichen Ansprüche. Insbesondere kann der Verbraucher alle Kosten als Sekundäranspruch nach §§ 280ff BGB geltend machen, die ihm infolge der Weigerung des Unternehmers, seinen Verpflichtungen aus der Gewinnzusage nachzukommen, entstandenen sind.[531] Eine Haftungsverschärfung sieht § 661a BGB nicht vor.[532] Im Gegenteil findet § 521 BGB Anwendung, mit der Folge dass der Schenker nur für grobe Fahrlässigkeit und Vorsatz haftet.
§§ 528ff BGB halten für den Schenkenden besondere Vorschriften bereit, die grundsätzlich auch auf die Gewinnschenkung Anwendung finden..[533] Dieser kann daher demnach sein Geschenk wegen Verarmung zurückverlangen. § 528 BGB findet jedoch dann keine Anwendung, wenn der Schenkende seine Verarmung vorsätzlich herbeigeführt hat. Dies wird bei der Gewinnzusage regelmäßig der Fall sein, wenn der Unternehmer versucht, sich auf § 528 BGB zu berufen.[534]

E) Verjährung

Da die Gewinnzusage als Anspruch des Verbrauchers im BGB geregelt ist, finden die allgemeinen Vorschriften zu Verjährung, §§ 195ff BGB, Anwendung. Das heißt, der Anspruch verjährt in drei Jahren ab Begründung der Gewinn-

---

[529] OLG Dresden, IPrax 2002, 421 (424) = VuR 2002, 187 (189); *Braun*, VuR 2003, 214 (216); *Fetsch*, RiW 2002, 936 (943); *Lorenz*, IPrax 2002, 192 (196); *Schäfer*, JZ 2005, 981 (982); *Schneider* BB 2002, 1653 (1654); Erman, *Ehmann*, BGB, 2004, § 661a BGB, Rn. 2; MK, *Seiler*, 2005, § 661a BGB, Rn. 7.
[530] wohl auch OLG Stuttgart, VuR 2004, 151 (153); unter dem Gesichtspunkt der Auslobung als Anspruchsvoraussetzung OLG Nürnberg, IPrax 2003, 54 (55) = NJW 2002, 3637 (3638).
[531] *Lorenz*, NJW 2000, 3305 (3306).
[532] Staudinger, *Bergmann*, BGB (2006), § 661a BGB, Rn. 52.
[533] ablehnend: Erman, *Ehmann*, BGB, 2004, § 661a BGB, Rn. 3; für eine analoge Anwendung: MK, *Seiler*, 2005, § 661a BGB, Rn. 15.
[534] *Bornemann*, VuR 2004, 434 (439).

schenkung.[535] Da das BGB einen ausreichenden Katalog an Verjährungsvorschriften bereithält, scheidet eine analoge Anwendung der Verjährungsregeln des UWG, wie sie vereinzelt angenommen wird,[536] in Ermangelung einer Regelungslücke aus.

F) Beweislast

Für den Anwender von besonderer Relevanz ist die Frage der Beweislast. Dabei gilt grundsätzlich der zivilprozessuale Grundsatz, dass derjenige, der einen Anspruch geltend macht, das Vorliegen der Tatbestandsvoraussetzungen zu beweisen hat. Für § 661a BGB bedeutet das, dass derjenige, welcher sich auf die Gewinnzusage beruft, deren Voraussetzungen beweisen muss.[537] Die Instanzgerichte haben allerdings in dem Fall, dass der Richter zur Überzeugung gekommen ist, ein Unternehmen sei Absender einer Gewinnzusage, die Beweisfrage in der Weise verändert, dass das bloße Bestreiten dieser Tatsache durch das Unternehmen nicht ausreicht.[538] Dies trägt dem Bedürfnis Rechnung, welches daraus entsteht, dass dem Verbraucher ein Einblick in die internen Unternehmensabläufe nicht möglich ist.

G) Verfassungsmäßigkeit

Schon als § 661a noch in der Entstehung begriffen war, äußerte der Bundesrat Bedenken wegen dessen einschneidender Rechtsfolgen.[539] Die Bedenken gingen vor allem in zwei Richtungen. Einmal befürchtete man, § 661a BGB verstoße gegen die Garantien des Art 103 GG. Zudem wurde aber wegen der als einschneidend empfundenen Folgen auch eine Verfassungswidrigkeit wegen Eingriffs in die allgemeine Handlungsfreiheit angenommen. Die Vorwürfe sind erneut das Resultat einer Unsicherheit, die sich daraus ergibt, dass die Rechtsnatur des § 661a BGB bisher unklar ist. Durch die Verortung des § 661a BGB als Formvorschrift lassen sich jedoch alle Vorwürfe in Fragen der Verfassungsmäßigkeit entkräften.

---

535 MK, *Seiler*, 2005, § 661a BGB, Rn. 14.
536 *Wied*, Gewinnversprechen von Versandfirmen, Dissertation, 2003, Seite 91ff.
537 MK, *Seiler*, 2005, § 661a BGB, Rn. 18.
538 BGHZ 120, 1 (4f); LG Wuppertal, VuR 2001, 387 (388) = NJW-RR 2001, 1275 (1276); AG Rudolstadt NJW-RR 2002, 1631 (1632); zustimmend *Bornemann*, VuR 2004, 434 (440).
539 BTDrucks 14/2920, S. 7

I Verstoß gegen die Prinzipien des Art 103 GG

Noch heute geht eine vereinzelte Stimme in der Literatur davon aus, § 661a BGB widerspreche dem Schuldprinzip des Art 103 GG. Ausgangspunkt ist dabei die Feststellung, auch wenn der Staat bei Gewinnzusagen die Sanktion rechtlich missbilligter Verhaltensweisen Privaten überlasse, handele es sich in der Sache um eine Strafnorm.[540] Dabei sei die Tatsache, dass sich der Staat zur Bestrafung des § 661a bediene, einer zivilrechtlichen Vorschrift also, besonders verwerflich. So könne der Unternehmer verschuldensunabhängig, gegebenenfalls durch Nichtbestreiten oder sogar durch ein Säumnisurteil, zur „Strafe" geführt werden.[541] Dieses Argument wäre dann richtig, wenn § 661a BGB tatsächlich eine Strafnorm wäre, was aber unabhängig von der dogmatischen Einordnung des § 661a BGB nicht der Fall ist.[542] Als der BGH sich mit der Frage zu beschäftigen hatte, unterschied er die Strafe im klassischen Sinne von der Sanktion. Dabei unterfällt allein die Strafe im klassischen Sinne Art 103 GG.
Als Strafe bezeichnete der BGH jede hoheitliche Missbilligung und Übelszufügung.[543] Strafe zeichnet sich durch zwei wesentliche Aspekte aus, welche eine Anwendung des Art 103 GG erforderlich machen, nämlich die von einer öffentlichen Strafe ausgehende Stigmatisierungswirkung, die sich unter anderem in der Registerpflicht äußert, sowie die Möglichkeit, Freiheitsentzug anzuordnen, der tief in das Persönlichkeitsrecht eingreift.[544] Als Gesetz ist § 661a BGB eine hoheitliche Maßnahme. Der Vorwurf, die Vorschrift habe Strafcharakter, scheitert aber zum einen daran, dass von § 661a BGB keine Stigmatisierungswirkung ausgeht. Es gibt kein „Gewinnzusagenregister", von dem eine Stigmatisierungswirkung ausgeht. Gerade das lässt Zweifel aufkommen, ob das bürgerliche Recht zur Verfolgung von Strafzwecken überhaupt in der Lage ist.[545] Zum anderen ordnet die Norm auch keinen den Strafcharaktervorwurf rechtfertigenden Freiheitsentzug an. Der Europäische Gerichtshof ist bei der Frage, ob eine Strafe vorliegt, sogar noch strenger. Er. Unter europäischen Gesichtspunkten fehlt es bereits an einer hoheitlichen Maßnahme. Hierfür forderte der Europäische Gerichtshof bereits im Jahr 1980, dass einmal der Ursprung des Anspruchs öffentlich-rechtlich ist.[546] Außerdem kommt nach seiner Rechtsprechung eine Strafe

---

[540] *Schneider* BB 2003, 2534.
[541] *Schneider* BB 2002, 1653 (1657).
[542] *Schäfer*, JZ 2005, 981 (986); überraschenderweise auch *Schneider* BB 2002, 1653 (1656).
[543] BGH, BB 2003, 2532 = DB 2003, 2592 (2593) = NJW 2003, 3620.
[544] *Schäfer*, AcP 2002, 397 (425).
[545] verneinend *Horter*, Strafgedanke, Dissertation, 2003, Seite 198.
[546] EuGH-Entscheidung vom 16. 12. 1980 - *Niederlande/Hüffer*; *Kropholler*, 8. Aufl. 2005, Art 1 Rn. 6.

nur dann in Betracht, wenn die Rechtsfolge einseitig festgesetzt wird.[547] Das Wesen der Strafe ist es demnach, dass dem Bestraften etwas geschieht, auf das er sobald die Voraussetzungen für die Bestrafung gegeben sind, nicht mehr beeinflussen kann. Weil es bei der Gewinnzusage an beiden Voraussetzungen fehlt, kommt nach diesen Vorgaben die Annahme, § 661a BGB könne eine Strafnorm sein, überhaupt nicht in Betracht. Jedenfalls ist die Annahme einer Verfassungswidrigkeit wegen Verstoßes gegen Art 103 GG unabhängig von den anzunehmenden Vorgaben unbegründet.

II Eingriff in die allgemeine Handlungsfreiheit

Die Bedenken des Bundesrates gingen aber auch in eine andere Richtung, die auch in der Literatur Anklang fand. Es wurde der Vorwurf laut, § 661a BGB sei eine Sanktion, die, weil sie jedem Empfänger einer Gewinnzusage den vollen Anspruch zuspricht unverhältnismäßig in die allgemeine Handlungsfreiheit eingreife.[548] Generell ist Wesensmerkmal einer Sanktionsnorm, dass die der Restitution innewohnende Ausgleichsfunktion zugunsten einer Spezialprävention in den Hintergrund tritt.[549] Solche Sanktionen sind Gegenstand vieler zivilrechtlicher Vorschriften. Die Sanktionsfunktion kann einen so hohen Stellenwert einnehmen, dass eine Vorschrift am Ende primär den Zweck verfolgt, eine Person für ein bestimmtes Verhalten büßen zu lassen.[550] Man spricht auch vom pönalen Prinzip. Die alleinige Realisierung solcher Zwecke würde im deutschen Recht in der Tat verfassungsrechtlichen Bedenken begegnen. Hier wird der Kläger vom Staat zur Bestrafung institutionalisiert. Damit könnte ein Privatmann ohne entsprechende Qualifikationen ein an sich hoheitliches Amt ausfüllen. Allein die Verfolgung präventiver Zwecke durch eine Rechtsnorm rechtfertigt hingegen nicht bereits die Annahme, das pönale Prinzip habe in das deutsche Zivilrecht Einzug erhalten.[551] Eine solche Befürchtung wäre auch verspätet.[552]

---

[547] EuGH-Urteil vom 14. 10. 1976 - Rs. 29/76 in Slg. 1976, 1541 = NJW 1977, 489 (490) - *Eurocontrol*; *Kropholler*, 8. Aufl., 2005, Art 1 Rn. 7.

[548] *Fetsch*, RiW 2002, 936 (941); *Schneider* BB 2002, 1653 (1657); ders., BB 2003, 2534 (2535).

[549] *Schäfer*, AcP 2002, 397 (422); ähnlich BVerfGE 34, 269 (285f).

[550] *Schäfer*, AcP 2002, 397 (421).

[551] *Schäfer*, AcP 2002, 397 (427f).

[552] *Mörsdorf-Schulte*, ZVglRWiss, 104 (2005), 192 (207f); *Stoll*, Haftungsfolgen im Bürgerlichen Recht, S. 194, 199.

1) Restitution

Das Zivilrecht dient in seiner ursprünglichen Form der Restitution. Dieser Gedanke hat sich in ganz Europa durchgesetzt, wo er, wie ein Blick auf Art 10/101 S. 1 PETL zeigt, bis heute gilt.[553] Dort heißt es:

> *„Schadensersatz ist die Geldzahlung zur Kompensation des Opfers, d.h., soweit dies mit Geldzahlungen möglich ist, zur Wiederherstellung des Zustands wie er ohne die schädigende Handlung stünde."*

In bestimmten Fällen wird im deutschen Handelsrecht auch die abstrakte Schadenspauschalisierung in der Weise eingesetzt, dass dem Unternehmer ein Ersatzanspruch in der Höhe zugesprochen wird, wie sein zu erwartender Gewinn war.[554] Ein solche Vorgehen wird in Art 76 CISG, sowie von Art 9:507 PECL gebilligt.[555] Doch auch diese Art von Schadensersatz hat die Restitution im Auge. Daneben gibt es ein Bedürfnis nach Schadensersatz auch in Bereichen, in welchen dieser nicht in Mark und Pfennig messbar ist.[556] Das ist vor allem bei Schmerzensgeld der Fall, § 253 II BGB, sowie bei Verletzungen des Persönlichkeitsrechts, für deren Begründung das Bundesverfassungsgericht den damaligen § 847 BGB, welcher heute in § 253 II weiterlebt, analog heranzog.[557] Bei solchen Nichtvermögensschäden besteht der restitutiorische Gehalt naturgemäß eher in einer Genugtuung des Opfers als in einer Wiedergutmachung.[558] Dennoch haben auch diese Formen der Entschädigung einen Restitutionscharakter, weil auch die Wiedergutmachung die Wiederherstellung des früheren Zustandes bezweckt. Wie zur Frage der Einordnung des § 661a BGB als Schadensersatzanspruch[559] ausführlich ausgeführt, fehlt es bei § 661a BGB an einem beim Verbraucher eingetretenen Schaden. Der zugesprochene Preis kann daher auch keinen entstandenen Schaden ersetzen.

2) Sanktion

Das Gegenteil zur Restitution ist die Sanktion. Anders als im Fall der Restitution steht hinter dem Begriff der Sanktion stets so genannte Tallionsgedanke. Der

---

[553] *Jansen*, JZ 2005, 160 (162f); BVerfGE 34, 269.

[554] BGHZ 2, 310 (313); BGHZ 62, 103 (105f); BGH, NJW 1988, 2234; *Jansen*, JZ 2005, 160 (164).

[555] *Jansen*, JZ 2005, 160 (164).

[556] *Jansen*, JZ 2005, 160 (163, 170); BVerfGE 34, 269 (270).

[557] BVerfGE 34, 269 (273).

[558] BVerfGE 34, 269 (274; 277).

[559] vgl. oben, Seite 49ff.

Täter soll das gleiche Übel erleiden, wie der Verletzte.[560] Es geht damit um die eingangs beschriebene Bußfunktion. Ein bekanntes Beispiel hierfür ist der amerikanische Strafschadensersatz, die so genannten *punitive damages*. Diese stehen als *general damages* selbstständig neben den *special damages*, zu denen die Ersatzansprüche wegen der aufgrund der Klage entstandenen Kosten (sog. „*compensatory damages*") und Schmerzensgeldansprüche (sog. „*damages for pain and suffering*") zählen.[561] Die Funktionen der *punitive damages* sind gleichermaßen die Bestrafung wie auch die Abschreckung.[562] Der Strafschadensersatz zielt außerdem auf eine Belohnung der Opfer, die sich für die Rechtsordnung einsetzen, und er dient so der Ergänzung der sozialen Absicherung und bisweilen auch der Gewinnabschöpfung.[563] Die Verhängung eines solchen Strafschadensersatzes rechtfertigt sich durch einen gesteigerten Schuldvorwurf, und die Bemessung der Höhe liegt im Ermessen des Gerichts.[564] Der Schadensfall ist bloß Anlass dafür, über die Frage der Verwerflichkeit des schädigenden Verhaltens zu urteilen.[565]

3) Mischformen

Der Sanktionsgedanke ist auch dem deutschen Zivilrecht vertraut. Viele Vorschriften verfolgen neben restitutiven Zwecken auch präventive. Zur Verfolgung eines Präventionszwecks werden Sanktion und Restitution kombiniert. In diesen Fällen gibt das Verfassungsrecht vor, dass die angeordnete Sanktion nicht unverhältnismäßig sein darf. Im deutschen Zivilrecht finden sich Sanktionen in § 817 S. 2 BGB oder (als zivilrechtliche Sanktion wettbewerbswidrigen Verhaltens) § 13a des vor dem 03.07.2004 geltenden UWG.[566] In § 817 S. 2 wird dem unlauter Handelnden der Rechtsschutz vollkommen versagt,[567] worin sich das pönale Prinzip äußert, genauso wie bei der Entschädigung wegen geschlechtlicher Diskriminierung, § 611a BGB, der Verzugszinsregelung, § 288 BGB. Auch § 241a BGB sanktioniert, indem er nämlich die Vindikation unbestellt zugesandter Güter ausschließt,[568] Genauso §§ 656 II, 762 II BGB,[569] deren Verein-

---

[560] *Kaser,* Römisches Privatrecht, 3. Teil, 3. Bd., 2. Abschn., 1975, § 271 I 2.
[561] BGHZ 118, 312; *vBar*, Gemeineuropäisches Deliktsrecht Bd. II, 1999, Rn. 3.
[562] BGHZ 118, 312 (339, 341); *Mörsdorf-Schulte*, ZVglRWiss, 104 (2005), 192 (221, dort vor allem Fn. 130, 226f); *Stanton*, The Modern Law of Tort, Seite 148.
[563] BGHZ 118, 312 (335); *Schäfer*, AcP 2002, 397 (430); Stanton, The Modern Law of Tort, Seite 144f., 148.
[564] BGH, BB 2003, 2632; BGHZ 118, 312 (335f, 343); *Wilkes v. Wood*, 98 Eng. Rep. 489 (C. P. 1763); *Mörsdorf-Schulte*, ZVglRWiss, 104 (2005), 192 (229, 234, 246f).
[565] BGHZ 118, 312 (335); *Mörsdorf-Schulte*, ZVglRWiss, 104 (2005), 192 (230).
[566] *Lorenz*, FS W. Lorenz, 1991, Seite 191 (200).
[567] *Horter*, Strafgedanke, Dissertation, 2003, Seite 36f; *Lorenz*, FS W. Lorenz, 1991, Seite 191 (201).
[568] *Lorenz*, FS W. Lorenz, 1991, Seite 191 (203); *Schäfer*, AcP 2002, 397 (428f).

barkeit mit Art 14 GG heute nicht mehr in Zweifel gezogen wird.[570] Der bereits erwähnte Anspruch auf Schmerzensgeld[571] und der Schadensersatz wegen Verletzung des allgemeinen Persönlichkeitsrechts enthalten nach vielfach vertretener Ansicht ebenfalls einen Sanktionscharakter.[572] Tatsächlich geht ein gewisser präventiver Sanktionscharakter von allen vertraglichen Ansprüchen aus. Hier wird dem Vertragsbrüchigen jedes Mal aufs Neue gezeigt, dass sich ein Vertragsbruch nicht lohnt. Ein Beispiel ist auch die Obliegenheit, die, nach einer älteren Definition, eine Pflicht minderer Sanktion sein soll.[573] Sie zeichnet sich dadurch aus, dass, anders als bei der Pflicht, einer Befolgung weder wünschenswert noch die Nichtbefolgung rechtswidrig ist.[574] Wer einer Obliegenheit nicht nachkommt, der schädigt sich selbst. Darin liegt die Nähe zur Sanktion. Im Vertragsrecht sind die Obliegenheiten vor allem dem Recht der Willenserklärungen zuzuordnen. Wer etwas unvollkommen oder undeutlich erklärt, riskiert, falsch verstanden zu werden. Und wer etwas entgegen einer bestehenden Erklärungsobliegenheit verschweigt, der muss sich so behandeln lassen, als sei die entsprechende Tatsache erklärt.[575] Mit der Verletzung einer Obliegenheit, sich zu erklären, wird der Vertrag entsprechend modifiziert. Das Gesetz stellt damit durch die Statuierung einer Obliegenheit einen bestimmten Sachverhalt einer Erklärung gleich.[576] Zugleich greift die Obligation aber nicht willkürlich ein. Es ist zwar eine Nichthandlung, welche letztendlich zu einer Schädigung dessen führt, der die Obligation nicht befolgt hat. Gerade bei solchen Obliegenheiten, welche die Bedeutung einer Erklärung im Rechtsverkehr zum Gegenstand haben, hat es der Erklärende selbst in der Hand, die Höhe seiner "Sanktion" festzulegen. Aus diesem Grund ist bei solchen Rechtsfiguren der Eingriff in das Persönlichkeitsrecht gering. Dies hat ein Teil der österreichischen Literatur im Hinterkopf, wenn er ausführt, bei der Vergleichsvorschrift § 5j KSchG, ginge es darum, den Unternehmer zum genauen und unzweideutigen Formulieren zu zwingen.[577] Dass die Obliegenheit im Bürgerlichen Gesetzbuch der Regelfall ist, wird deutlich, wenn man in § 663 blickt, in dem die entsprechende Rechtsfolge aus der Erklärungsobliegenheit ausnahmsweise ausgeschlossen wird.[578]

---

[569] *Benedict*, RabelsZ, 69 (2005), 1 (45).
[570] *Lorenz*, FS W. Lorenz, 1991, Seite 191 (199); *Schmidt-Räntsch*, VuR 2000, 427 (433).
[571] *Schäfer*, AcP 2002, 397 (428); ablehnend *Horter*, Strafgedanke, Dissertation, 2003, Seite 195f.
[572] BVerfGE 34, 269 (275).
[573] *Schmidt*, Obliegenheiten, Seite 104, 315; *Deutsch*, Fahrlässigkeit und erforderliche Sorgfalt, Habilitation, 1963, Seite 59; krit. : *Hanau*, AcP 165 (1965), 220 (238).
[574] *Hanau*, AcP 165 (1965), 220 (239).
[575] RG LZ 1913, 550f; *Deschler*, Handelsregisterpublizität, Dissertation, 1977, Seite 158.
[576] *Nickel*, Die Erklärungsfiktion, Dissertation, 1996, Seite 87, 139.
[577] *Faber*, wbl 2004, 553 (560).
[578] *Hanau*, AcP 165 (1965), 220 (244).

Im römischen Recht wurden Geldforderungen, welche die Kompensationsansprüche und die Strafe in sich vereinigten, unter dem Begriff der *actiones mixtas* geführt.[579] Auch die *Principles of European Tort Law* in Art 10/102 erkennen: „*damages also serve the aim of preventing harm.*"[580] Solche gemischten Ansprüche kennt auch die europäische Rechtsprechung. In Einzelfällen spricht sie bei vorsätzlichem Handeln aus Gründen der Genugtuung eine höhere Entschädigung zu.[581] Hier wird neben dem Schaden selbst auch die Schuld zum Anknüpfungspunkt des Anspruchs. Beispiele aus der deutschen Rechtsprechung sind vor allem die GEMA-Rechtsprechung,[582] wo die doppelte Lizenzgebühr verlangt wurde, ebenso wie die Caroline-von-Monaco-Entscheidung.[583] Bei solchen Mischformen ist der die Kompensation übersteigende Anteil des Anspruchs Gegenstand verfassungsrechtlicher Kontrolle.[584]

4) Einordnung des § 661a BGB

§ 661a BGB wird unterstellt, er sei Ausfluss deliktsrechtlicher Erwägungen, er bediene sich aber vertraglicher Formen, weshalb man ihn zumindest in die Nähe eines Strafschadensersatzes rücken könne.[585] § 661a BGB wohnt allerdings nicht einmal ein über die Pflicht minderer Sanktion hinaus gehender Sanktionsgedanke inne. § 661a BGB geht es um eine teleologische Reduktion zivilrechtlicher Schutzvorschriften, um eine Neutralisierung von im Vertragsrecht angelegten Täuschungspotenzialen.[586] Die rechtliche Verbindlichkeit einer Erklärung wird schlicht wieder hergestellt. Anders als bei den *actiones mixtas* muss der Unternehmer bei der Gewinnzusage nur genau das halten, was er verspricht. Dies wird auch darin deutlich, dass der Unternehmer nicht einen festen Betrag an den Staat zu zahlen hat, sondern er die Höhe der Sanktion durch die Festlegung der Höhe des Gewinns und die Zahl der verschickten Zusagen selbst festlegt. § 661a BGB verbietet dem Unternehmer dabei aber nicht die Versendung von Gewinnzusagen. Der Unternehmer kann den Umfang seiner Entscheidung genau abschätzen, weil angesichts der eindeutigen Regelung des § 661a BGB absehbar ist, wie vie-

---

[579] *Kaser*, Römisches Privatrecht, 3. Teil, 3. Bd., 2. Abschn., 1975, § 271 II 3; *Liebs*, S. 204.
[580] http://civil. udg. es/tort/principles/text. htm.
[581] BVerfGE 34, 269 (275); BGHZ 128, 117 (120ff, 123); BGH, NJW 1996, 1591; *Jansen*, JZ 2005, 160 (169); *Stoll*, Haftungsfolgen im Bürgerlichen Recht, S. 199, 294; vgl auch Art 17 I (a) des Kommissionsvorschlages: KOM (2003) 46 endg. .
[582] BGHZ 17, 376; BGHZ 59, 286.
[583] BGH, NJW 1995, 861 (865).
[584] BVerfGE 34, 269 (285f).
[585] *Simons*, EuLF 2003, 43.
[586] *Bornemann*, VuR 2004, 434 (436); Staudinger, *Bergmann*, BGB (2006), § 661a BGB Rn. 3, 16; deutlich insoweit Regierungsvorlage BlgNr 1998 XX GP, abrufbar unter http://www. parlament. gv. at/pls/portal/Url/page/PG/DE/XX/I/I_0198/.

le Verbraucher Ansprüche geltend machen können.[587] Es kann nur genau so viele Ansprüche geben, wie Gewinnzusagen versandt wurden. Außerdem zwingt ihn das Gesetz dazu, von der Möglichkeit, Gewinnmitteilungen zu versenden, Gebrauch zu machen. Damit enthält der Tatbestand aber tatsächlich keine Sanktion, sondern es wird lediglich eine Personengruppe, welche des Schutzes des § 518 BGB nicht bedarf, die Möglichkeit eingeräumt, sich in Schriftform zu erklären. Die Zivilrechtsordnung basiert auf der Durchsetzbarkeit von Verträgen.[588] Ein derartiger Eingriff in die allgemeine Handlungsfreiheit (so er denn vorliegt) wäre daher in jedem Fall aus Gründen des Schutzes des Rechtsverkehrs gerechtfertigt.

III Zwischenergebnis

Das Bundesverfassungsgericht hat sich zu recht geweigert, die Frage der Verfassungsmäßigkeit des § 661a BGB anzunehmen, da es die Norm für nicht zu beanstanden hält.[589] § 661a BGB lässt die schriftliche Erklärung der Schenkung eines Unternehmers an einen Verbraucher zu. Aufgrund der vertraglichen Einordnung ist weder der Bestimmtheitsgrundsatz, Art 103 II GG, oder das Verbot der Doppelbestrafung, Art 103 III GG, noch das Schuldprinzip oder der Grundsatz der verhältnismäßigen Bestrafung einschlägig.[590] Das verfassungsrechtliche Übermaßverbot findet schlichtweg keine Anwendung.[591] Zu demselben Ergebnis gelangte auch der österreichische Verfassungsgerichtshof bei der Beurteilung der österreichischen Parallelvorschrift, § 5j ösKSchG, die mit vergleichbaren Vorwürfen zu kämpfen hatte,[592] und die österreichische Literatur ist dem Verfassungsgerichtshof in diesem Punkt gefolgt.[593]

H) Zusammenfassung der Folgen einer rechtlichen Einordnung als Schenkung

§ 661a BGB lässt sich ohne größere Schwierigkeiten im Schenkungsrecht ansiedeln. Alle anderen dogmatischen Einordnungsversuche scheitern. Die Erfassung als Teil des Wettbewerbsrechts scheitert daran, dass § 661a BGB in keinem

---

[587] BGH, BB 2003, 2632; a. A. *Schneider* BB 2002, 1653 (1657).
[588] *Mankowski*, EWiR 2004, 275.
[589] BVerfG, NJW 2004, 762.
[590] BGH, ZIP 2004, 37 = BB 2003, 2532 = DB 2003, 2592 (2593) = NJW 2003, 3620; *Mankowski*, EWiR 2004, 275 = BB 2003, 2632 (2533f).
[591] *Felke/Jordans*, IPrax 2004, 409 (410, dort Fn. 11); *Häcker*, ZVglRWiss 103 (2004), 464 (483); BGH, BB 2003, 2632 (2633).
[592] ÖstVfGH, ÖstAnwBl 2005, 525.
[593] *Faber*, wbl 2004, 553 (555); *Jud*, ÖJZ 2004, 241 (243).

Punkt eine Wettbewerbswidrigkeit der Zusage voraussetzt. Eine Regelung über das Deliktsrecht lässt sich dogmatisch nicht halten, weil bei § 661a BGB ein Schaden niemals entstehen kann. Zudem lässt sich ein zu schutzwürdiges Rechtsgut nicht finden, welches die Vorschrift, wenn man sie im deliktischen Schuldrecht einzuordnen versucht, schützen soll. An diesem Punkt scheitert auch der Versuch, § 661a BGB als einen Fall vorvertraglicher Vertrauenshaftung anzusehen. Dieser Ansatz ist darüber hinaus aber auch deswegen nicht haltbar, weil sich die Gewinnzusage in der gesetzlichen Normierung nicht als Annex des in Aussicht genommenen Rechtsgeschäfts darstellt. Der Ansatz, in § 661a BGB einen Fall des zurechenbar gesetzten Rechtsscheins zu sehen, verbietet sich, weil der Rechtsschein in der zivilen Rechtsordnung herangezogen wird, um die Anwendbarkeit einer Vorschrift herbeizuführen, welche das Recht bereit hält. Wollte man § 661a BGB diesen Weg gehen, so käme man bei der Suche nach Anspruchsgrundlagen zum Schenkungsrecht. Bei diesem würde nach derzeitigem Recht eine durch ein Schriftstück, welches nicht notariell beurkundet ist, wegen § 518 I BGB keine Rechtsfolgen herbeiführen. Ein Rückgriff auf die Rechtsfigur der geschäftsähnlichen Erklärung verbietet sich ebenfalls: Die Zusage des Unternehmers ist mehr als eine einem Geschäft ähnliche Erklärung - sie ist eine Willenserklärung. Tatsächlich ist die Gewinnzusage im Schenkungsrecht anzusiedeln. § 661a BGB ist eine Ausnahme zur Formvorschrift des § 518 BGB. Auf die Gewinnschenkung finden die allgemeinen für die Bestimmung des Inhalts eines Rechtsgeschäfts geltenden Vorschriften Anwendung. Ihre Anwendung ermöglicht es in vielen Fällen, einen Anspruch des Verbrauchers zu begründen. Allerdings müssen bei einer derartigen Einordnung gesetzlich festgeschriebene Zugriffsbeschränkungen, wie sie beispielsweise das GmbH-Recht bereit hält, beachtet werden. Führt man sich erneut vor Augen, dass sich ein besonderes, durch die Vorschriften zur Gewinnzusage geschütztes Rechtsgut, welches über den Verbraucherschutz und gegebenenfalls den Wettbewerb hinaus geht, nicht finden lässt, so ist das gefundene Ergebnis nicht nur vertretbar sondern sogar zwingend. Es besteht kein Grund, von den geltenden Vorschriften des BGB in anderen als den bisher vorgesehenen Fällen abzuweichen. Tatsächlich hebt diese Einordnung die Gewinnzusage nur aus dem Graubereich heraus, der es ermöglichte, bei der Beurteilung der Gewinnzusagen Willkür walten zu lassen. § 661a BGB ermöglicht als Formvorschrift die Begründung eines schenkungsrechtlichen Anspruches. Damit muss sich der Verbraucher mit den Ansprüchen eines Schenkers zufrieden geben.

Viertes Kapitel: Einordnung in das System von EuGVÜ und EuGVVO

Die Zahl grenzüberschreitender Verbraucherverträge hat in den vergangenen Jahren zugenommen, was auch in einer größeren Zahl grenzüberschreitender Verbraucherrechtsstreitigkeiten resultierte.[594] In Fällen, welche einen Auslandsbezug aufweisen, stellt sich stets die Frage, welches Gericht zur Entscheidung über die Sache berufen ist. Grundsätzlich folgt die internationale Zuständigkeit der örtlichen. Daher ergibt sich prinzipiell auch die internationale Zuständigkeit für die deutschen Gerichte aus §§ 12ff ZPO.[595] Allerdings verbietet sich eine Anwendung rein nationaler Vorschriften dort, wo ein Kollisionsrecht existiert.[596] Es ist Sache des Staates, solche Abkommen zu unterzeichnen. Tut er es, ist er staatenrechtlich an ihren Inhalt gebunden. Die Begriffe der Abkommen sind dann von nationalen Rechtsordnungen losgelöst, auf rechtsvergleichender Grundlage autonom auszulegen. Nur so kann sich die volle Wirksamkeit der Abkommen optimal entfalten, was für die Vertragsstaaten und die betroffenen Personen soweit wie möglich gleiche und einheitliche Rechte und Pflichten zur Folge hat.[597] Einheitliche Rechtstexte ohne einheitliche Auslegung können keine Rechtseinheit schaffen.[598] Gerade auf dem Gebiet des Prozessrechts ist eine einheitliche Auslegung besonders wichtig, da nur so die Dopplung von Gerichts-

---

[594] *Bitterich*, VuR 2002, 155.

[595] *Häcker*, ZVglRWiss 103 (2004, 464 (467); *Staudinger*, ZEuP 2004, 767 (772); Ausn. : Zöller § 1 Rn. 8 mwN. .

[596] *Häcker*, ZVglRWiss 103 (2004, 464 (467); *Martiny*, RabelsZ 45 (1981), 427 (431); *Kropholler*, 7. Aufl, Einl. Rn. 19; *Schack*, Internationales Zivilverfahrensrecht, 2002, Rn. 86.

[597] EuGH-Urteil vom 20. 01. 2005, Rs. C-27/02 in NJW 2005, 811 (812, Rn. 33) - *Engler*; EuGH-Urteil vom 27. 09. 1988 - Rs. 189/87 in Slg. 1988, 5565 = NJW 1988, 3088 (3089) = RiW 1988, 901 = IPrax 1989, 288 Nr. 8, 19 - *Kalfelis/Schröder*; EuGH-Urteil vom 22. 03. 1983 - Rs. 34/82, in Slg. 1983, 987 = IPrax 1984, 85 (86, 87) - *Peters/ZNAV;* EuGH-Urteil vom 08. 03. 1988 - Rs. 9/87; EuGHE 1983, 987; EuGH-Urteil vom 14. 10. 1976 - Rs. 29/76 in Slg. 1976, 1541 = NJW 1977, 489 (490) - *Eurocontrol*; EuGH-Urteil vom 27. 04. 1999 - Rs. C-99/96 in EuZW 1999, 727 - *Mietz/Yachting Sneek*; EuGH-Urteil vom 19. 01. 1993 - Rs. C-89/91, Rz. 13 in Slg. 1993, I-139 = EuZW 1993, 224 (225) - *Shearson Lehmann Hutton*; EuGH-Urteil vom 17. 09. 2002, Rs. C 334/00 in EuLF 2002, 306 (307) = NJW 2002, 3159 = EuZW 2002, 655 *Tacconi/Sinto*; EuGH-Urteil vom 01. 10. 2002, Rs. C-167/00 in Slg. 2002, I-8111 = EuLF 2002, 302 (304) - *Henkel*; *Gaudemet-Tallon*, Revue Critique Droit International Privé 77 (3) 613; *Lorenz/Unberath*, IPrax 2005, 219; *Martiny*, RabelsZ 45 (1981), 427 427, 430f; 435, 444); *Reich*, ZIP 1999, 1210 (1211); OLG Nürnberg, IPrax 2003, 54 = NJW 2002, 3637 = MDR 2002, 3687?; OLG Düsseldorf, 2004, 67 (70); *Kropholler*, 6. Aufl., 1998, Art 5 EuGVÜ, Rn. 5; ders., 8. Aufl. 2005, Art 5 EuGVVO, Rn. 5, 72; ders., Das Haager Abkommen zum Schutz Minderjähriger, 1977, 22; *Schlosser*, EuGVÜ, 1996, Art 5 Rn. 3; *Rooij*, Ned Jbl. 1977, 613 (616).

[598] *Basedow*, NJW 1996, 1923; *Gaudemet-Tallon*, Revue Critique Droit International Privé 77 (3) 613 (614); *Mansel*, JZ 1991, 529 (532); *Rabel*, RabelsZ 9 [1935], 54; *Schack*, Internationales Zivilverfahrensrecht, 2002, Rn. 86.

ständen vermieden werden kann.[599] Es geht insoweit um eine von den im nationalen Recht gefundenen Ergebnissen inkongruente Rechtsfrage, wenn sich auch in weiten Bereichen Parallelen in der Beurteilung finden, die darauf zurückzuführen sind, dass das internationale Recht das Ergebnis der Feststellung allgemeiner, in allen Rechtsordnungen geltender Grundsätze ist. Es ist eine Schnittmenge vieler Rechtsordnungen, zu denen also auch das deutsche Recht gehört. Im Verhältnis zu den meisten europäischen Staaten galt bis zum 01.03.2002 das EuGVÜ, seither die EuGVVO. Die EuGVVO ist aus dem EuGVÜ hervorgegangen. Die beiden Vorschriften sind in weiten Teilen identisch. Dies gilt insbesondere für die zur Qualifikation der Gewinnzusage relevanten Normen. Zwar erfolgte eine für die vorliegende Arbeit scheinbar wesentliche Änderung in Art 13 EuGVÜ, der heute in Art 15 EuGVVO weiterlebt.[600] Trotz der sich ergebenden Änderungen lohnt es sich, bei der Frage nach dem zuständigen Gericht mit dem EuGVÜ zu beginnen. Einmal gilt gegenüber England, Dänemark und Irland noch heute das EuGVÜ.[601] Das EuGVÜ gilt überdies in Aruba, einem Gebiet, in dem der EG-Vertrag keine Geltung hat.[602] Die Auslegung des EuGVÜ geht überdies in diejenige der EuGVVO ein[603] und die Interpretation des EuGVÜ bleibt im Verhältnis zu den Staaten des Lugano-Abkommens Richtschnur.[604]

A) Qualifikation nach dem EuGVÜ

Nach der Präambel des EuGVÜ soll das Übereinkommen die internationale Zuständigkeit der Vertragsstaaten festlegen, die Anerkennung der jeweiligen gerichtlichen Entscheidungen erleichtern und ein beschleunigtes Verfahren einführen, um die Vollstreckung von Entscheidungen sicherzustellen. Diese Ziele gebieten es, soweit wie möglich zu verhindern, dass aus ein und demselben Vertrag mehrere Gerichtszuständigkeiten hergeleitet werden.[605]

---

[599] *Geimer*, NJW 1977, 492; *Lorenz*, NJW 2000, 3305 (3309); *Mankowski*, IPrax 2003, 127 (130); *Martiny*, RabelsZ 45 (1981), 427 (438); *Oberhammer*, ZZP 2004, 93 (93f); *Kropholler*, 6. Aufl. 1998, Art 5 EuGVÜ, Rn. 5; Art 15 Rn. 3; Nagel, *Gottwald*, IZPR, 2002, § 3 Rn. 39, 63.

[600] vgl. hierzu unten, Seite 124ff.

[601] *Kohler*, FS Geimer, 2002, 461 (468); *Mörsdorf-Schulte*, JZ 2005, 770 (772); *Staudinger*, JZ 2003, 852 (856); ders., ZEuP 2004, 767 (772f); *Timme*, JuS 2003, 638 (639).

[602] *Kohler*, FS Geimer, 2002, 461 (472).

[603] Erwägungsgrund 19 zur EuGVVO; *Kropholler*, 8. Aufl. 2005, Art 15, Rn. 5.

[604] BGBl 1994 II, Seite 2697; Art 1 III Brüsel-I VO; *Mörsdorf-Schulte*, JZ 2005, 770 (772); *Staudinger*, JZ 2003, 852 (856); ders., ZEuP 2004, 767 (772f); *Timme*, JuS 2003, 638 (639).

[605] EuGH-Urteil vom 6. 10. 1976 - Rs. 14/76, in NJW 1977, 490 - *Bloos. /. Bouyer*; *Staudinger*, ZEuP 2004, 767 (778).

I Systematik

Für Fragen der Zuständigkeit gibt das EuGVÜ ein zwingendes Regel-Ausnahme-Verhältnis vor. Dieses Regel-Ausnahme-Verhältnis wird noch an einigen Stellen der Arbeit wichtig werden, weshalb auf diesen Punkt näher eingegangen werden muss. Die Regel formuliert Art 2 EuGVÜ, nach dem die Klage grundsätzlich vor dem Gericht zu erfolgen hat, an dem der Beklagte seinen Wohnsitz hat („*actor sequitur forum rei*“).[606] Daneben bestehen besondere Gerichtsstände. Sie dienen dem Erfordernis der größeren Sachnähe, in Gestalt sachgerechterer Beweiserhebung und Gestaltung des Prozesses.[607] Sie sind aber vor allem Ausnahmen zu der in Art 2 EuGVÜ formulierten Regel. Dieses Verhältnis darf nicht umgekehrt werden.[608] Die wichtigsten besonderen Gerichtsstände sind der Gerichtsstand des Erfüllungsortes, Art 5 Nr. 1 EuGVÜ, der Gerichtsstand der unerlaubten Handlung, Art 5 Nr. 3 EuGVÜ, und der in Art 13 EuGVÜ geregelte Verbrauchergerichtsstand. Die Spezialgerichtsstände für deliktsrechtliche und vertragliche Ansprüche, Art 5 Nr. 3, und Nr. 1 EuGVÜ, schließen einander aus.[609] Der Verbrauchergerichtsstand des Art 13 EuGVÜ ist ein Sonderfall des Gerichtsstandes für Streitigkeiten aus dem Vertrag, den er als abschließende Regel verdrängt.[610] Wie sich aus der eingangs erwähnten Verpflichtung zu autonomen Auslegung ergibt, ist für die Frage, welcher der besonderen Gerichtsstände anzuwenden ist, unerheblich, ob das nationale Recht eines

---

606 *Lorenz*, NJW 2006, 472 (473); *Kropholler*, 8. Aufl. 2005, vor Art 5 EuGVVO, Rn. 2.

607 *Dietze/Schnichels*, EuZW 2005, 552 (556); Humberg, JR 2003, 376 (377); *Lorenz/Unberath*, IPrax 2005, 219 (221); *Martiny*, RabelsZ 45 (1981), 427 (440); *Mörsdorf-Schulte*, JZ 2005, 770 (773); *Kropholler*, 6. Aufl. 1998, Art 5 EuGVÜ, Rn. 63; *Kropholler*, 8. Aufl. 2005, Art 5 EuGVVO, Rn. 1, 5, 73.

608 *Häcker*, ZVglRWiss 103 (2004, 464 (467); *Martiny*, RabelsZ 45 (1981), 427 (440); *Staudinger*, JZ 2003, 852 (855 dort Fn. 52); EuGH-Urteil vom 20. 01. 2005, Rs. C-27/02, in NJW 2005, 811 (813, Rn. 42) - *Engler*; EuGH-Urteil vom 19. 01. 1993 - Rs. C-89/91, Rz. 14 in Slg. 1993, I-139 = EuZW 1993, 224 (225) - *Shearson Lehmann Hutton*; EuGH-Urteil vom 27. 09. 1988 - Rs. 189/87 in Slg. 1988, 5565 = NJW 1988, 3088 (3089); RiW 1988, 901 = IPrax 1989, 288 Nr. 8, 19 - *Kalfelis/Schröder*; ablehnend Geimer/Schütze, Europäisches Zivilverfahrensrecht, 2004, Art 5 Rn. 1; *Kropholler*, 8. Aufl. 2005; Vor Art 5 EuGVVO Rn. 2f.

609 EuGH-Urteil vom 17. 09. 2002, Rs. C 334/00, Rz. 21 in Slg. 2002, I-7357 = NJW 2002, 3159 = EuLF 2002, 306 = IPrax 2003, 143. *Tacconi/Sinto*; Musielak, *Weth*, EG-Verordnungen, Artikel 5 Verordnung EG Nr. 44/2001, Rn. 3; *Blobel*, VuR 2005, 164 (166); *Staudinger*, ZEuP 2004, 767 (768).

610 EuGH-Urteil vom 20. 01. 2005, Rs. C-27/02, in NJW 2005, 811 (812, Rn. 32) - *Engler*; EuGH-Urteil vom 11. 07. 2002 - Rs. C 96/00 in Slg. 2002 I 6367 = NJW 2002, 2697 (2698) = EuZW 2002, 539 = RiW 2002, 949 = IPrax 2003, 50 Nr. 36 - *Gabriel*; BGH, ZZP 2004, 87 (89); *Cour d'appel de Colmar*, ZIP 1999, 1209, 1210; *Blobel*, VuR 2005, 164 (166); *Leible*, IPrax 2003, 28 (30); *Timme*, JuS 2003, 638 (639); Geimer/Schütze, Europäisches Zivilverfahrensrecht, 1997, Art 13, Rn. 3; Musielak, *Weth*, EG-Verordnungen, Artikel 15 Verordnung EG Nr. 44/2001, Rn. 1.

Landes einen Streitgegenstand vertraglich oder deliktsrechtlich qualifiziert.[611] Die autonome Auslegung ist bei den so genannten Abgrenzungsnormen besonders wichtig.[612] Während der EuGH den vertraglichen und den deliktsrechtlichen Gerichtsstand weit auslegt, nimmt er bei Art 13 EuGVÜ eine enge Auslegung vor.[613] Eine globale Zuständigkeit für alle Fragen, wie sie § 17 GVG für das deutsche Recht vorsieht, und die es ermöglicht, dass das angerufene, zuständige Gericht den Sachverhalt umfassend unter allen Gesichtspunkten klärt,[614] gibt es nicht. Beinhaltet ein Sachverhalt mehrere Anknüpfungspunkte, so ergeben sich hieraus mehrere Gerichtsstände. In diesem Fall kann ein Auseinanderfallen der Gerichtsstände oftmals vermieden werden, wenn die Klage am Gericht des Beklagten erhoben wird.[615] Ein solches Vorgehen ist allein bei Art 16 EuGVÜ ausgeschlossen, welcher jedoch für die Fragen der Gewinnzusage keine Rolle spielt.[616]

II Die Gewinnzusage im EuGVÜ

Zweimal, in den Entscheidungen vom 20.1.2005 – Rechtssache C-27/02 - *Engler* und vom 11.7.2002 – Rechtssache C 96/00 - *Gabriel*, hatte sich der Europäische Gerichtshof mit der Gewinnzusage zu beschäftigen. In der Rechtssache *Gabriel* ging es darum, dass Herr Gabriel vom deutschen Versandhaus Schlank & Schick GmbH ein Schreiben erhielt, er habe 49.700 ATS gewonnen. Alles, was er tun müsse, um den Gewinn zu erhalten, sei, eine Bestellung zum Wert von 200 ATS abzugeben. Herr Gabriel kam der Aufforderung nach. Er erhielt die bestellten Waren im Wert von 200 ATS, doch den Preis erhielt er nicht. Der Fall ging bis zum österreichischen obersten Gerichtshof, welcher die Frage wegen Unsicherheit über die internationale Zuständigkeit dem EuGH zur Entscheidung vorlegte. Dieser entschied, weil die Gewinnzusage auf den Abschluss eines

---

[611] *Blobel*, VuR 2005, 164 (167); *Lorenz*, NJW 2002, 192 (193); *Martiny*, RabelsZ 45 (1981), 427 (443, 445); *Reich*, ZIP 1999, 1210 (1211); *Lorenz*, FS W. Lorenz, 1991, Seite 191 (207).
[612] EuGH-Urteil vom 19. 01. 1993 - Rs. C-89/91, Rz. 13 in Slg. 1993, I-139 = EuZW 1993, 224 (225) - *Shearson Lehmann Hutton*; *Martiny*, RabelsZ 45 (1981), 427 (428); *Schlosser*, EuGVÜ, 1996, Art 5 Rn. 17.
[613] EuGH-Urteil vom 20. 01. 2005, Rs. C-27/02, in NJW 2005, 811 (813, Rn. 48) - *Engler*; vgl. auch EuGH-Urteil vom 22. 03. 1983 - Rs. 34/82 in Slg. 1983, 987 = IPrax 1984, 85 (86) - *Peters/ZNAV*; zustimmend BGH, NJW 2006, 230 (231); OLG Braunschweig, NJW 2006, 161.
[614] BGH, JR 2003, 374f = NJW 2003, 828f.
[615] EuGH-Urteil vom 27. 09. 1988 - Rs. 189/87 in Slg. 1988, 5565 = NJW 1988, 3088 (3089) = RiW 1988, 901 = IPrax 1989, 288 Nr. 8, 19 - *Kalfelis/Schröder*; *Geimer* NJW 1988, 3089 (3090); *Droz*, Revue critique de Droit International Privé 1976, 120 (125); *Gottwald*, IPrax 1989, 272 (273); *Schlosser*, RiW 1988, 987 (988); *Kropholler*, 6. Aufl. 1998, Art 5 EuGVÜ, Rn. 60; ders., 8. Aufl. 2005, Art 5 EuGVVO, Rn. 25, 79.
[616] *Geimer* NJW 1988, 3089 (3090); *Gottwald*, IPrax 1989, 272 (273).

Vertrages gerichtet wäre, und weil zwischen dem abzuschließenden Vertrag und der Gewinnzusage eine enge Verbindung bestünde, sei die Gewinnzusage so zu qualifizieren, wie das Rechtsgeschäft, dessen Abschluss sie bezwecke. Da es sich bei dem intendierten Vertrag um einen Verbrauchervertrag handelte, war das österreichische Gericht zur Entscheidung berufen.[617] Damit war zwar für die Frage der Behandlung verkaufakzessorischer Gewinnzusagen Klarheit erreicht, Hinweise zu der eigentlichen Frage, wie die Gewinnzusage im System des EuGVÜ einzuordnen sei, unterblieben jedoch.
In der Rechtssache *Engler* hatte der EuGH die Frage zu entscheiden, wie die isolierte Gewinnzusage einzuordnen ist. In dem Fall ging es um die Klage von Frau Petra Engler, ebenfalls wohnhaft in Österreich, gegen die deutsche Janus-Versandhandels GmbH. Diese hatte ihr Anfang 2001 ein Schreiben zugeschickt, in welchem sie Frau Engler 455.000 ATS versprochen hatte, die sie nach Einsenden des Auszahlungsbescheides erhalten sollte. Beigefügt war ein Prospekt, in dem auf die Internetseite des Versandhandelsunternehmens verwiesen wurde. Frau Engler schickte, wie in dem Anschreiben der Janus-GmbH verlangt, den Auszahlungsbescheid an die Janus-GmbH zurück. Als die GmbH nicht reagierte, klagte Frau Engler. Auch ihre Klage wurde dem europäischen Gerichtshof vorgelegt, der entschied, es handele sich bei der Gewinnzusage um ein vertragliches Rechtsverhältnis. Die GmbH habe ein Angebot abgegeben, welches Frau Gabriel durch das Absenden des Auszahlungsbescheids angenommen habe.[618] Doch auch wenn der Europäische Gerichtshof die Vorgaben für die deutschen Gerichte nun eindeutig waren, herrscht über die Qualifikation der Gewinnzusage weiterhin Streit.

1) Die deutsche Rechtsprechung zur internationalen Zuständigkeit

Wie bei der Frage der Voraussetzungen der Gewinnzusage sind sich die deutschen Gerichte auch bezüglich der Qualifikation der Gewinnzusage uneins. Der Bundesgerichtshof hatte sich mehrmals mit aus dem Ausland kommenden Gewinnzusagen zu befassen. Zunächst vermied er jedoch eine eindeutige Qualifikation. Dann, am 28.11.2002, entschied er sich für eine deliktsrechtliche Qualifikation der Gewinnzusage, Art 5 Nr. 3 EuGVÜ, stützte seine Entscheidung aber wahlweise auch auf eine verbrauchervertragliche Qualifikation nach Art 13 EuGVÜ.[619] Im Anschluss an die Rechtsprechung des Europäischen Gerichtshofes zur Rechtssache *Gabriel* gestattete er dem Verbraucher bei Fällen akzessorischer Gewinnzusagen eine Klage am Verbrauchergerichtsstand. War hingegen

[617] EuGH-Urteil vom 11. 7. 2002 – Rs C 96/00, in NJW 2002, 2697ff - *Gabriel.*
[618] EuGH-Urteil vom 20. 01. 2005, Rs. C-27/02, in NJW 2005, 811ff - *Engler*
[619] BGHZ 153, 82 (83) = EuLF 2003, 39 = ZZP 2004, 87 (91f) = MDR 2003, 348 (350) = NJW 2003, 426 = JZ 2003, 850.

im Schreiben die Bestellung von Waren nicht zur Voraussetzung der Gewinnauszahlung gemacht, meinte der BGH, es könne auch kein Näheverhältnis zwischen der Gewinnzusage und dem abzuschließenden Vertrag begründet werden, so dass man, wenn eine solche Bestellung fehlt, beim Deliktsgerichtsstand bleiben müsse.[620] Als Begründung für die Annahme einer deliktsrechtlichen Qualifikation führte das Gericht aus, die Gewinnzusage sei ein wettbewerbliches Instrument, Wettbewerbsrecht werde aber durch Art 5 Nr. 3 EuGVÜ geregelt.[621] Hilfsweise stützt er sich darauf, dass die Gewinnzusage auch dann deliktisch zu qualifizieren wäre, wenn es sich bei ihr um einen Fall der *culpa in contrahendo* handeln würde.[622] Er verwies zudem auf den Hintergrund der Vorschrift als Teil des Deliktsrechts.[623] So machte der Bundesgerichtshof die deliktsrechtliche Qualifikation quasi zu einem Auffangbecken für den Fall, dass sich eine verbrauchervertragliche Qualifikation oder eine Qualifikation als Wettbewerbsrecht nicht begründen ließe. Trotz all dieser Argumente übersah der BGH jedoch, dass sich die vertragliche Qualifikation und die deliktsrechtliche Qualifikation bereits dem Grunde nach ausschließen, so dass eine solche Subsidiarität der deliktsrechtlichen zur verbrauchervertraglichen Qualifikation systemwidrig wäre. In einer späteren Entscheidung distanzierte er sich daher von dieser Ansicht ausdrücklich.[624] In der Entscheidung führte der Bundesgerichtshof aus, auch wenn eine Annahmeerklärung tatbestandlich nicht erforderlich sei, läge eine solche vor. Dies rechtfertige es, den Anspruch wegen isolierter Gewinnzusage vertraglich zu qualifizieren.[625] Für die akzessorische Gewinnzusage erachtete er beiläufig Art 13 EuGVÜ als einschlägig, unterschied dabei aber fälschlich nicht danach, ob die Bestellung erforderlich war, sondern ob sie tatsächlich erfolgt ist.[626] Er nahm aber dennoch eine Zuständigkeit der deutschen Gerichte an, indem er ausführte, § 661a BGB zwänge zu einer Verlegung des Erfüllungsortes hin zum Verbraucher, weshalb das deutsche Gericht als Gericht des Erfüllungsortes zur Entscheidung berufen sei.[627]

Nicht weniger verwirrend ist die Rechtsprechung der Oberlandesgerichte bezogen auf diese Frage. Unmittelbar nach Einführung des § 661a in das BGB ver-

---

[620] BGHZ 153, 82 (88) = EuLF 2003, 39 (40) = ZZP 2004, 87 (90) = MDR 2003, 348 (350) = NJW 2003, 426 = JZ 2003, 850 (851); *Leible*, NJW 2003, 407; ders., NJW 2005, 796 (797, 798); *Mankowski*, EWiR 2002, 873 (874); *Timme*, JuS 2003, 638 (640f).

[621] BGHZ 153, 82 (90f) = EuLF 2003, 39 (40f) = ZZP 2004, 87 (91) = MDR 2003, 348 (350) = NJW 2003, 426 = JZ 2003, 850 (852).

[622] BGH, BB 2004, 2259; ebenso: BGHZ 153, 82 (91f) = EuLF 2003, 39 (41) = ZZP 2004, 87 (91) = MDR 2003, 348 (350) = NJW 2003, 426 = JZ 2003, 850 (852).

[623] BGHZ 153, 82 (91).

[624] BGH, NJW 2006, 230 (232).

[625] BGH, NJW 2006, 230 (232).

[626] BGH, NJW 2006, 230 (231).

[627] BGH, NJW 2006, 230 (233).

neinte das OLG Brandenburg[628] seine internationale Zuständigkeit, ebenso das OLG Bamberg[629]. Dem schlossen sich in jüngerer Zeit das OLG Braunschweig[630], OLG München[631] und das OLG Düsseldorf[632] an. Grund für die Ablehnung der eigenen Zuständigkeit war die rein vertragliche Qualifikation des § 661a BGB. Das OLG Dresden[633], das OLG Frankfurt am Main[634], das OLG Stuttgart[635] und das OLG Nürnberg[636] hingegen bejahten ihre Zuständigkeit. Die Gerichte, welche sich für international zuständig hielten, bedienten sich unterschiedlicher Argumentationswege. Die einen bemühten zur Bejahung einer eigenen Zuständigkeit einen Verweis auf den Schutzzweck Art 13 EuGVÜ.[637] Das OLG Nürnberg begründete die eigene Zuständigkeit mit den übereinstimmenden Zwecken von Art 13 EuGVÜ und § 661a BGB, den Schwächeren zu schützen. Es berief sich außerdem darauf, nur dieses Ergebnis könne dem Gebot der Vermeidung der Häufung von Gerichtsständen Rechnung tragen.[638] In der Begründung heißt es weiter, Art 13 EuGVÜ könne seinen eigenen Schutzzweck nur dann adäquat erfüllen, wenn er auch solche Rechtsstreitigkeiten erfasst, die, wie im Fall des § 661a BGB, im Vorfeld des eigentlichen Vertragsschlusses anzusiedeln sind.[639] Demgegenüber argumentierte das OLG Düsseldorf, § 661a BGB sei deliktisch zu qualifizieren, weil § 661a BGB dem Wettbewerbsrecht entstammt und einen der c.i.c. angenäherten Anspruch begründet, der als nichtvertraglicher Anspruch ebenfalls dem Deliktsrecht zugeordnet werden müsse.[640] Das LG Braunschweig ging hingegen davon aus, es sei deswegen zu Entscheidung berufen, weil der durch die Zusage angestrebte Vertrag ein Verbrauchervertrag sei, und weil der Anspruch aus der Gewinnzusage als c.i.c.-Anspruch dieselbe Behandlung erfahren müsse.[641]

Das diffuse Bild in der Rechtsprechung spiegelt sich in der Literatur wider. Hier wird auch nach den EuGH-Urteilen in den Rechtssachen *Engler* und *Gabriel* weiter gestritten.

---

628 OLG Brandenburg, Urteil vom 17. 04. 2002 - 7 U 199/01

629 OLG Bamberg, Urteil vom 07. 05. 2002 - 5 U 7/02.

630 OLG Braunschweig, NJW 2006, 161 (162).

631 OLG München, NJW 2004, 1671.

632 OLG Düsseldorf, NJW 2004, 1671 (1672).

633 OLG Dresden, IPrax 2002, 421 = OLGR 2002, 281 = VuR 2002, 187.

634 OLG Frankfurt am Main, MDR 2002, 1023.

635 OLG Stuttgart, VuR 2004, 151.

636 OLG Nürnberg, IPrax 2003, 54 = NJW 2002, 3637.

637 *Leipold*, FS Musielak, 2004, 317 (331); OLG Dresden, IPrax 2002, 421 (422) = OLGR 2002, 281 = VuR 2002, 187; OLG Nürnberg, IPrax 2003, 54 = NJW 2002, 3637.

638 OLG Nürnberg, NJW 2002, 3637 (3638); ähnlich OLG Dresden, IPrax 2001, 421 (422).

639 OLG Nürnberg, NJW 2002, 3637 (3639).

640 OLG Düsseldorf, VuR 2004, 67 (71).

641 LG Braunschweig, IPrax 2002, 213 (215).

2) Deliktsrechtlicher Gerichtsstand

Die wohl überwiegende Ansicht in der deutschen Literatur neigte früher einer deliktsrechtlichen, bzw. deliktsähnlichen Qualifikation der Gewinnzusage zu.[642] Der deliktsrechtliche Gerichtsstand wird in Art 5 Nr.3 EuGVÜ geregelt. Die Vorschrift bestimmt, dass eine Person, die ihren Wohnsitz in dem Hoheitsgebiet eines Vertragsstaats hat, in einem anderen Vertragsstaat vor dem Gericht des Ortes, an dem das schädigende Ereignis eingetreten ist, verklagt werden kann. Tatbestandsvoraussetzung ist demnach, dass eine unerlaubte Handlung oder eine Handlung, die einer unerlaubten Handlung gleichgestellt ist oder Ansprüche aus einer solchen Handlung den Gegenstand des Verfahrens bilden. Der Begriff der unerlaubten Handlung in Art 5 Nr. 3 EuGVÜ (und damit auch EuGVVO) umfasst nach der Rechtsprechung des EuGH alle diejenigen Klagen, mit denen eine Schadenshaftung des Klägers geltend gemacht wird, die nicht an einen Vertrag im Sinne von Art 5 Nr. 1 EuGVÜ anknüpft.[643] Damit erfasst Art 5 Nr. 3 auch Ansprüche wegen unlauteren Wettbewerbs.[644] Der Halbsatz, in dem von einer „Handlung, die einer unerlaubten Handlung gleichsteht" die Rede ist, bezieht sich auf den französischen Begriff des „*quasi-délict*", also der nicht schuldhaft begangenen unerlaubten Handlung, und er ist insoweit im deutschen Text überflüssig.[645] Anders als beim Vertragsstatut, bei dem die alternative Formulierung „erfüllt worden ist oder zu erfüllen wäre" so verstanden werden muss, dass nach

---

642 *Staudinger*, ZEuP 2004, 767 (775); ders., JZ 2003, 852 (856f); wohl auch *Schneider* BB 2002, 1653 (1656).

643 EuGH-Urteil vom 20. 01. 2005, Rs. C-27/02, in NJW 2005, 811 (812, Rn. 29) - *Engler*; EuGH-Urteil vom 17. 09. 2002, Rs. C 334/00 in EuLF 2002, 306 (307) = NJW 2002, 3159 = EuZW 2002, 655 - *Tacconi/Sinto*; EuGH-Urteil vom 27. 09. 1988 - Rs. 189/87 in Slg. 1988, 5565 = NJW 1988, 3088 (3089) = RiW 1988, 901 = IPrax 1989, 288 Nr. 8, 19 - *Kalfelis/Schröder*; EuGH-Urteil vom 11. 07. 2002 - Rs. C 96/00 in Slg. 2002 I 6367 = NJW 2002, 2697 (2698) = EuZW 2002, 539 = RiW 2002, 949 = IPrax 2003, 50 Nr. 36 - *Gabriel*; EuGH-Urteil vom 01. 10. 2002, Rs. C-167/00 in Slg. 2002, I-8111 = EuLF 2002, 302 (304) - *Henkel*; BGH, NJW 2003, 426; BGHZ 153, 82 (90) = EuLF 2003, 39 (40) = ZZP 2004, 87 = MDR 2003, 348 (350) = NJW 2003, 426 = JZ 2003, 850 (851) *Dietze/Schnichels*, EuZW 2005, 552 (554); *Pfeiffer*, LMK 2003, 79 (80); *Schlosser*, RiW 1988, 987; Musielak, *Weth*, EG-Verordnungen, Artikel 5 Verordnung EG Nr. 44/2001, Rn. 15.

644 BGHZ 153, 82 (91) = EuLF 2003, 39 (40f) = ZZP 2004, 87 = MDR 2003, 348 (350) = NJW 2003, 426 = JZ 2003, 850 (852); BGH, NJW 1988, 1466 (1467) = IPrax 1989, 98 (99); OLG Düsseldorf, VuR 2004, 67 (70); OLG München, NJW-RR 1994, 190 (190f); *Fetsch*, RiW 2002, 936 (942); *Leible*, IPrax 2003, 28 (30); *Lorenz*, NJW 2000, 3305 (3307); *Staudinger*, JZ 2003, 852 (857); *Kropholler*, 6. Aufl. 1998, Art 5 Rn. 55; ders., 8. Aufl. 2005, Art 5 EuGVVO Rn. 74; *Schlosser*, EuGVÜ, 1996, Art 5 Rn. 16; Zöller, *Geimer*, ZPO, 2004 Anh I Art 5 EG-VO Rn. 22; MK, *Gottwald*, ZPO, 2001, Art 5 EuGVÜ, Rn. 37.

645 *Kropholler*, 6. Aufl., 1998, Art 5 EuGVÜ, Rn. 57; ders., 8. Aufl, 2005, Art 5 EuGVVO Rn. 74; *Staudinger*, JZ 2003, 852 (857); Musielak, *Weth*, EG-Verordnungen, Artikel 5 Verordnung EG Nr. 44/2001, Rn. 16; *Schlosser*, EuGVÜ, 1996, Art 5 Rn. 15.

der versuchten Erfüllung nur noch der tatsächliche Erfüllungsort maßgeblich ist,[646] ist beim Deliktsstatut wahlweise der Ort des tatsächlichen Geschehens oder der Ort, an dem der Schaden eingetreten ist, Gerichtsstand.[647] Dies hätte zur Folge, dass ein Anspruch wegen einer Gewinnzusage bei deliktischer Qualifikation wahlweise an dem Ort der Täuschung oder an dem Ort geltend gemacht werden könnte, an dem sich der Täuschungserfolg realisiert. Bei einer Klage an dem Ort, an dem das schädigende Ereignis eingetreten ist, also am Wohnsitz des Empfängers, wäre damit das Heimatgericht des Verbraucher für die Entscheidung über alle Arten der Gewinnzusage zuständig.[648]

a) Deliktsrechtliche Qualifikation über Wettbewerbsrecht

Fast alle Rechtsordnungen kennen eine Behandlung der Gewinnzusage mit Hilfe des Wettbewerbsrechts. Insbesondere die spanische Rechtsordnung beschränkt sich bei der rechtlichen Beurteilung weitgehend auf diese Art der Ansprüche. § 661a BGB ist aber einen anderen Weg gegangen. Dennoch wird vereinzelt bei Fragen der Qualifikation vorgebracht, im Mittelpunkt der Vorschrift stünde das unlautere Verhalten des Unternehmers. § 661a BGB diene der Bekämpfung wettbewerbswidriger Praktiken und verfolge in erster Linie generalpräventive Zwecke.[649] Dabei beruft sich diese Ansicht darauf, der Europäische Gerichtshof lasse im Rahmen eines wettbewerblich relevanten Verhaltens eine bloße Gefahr der Störung des Rechtsfriedens, wie sie durch Verbraucherschutzvereine geschützt wird, als möglichen Anknüpfungspunkt einer Qualifikation nach Art 5 Nr. 3 EuGVÜ zu.[650] Dieser Ansatz des EuGH ermögliche es, § 661a BGB als wettbewerblich, und damit deliktsrechtlich im Sinne des Art 5 Nr. 3 EuGVÜ, zu

---

646 *Kropholler*, 8. Aufl. 2005, Art 5 EuGVVO, Rn. 34.

647 BGHZ 153, 82 (92) = EuLF 2003, 39 (41) = ZZP 2004, 87 (91) = MDR 2003, 348 (350) = NJW 2003, 426 = JZ 2003, 850 (851); EuGH-Urteil vom 30. 11. 1976 - Rs. 21/76 in Slg. 1976, 1735 (1746f) = RiW/AWD 1977, 356 - *Bier*; EuGH-Urteil vom 7. 3. 1995 - Rs. C-68/93 in Slg. 1995, 415 (460) - *Shevill*; MK, *Gottwald*, ZPO, 2001, Schlussanhang, IZPR Art. 5 EuGVÜ, Rn. 42; *Dietze/Schnichels*, EuZW 2005, 552 (554); *Kropholler*, 6. Aufl. 1998, Art 5 EuGVÜ, Rn. 64; ders., 8. Aufl. 2005, Art 5 EuGVVO, Rn. 81; *Schlosser*, EuGVÜ, 1996, Art 5 Rn. 18; *Staudinger*, JZ 2003, 852 (857).

648 *Fetsch*, RiW 2002, 936 (942); im Ergebnis unentschlossen BGHZ 153, 82 (83) = EuLF 2003, 39 (40) = ZZP 2004, 87 (91) = MDR 2003, 348 (350) = NJW 2003, 426 = JZ 2003, 850 (852).

649 *Felke/Jordans*, IPrax 2004, 409 (411); *Fetsch*, RiW 2002, 936 (937, 942); Koch, ZZPInt 7, 264 (276f); *Leible* IPrax 2003, 28 (30, 31); *Rauscher/Schülke*, EuLF 2000/2001, 334 (337); *Schneider* BB 2002, 1653 (1656); ders., BB 2003, 2534 (2535); *Staudinger*, ZEuP 2004, 762 (775); OLG Dresden, IPrax 2002, 421 (423); OLG Köln, VuR 2003, 474 (475); MK, *Seiler*, 2005, § 661a BGB, Rn. 4.

650 so *Simons*, EuLF 2003, 43 (44) mit Verweis auf EuGH-Urteil vom 01. 10. 2002, Rs. C-167/00 in Slg. 2002, I-8111 = EuLF 2002, 302 (303, 305) - *Henkel*.

qualifizieren.[651] Tatsächlich vermag diese Ansicht für die Frage der internationalen Zuständigkeit genauso wenig zu überzeugen, wie für die Frage der Einordnung im Bereich des Wettbewerbsrechts. Zunächst einmal ist verbraucherschädliches Verhalten regelmäßig auch wettbewerbswidrig, ohne dass man deswegen gleich den Schluss ziehen muss, es handele sich dabei um eine deliktsrechtliche Vorschrift.[652] § 661a BGB greift an einen Tatbestand an, der zugleich wettbewerbsrechtliche Relevanz hat. Die wettbewerbliche Komponente steht, wie bei der Frage der Einordnung des § 661a BGB als wettbewerbsrechtliche Vorschrift des deutschen Rechts eingehend erörtert, keinesfalls im Vordergrund.[653] In ihrer konkreten Ausgestaltung verfolgt die Vorschrift eindeutig Individualinteressen des Verbrauchers. Sie ist daher nicht, wie im Fall des wettbewerblichen Konkurrentenschutzes, deliktsrechtlicher Natur.[654] Schon deswegen ist eine wettbewerbliche Qualifikation auszuschließen. Die Tatsache, dass die Gewinnzusage ursprünglich ausschließlich vom UWG geregelt wurde ist dabei unschädlich. Auch das Ansprechen von Straßenpassanten ist ein klassischer Fall des Wettbewerbsrechts.[655] Dieses Verhalten kann heute wegen §§ 312ff BGB auch als Teil des vertraglichen Schuldrechts relevant werden. § 241a BGB über das Zusenden unbestellter Waren wurde aus Anlass einer EU-Richtlinie erlassen, ohne von ihr verlangt zu werden, und auch diese Vorschrift regelt eine Materie, die früher dem Wettbewerbsrecht unterlag.[656] Die Vorschrift ist heute ebenfalls vertraglich zu qualifizieren. Ebenso wird die Frage, ob der Wegfall der Zugabeverordnung, die im Jahr 2001 auf die unlauterkeitsrechtliche Bewertung Auswirkungen hätte, gar nicht gestellt, obwohl damit das öffentlich-rechtliche Instrumentarium entfiel.[657] Es ist daher durchaus möglich, dass eine Vorschrift durch eine minimale Veränderung in den Anforderungen von einer Rechtsnatur in eine andere hinein wächst. § 661a BGB verbessert die Rechtsposition des einzelnen Verbrauchers. Es geht um die Vertragsgerechtigkeit als vertragsbezogenen Schutz. Dem Verbraucher soll sein Gewinnerglück erhalten werden.[658] Zudem setzt schon der Tatbestand des § 661a BGB ein wettbewerbswidriges Verhalten nicht voraus. Insbesondere, wenn man sich vor Augen führt, dass der Gesetzgeber sich gerade

---

[651] *Fetsch*, RiW 2002, 936 (938); *Leible*, IPrax 2003, 28 (30f); ders., NJW 2003, 407; *Katzenberger*, 11. Ringberg-Symposium, 18. 06. 1997, Seite 218 (223); Musielak, *Weth*, EG-Verordnungen, Artikel 5 Verordnung EG Nr. 44/2001, Rn. 18a.

[652] *Rauscher/Schülke*, EuLF 2000/2001, 334 (337), der aber diesen Schluss zieht.

[653] *Lorenz*, IPrax 2002, 192 (195); vgl i. Ü. oben, Seite 39.

[654] *Lorenz*, IPrax 2002, 192 (195); ders., NJW 2000, 3305 (3307); Staudinger, *Bergmann*, BGB (2006), § 661a BGB, Rn. 44.

[655] BGH, GRUR 1965, 315 - *Werbewagen.*

[656] *Lorenz*, FS W. Lorenz, 1991, 191 (199).

[657] *Scherer*, WRP 2005, 672.

[658] BTDrucks 14/2658, S. 49; *Piekenbrock/Schulze*, IPrax 2003, 328 (329).

von der bisherigen, wettbewerblichen Regelung entfernen wollte, wäre es daher widersinnig an einer wettbewerblichen Einordnung festzuhalten.[659]

b) Schadenserfordernis

Unabhängig von der Frage, ob das Deliktsstatut gegebenenfalls über Wettbewerbsrecht einschlägig wäre, erscheint die deliktische Qualifikation des Gewinnversprechens aber auch in anderer Hinsicht fragwürdig. Der EuGH hatte schon in früheren Entscheidungen klargestellt, dass eine wesentliche Voraussetzung einer deliktsrechtlichen Qualifikation, das Vorliegen eines entsprechenden Schadens ist.[660] Zwar kann auch schon vor Eintritt eines Schadens eine auf Unterlassung und Abwehr gerichtete Klage erhoben werden, mittels derer das Entstehen eines Schadens gerade vermieden werden soll.[661] Doch auch eine derartige Klage setzt die potenzielle Möglichkeit voraus, dass es zu einem Schaden tatsächlich kommen kann. Dies tritt in Art 5 Nr. 3 EuGVÜ darin deutlich zutage, dass der Schaden Anknüpfungspunkt der Vorschrift ist.[662] Wenn ein solcher Schaden fehlt, lässt sich nicht darlegen, wieso das angerufene Gericht aufgrund größerer Sachnähe zur Entscheidung berufen sein soll.[663] Darüber hinaus ist schon die allgemeine Vermögensminderung für die Fragen internationaler Zuständigkeit irrelevant.[664] Wie jedoch schon zur Frage der deliktischen Einordnung im nationalen Recht ausgeführt, kann es bei § 661a BGB schon deswegen kein Schadensersatzanspruch sein, weil bis zum Erhalt der Gewinnzusage kein Schaden beim Verbraucher entstanden ist. Auch ergibt sich durch die Zusen-

---

[659] *Häcker*, ZVglRWiss 103 (2004), 464 (479); anders *Fetsch*, RiW 2002, 936 (937).

[660] EuGH-Urteil vom 11. 07. 2002 - Rs C-96/00, in NJW 2002, 2697 - *Gabriel*; EuGH-Urteil vom 27. 09. 1988 - Rs. 189/87, Slg. 1988, 5565 = NJW 1988, 3088 (3089); RiW 1988, 901 = IPrax 1989, 288 Nr. 8, 19 - *Kalfelis/Schröder*; EuGH-Urteil vom 17. 09. 2002, Rs. C 334/00 Rn. 35 in Slg. 2002, I-7357 = NJW 2002, 3159 = EuLF 2002, 306 = IPrax 2003, 143 - *Tacconi/Sinto*; EuGH-Urteil vom 01. 10. 2002, Rs. C-167/00 in Slg. 2002, I-8111 = EuLF 2002, 302 - *Henkel*; EuGH-Urteil vom 27. 10. 1998 Rn. 22 in Slg. 1998, I-6511 (6543) - *Réunion européenne*.

[661] *Leible*, IPrax 2003, 28 (30), mit Verweis auf EuGH-Urteil vom 01. 10. 2002, Rs. C-167/00 in Slg. 2002, I-8111 = EuLF 2002, 302 (303) - *Henkel*; ebenso *Lorenz* IPrax 2002, 192 (194); *Behr*, GRUR Int 1992, 607; *Kropholler*, 6. Aufl, 1998, Art 5 EuGVÜ, Rn. 59; ders., 8. Aufl, 2005, Art 5 EuGVVO Rn. 76f; MK, *Gottwald*, 4. Aufl., 2006, Art 5 Rn. 31; *Schlosser*, EuGVÜ, 1996, Art 5 Rn. 16.

[662] EuGH-Urteil vom 01. 10. 2002, Rs. C-167/00 in Slg. 2002, I-8111 = EuLF 2002, 302 (305) - *Henkel*; *Oberhammer*, ZZP 2004, 92 (94); *Mörsdorf-Schulte*, JZ 2005, 770 (773).

[663] EuGH-Urteil vom 30. 11. 1976 - Rs. 21/76, *Mines de Potasse*, in NJW 1977, 493; *Mörsdorf-Schulte*, JZ 2005, 770 (773).

[664] *Dietze/Schnichels*, EuZW 2005, 552 (555); OLG Stuttgart, NJW-RR 1999, 138 (139); *Kropholler*, 6. Aufl., 1998, Art 5 EuGVÜ, Rn. 57; ders., 8. Aufl, 2005, Art 5 EuGVVO, Rn. 74.

dung eines Werbeschreibens keine Rechtsgutsverletzung, die zu einem Schaden führen könnte. Wo aber kein Schaden ist, da kann auch kein Schaden ersetzt werden. Damit scheidet ein Schadensersatzanspruch aus.[665]

c) Rechtsvergleichende Auslegung

Die deliktische Qualifikation des § 661a BGB scheitert auch an der Rechtsvergleichung. Die Auslegung der Artikel des EuGVÜ hat, wie bereits geschildert, autonom zu erfolgen. Allerdings gibt es noch kein wirklich autonomes Europarecht, so dass auch eine vordergründig autonome Auslegung früher oder später an ihre Grenzen stößt. Um eine vertragsimmanente Definition zu erlangen muss daher rechtsvergleichend nach den gemeinsamen Grundlagen des auszulegenden Begriffs des EuGVÜ in den Vertragsstaaten gefragt werden.[666] Gegenstand der Bemühungen ist eine weitestgehende Berücksichtigung der dort vorherrschenden Ansichten. Die Einbeziehung aller divergierenden Ansichten innerhalb der Vertragsstaaten wird dabei nicht vorausgesetzt.[667] Es geht nach allem nicht um eine Destillation der Rechtsgrundsätze der Einzelstaaten, sondern um eine Auslegung des EuGVÜ.[668] Zielsetzung und Systematik des Übereinkommens sowie die elementaren Prinzipien, welche allen Rechtsordnungen gemein sind, müssen dabei berücksichtigt werden.[669] Um den tatsächlichen Deliktsbegriff der anderen Rechtsordnungen zu erfassen, muss auf die hinter den Gesetzen stehenden, allgemeinen Grundsätze zurückgegangen werden.[670] Diese Grundsätze sind nicht als Minimum an Übereinstimmung zwischen den Rechtsordnungen zu verstehen, sondern es geht um den Grundgedanken, um das Prinzip.[671] Dabei lässt sich feststellen, dass zwei Elemente unverzichtbare und allgemein akzeptierte Voraussetzung deliktsrechtlicher Haftung sind: die Abwesenheit einer rechtlichen Sonderverbindung und der Ausgleich entstandener Schäden.[672] Primäre Intenti-

---

[665] vgl. zu den Einzelheiten oben, Seite 49ff.

[666] *Geimer*, NJW 1977, 492; *Häcker*, ZVglRWiss 103 (2004), 464 (484); EuGH-Urteil vom 21. 06. 1078 - Rs. 150/77, in Slg. 1978, 1431 (1449) = RiW/AWD 1978, 685 - *Bertrand gegen Ott*; EuGH-Urteil vom 14. 10. 1976 - Rs. 29/76 in Slg. 1976, 1541 = NJW 1977, 489 - *Eurocontrol.*

[667] *Geimer*, NJW 1977, 492; *Mankowski*, IPrax 2003, 127 (130).

[668] *Martiny*, RabelsZ 45 (1981), 427 (443).

[669] EuGH-Urteil vom 14. 10. 1976 - Rs. 29/76 in Slg. 1976, 1541 = NJW 1977, 489 - *Eurocontrol.*

[670] EuGH-Urteil vom 30. 11. 1976 - Rs. 21/76, *Mines de Potasse d'Alsace*, EuGHE 1976, 1735 (1747) = RiW/AWD 1977, 356 = NJW 1977, 493; *Mansel*, JZ 1991, 529 (529); *Martiny*, RabelsZ 45 (1981), 427 (441, 442).

[671] *Martiny*, RabelsZ 45 (1981), 427 (443).

[672] *vBar*, Gemeineuropäisches Deliktsrecht Bd. I, 1996, Rn. 1ff; zustimmend *Häcker*, ZVglRWiss 103 (2004), 464 (487); *Jansen*, JZ 2005, 160 (171); *Mörsdorf-Schulte*, JZ 2005, 770 (773).

on des Deliktsrechts ist es dabei, zu kompensieren.[673] Ähnlich äußerte sich auch der Generalanwalt im Fall *Engler*.[674] Diese Merkmale grenzen das Deliktsrecht deutlich von den übrigen Rechtsinstituten wie der Geschäftsführung ohne Auftrag und der ungerechtfertigten Bereicherung ab, welche in erster Linie dem Ausgleich freiwilliger Vermögensopfer beziehungsweise der Rückgängigmachung ungerechtfertigter Vermögensverschiebungen dienen. [675] Die Unterscheidung zwischen Vertragsrecht, mit dem die Pflichten einer Partei gegenüber einer spezifischen anderen Person geregelt wird, und Deliktsrecht, das Ansprüche bei der Verletzung von Pflichten gibt, die der Allgemeinheit gegenüber bestehen, ist sogar im englischen Recht bekannt, welches sonst im Bereich des EuGVÜ eine Exotenstellung einnimmt.[676] Die Unterscheidung findet sich auch in den von der *European Group on Tort Law* erarbeiteten Grundsätzen zum europäischen Deliktsrecht.[677] Damit ergibt die rechtsvergleichende Auslegung, dass das Deliktsrecht europaweit auf das negative Interesse gerichtet ist. Der Anspruch wegen einer Gewinnzusage ist demgegenüber auf Erfüllung und damit auf das positive Interesse gerichtet, ein Ziel, welches mit dem Deliktsrecht nicht verfolgt wird. Damit spricht auch die rechtsvergleichende Betrachtung eindeutig gegen eine deliktische und für eine vertragliche Einordnung des Anspruchs.

d) Systematische Erwägungen

Teile der Literatur gehen dennoch davon aus, es gäbe systematische Erwägungen, welche zu einer deliktsrechtlichen Qualifikation des § 661a BGB zwängen. So dürfe sich der den Gewinn anpreisende Unternehmer nicht hinter dem fernen und für den Verbraucher unbequemen, ausländischen Gerichtsstand verstecken.[678] Richtig an diesem Argument ist, dass man bei einer vertraglichen Qualifikation Gefahr läuft, dass ein ausländisches Gericht zur Streitentscheidung berufen ist, während im Fall deliktischer Qualifikation eine Klage am Täuschungsort stets möglich ist. Tatsächlich ist das Argument jedoch wenig hilfreich, da man so das Problem von der falschen Seite her, nämlich von der Rechtsfolgenseite, angeht.[679] Zwar muss die tatsächliche Praktikabilität bei der Frage der

---

[673] *Häcker*, ZVglRWiss 103 (2004), 464 (489); *Stanton*, The Modern Law of Tort, 1994, Seiten 144.
[674] Schlussanträge des Generalanwaltes Rn. 59-65.
[675] *vBar*, Gemeineuropäisches Deliktsrecht Bd. I, 1996, Rn. 2.
[676] vgl. *Chaplin v. Hicks* [1911] 2 K. B. 786, C. A., in The Law Quaterly Review, 27 (1911), 382f.; Halsbury's Laws of England, Vol. 9 (1) - Contract (1998), para. 609.
[677] vgl. Art 1 und 2:101.
[678] so *Emde* in EWiR 2003 695 (696); ähnlich *Fetsch*, RiW 2002, 936 (944); *Timme*, JuS 2003, 638; *Fages*, FS Sonnenberger, 2004, Seite 225.
[679] *Felke/Jordans*, IPrax 2004, 409 (411); *Lorenz*, NJW 2006, 472 (474); *Rauscher/Schülke*, EuLF 2000/2001, 334 (336); OLG Nürnberg, IPrax 2003, 54 (58) = NJW 2002, 3637 (3639).

Qualifikation Richtschnur sein.[680] Es ginge aber zu weit, das gewünschte Ergebnis an den Anfang des Weges zu stellen.[681] Das Internationale Zivilprozessrecht hat dem Erfordernis nach einem ausgewogenen Kräfteverhältnis Rechnung zu tragen. Dies umfasst aber auch, dass der Gläubiger in der Regel nicht zusätzlich dadurch begünstigt werden soll, dass er an seinem Gerichtsstand klagen kann.[682] Daher rechtfertigt es das Bestehen zuständigkeitsrechtlicher Bedürfnisse nicht, systematische Zusammenhänge auf der Ebene des materiellen Rechts zu Lasten der Rechtssicherheit zu verbiegen.[683] Überhaupt kann die Teleologie das Ergebnis, dass dem Empfänger der Zusage eine Klage vor seinem Heimatgericht generell möglich ist, nicht rechtfertigen. Fragt man nämlich, wer hier tatsächlich schützenswert ist, muss man feststellen, dass dies gerade nicht der Verbraucher ist. Dieser hat nämlich keinerlei Nachteile durch die Gewinnzusage erlitten, sondern ihm ist im Gegenteil ein rechtlicher Vorteil erwachsen.[684] Zwar hat der Unternehmer aus autonomen Motiven zu dem umstrittenen Werbemittel gegriffen. Die Initiative des Unternehmers allein zwingt den Verbraucher aber nicht, Aufwendungen zu machen, um den Gewinn einzuklagen. Jedenfalls macht das Benutzen einer umstrittenen Werbemethode den Unternehmer nicht weniger schutzbedürftig als den Verbraucher, der einen bloßen „*windfall*" einstreichen will.[685] Es ist daher nur recht und billig, dass der Verbraucher riskiert, an den Gerichtsstand des Versenders reisen zu müssen, wenn er seinen Anspruch geltend machen will.[686]

e) Zwischenergebnis

Die Beurteilung der Gewinnzusage im internationalen Rechtsverkehr unterliegt leicht anderen Regeln, als diejenige im nationalen Rechtsverkehr. Weil hier ein Verständnis zugrunde zu legen ist, welches sich aus einer Gesamtschau der europäischen Rechtsordnungen ergibt, kommt eine deliktische Beurteilung eher in Betracht, als im nationalen Recht. Fast alle Rechtsordnungen kennen eine Behandlung der Gewinnzusage mit Hilfe des Wettbewerbsrechts. In der Tat beschränkt sich das spanische Recht bei der rechtlichen Beurteilung sogar weitgehend auf diese Art der Ansprüche. Die Frage, über welches Rechtsgebiet andere Staaten die Gewinnzusage regeln, ist jedoch unerheblich. Zu beurteilen ist §

---

680 *Martiny*, RabelsZ 45 (1981), 427 (438).
681 *Martiny*, RabelsZ 45 (1981), 427 (439); Rooij, Ned Jbl. 1977, 613 (616).
682 *Droz*, Revue critique de Droit International Privé 1976, 120 (123).
683 *Dörner*, FS Kollhosser, 2004, 75 (82); BGHZ 45, 179; BGHZ 92, 164 (172); BGH, NJW 1977, 2072.
684 *Schneider* BB 2002, 1653 (1656); Schlosser, EuGVVO, Art 15, Rn. 8a.
685 OLG Düsseldorf, DB 2004, 128 (130); *Terrier*, Recueil Dalloz, 2004 Chr. 179 (182); a. A. *Bornemann*, VuR 2004, 434 (436).
686 *Mörsdorf-Schulte*, JZ 2005, 770 (774).

661a BGB. Diese Vorschrift gehört aber auch unter dem EuGVÜ eindeutig nicht dem Wettbewerbsrecht an, weil Anspruchsinhaber kein Wettbewerber, sondern ein Verbraucher ist, und weil § 661a BGB die wettbewerbsrechtliche Erheblichkeit nicht zur Voraussetzung seines Eingreifens macht. Überdies ergibt die rechtsvergleichende Auslegung, dass deliktische Ansprüche stets das Vorliegen eines Schadens erfordern. Eine Gewinnzusage ist nicht in der Lage, einen solchen hervorzurufen. Zudem spricht auch die Systematik deutlich gegen die wohlgemeinte Ansicht der Gerichte, man solle § 661a BGB deliktisch qualifizieren. Es lässt sich nämlich nicht begründen, wieso dem Verbraucher, dem aus der Zusage des Unternehmers nur Vorteile erwachsen, eine Klagemöglichkeit an seinem Heimatgericht eingeräumt werden muss. Eine deliktische Qualifikation des Anspruchs wegen Gewinnzusage ist daher auch im EuGVÜ abzulehnen.

3) Vorvertragliche Qualifikation

Zum Teil wird die Gewinnzusage als ein gesetzlich geregelter Fall der culpa in contrahendo angesehen.[687] Die Einordnung der *culpa in contrahendo* im Rahmen des EuGVÜ ist nicht vollkommen unproblematisch. Unbestritten folgt der Gerichtsstand bei einer vorvertraglichen Haftung keineswegs demjenigen der vertragscharakteristischen Leistung, weil ein solches Vorgehen den Hauptschuldner einseitig bevorzugen würde.[688] Es muss im Einzelnen ermittelt werden, welche Art von Pflicht verletzt wurde. Welchem Recht die *culpa in* contrahendo unterstellt werden soll, war lange Zeit umstritten. Das liegt daran, dass die c.i.c. eine Zwitterstellung einnimmt.[689] Sie sühnt einerseits die Verletzung der Rechtsgüter des Gläubigers, auch wenn diese nicht vertragsspezifisch sind, andererseits haftet der Schuldner wegen der vertraglichen Nähebeziehung verschärft nach den Grundsätzen über die vertragliche Haftung. So beinhaltet die culpa in contrahendo gleichermaßen vertragliche und deliktsrechtliche Elemente. Diese Zwitterstellung lässt eine Zweiteilung zu. Die Verletzung vorvertraglicher Aufklärungs- und Beratungspflichten wird dem Vertragsgerichtsstand zugeordnet, während alle diejenigen c.i.c.-Ansprüche deliktsrechtlich einzuordnen sind, welche sich nicht auf eine freiwillig eingegangene Selbstbindung des Schuldners zurückführen lassen, so zum Beispiel bei der Haftung wegen ungerechtfertigten Abbruchs der Vertragsverhandlungen.[690] Ist die verletzte Pflicht

---

[687] *Mankowski*, EWiR 2002, 873 (874); LG Braunschweig, IPrax 2002, 213.

[688] Musielak, *Weth*, EG-Verordnungen, Artikel 5, Rn. 2.

[689] *Lorenz*, NJW 2000, 3306 (3309).

[690] *Lorenz*, NJW 2000, 3306 (3309); *Mankowski*, IPrax 2003, 127; *Martiny*, FS Geimer, 2002, 641, (654); *Frick*, Culpa in Contrahendo, Disseration, 1992, Seite 170f, 173-175, 190, 193; *Kropholler*, 6. Auflage, 1998, Art 5 EuGVÜ, Rn. 8, 58; ders., 8. Aufl. 2005, Art 5 EuGVVO, Rn. 18, 75; *Schack*, Internat. Zivilverfahrensrecht, 2002, Rn. 263; Schlosser, EuGVÜ, 1996,

vertraglich zu qualifizieren, zwingen die Vorgaben des EuGVÜ dazu, genau zu ermitteln, wo der Erfüllungsort der betreffenden Pflicht liegt.[691] Doch schon die Frage, welcher Natur die Pflicht aus § 661a BGB sein soll, ist umstritten. Eine Ansicht geht davon aus, die im Fall der Gewinnzusage verletzte Pflicht eine Informationspflicht bezüglich der Ernsthaftigkeit der Absicht, die Zusage zu erfüllen. Diese Pflicht ist leistungsbezogen, und sie ist vertraglicher Natur. Da die Informationspflicht eine Bringschuld ist, weshalb ihr Erfüllungsort beim Verbraucher liegt, läge dort auch der Erfüllungsgerichtsstand, Art 5 Nr. 1 EuGVÜ.[692] Somit könnte man das Ergebnis, dass der Verbraucher an seinem Heimatgericht klagen kann, auch auf dem Weg über die vorvertragliche Haftung erreichen. Demgegenüber führte das Landgericht Braunschweig bei seiner Entscheidung aus, die Gewinnzusage sei als *culpa in contrahendo* deliktisch zu qualifizieren, was ebenfalls zur Folge hätte, dass der Verbraucher an seinem Heimatgericht klagen könnte.[693] Tatsächlich lässt sich § 661a BGB allerdings nicht als c.i.c. qualifizieren. Dies zeigt bereits ein Blick auf die Argumente, welche die Vertreter der Ansichten zur Begründung vorbringen. Die Befürworter einer Einordnung der Gewinnzusage als *culpa in contrahendo* berufen sich auf das *Tacconi*-Urteil des EuGH, zu dem sie eine Verwandtschaft zu sehen glauben. Das Urteil behandelte die Frage, wie man den Anspruch im Fall des Abbruchs von Vertragsverhandlungen zu qualifizieren habe. Der EuGH entschied, wer wegen des Abbruchs von Vertragsverhandlungen klage, berufe sich gerade darauf, dass ein Vertrag nicht zustande gekommen wäre.[694] Damit ist aber weder eine Entscheidung über die Frage der Einordnung der deutschen Rechtsfigur der culpa in contrahendo getroffen, noch trägt diese Entscheidung zur Qualifikation der Gewinnzusage bei.[695] Die Gewinnzusage unterscheidet sich schon im Ansatz vom Abbruch von Vertragsverhandlungen, da der Empfänger einer Gewinnzusage den Unternehmer an seinem Wort festhalten will. Es bestand bereits eine verbindliche Zusage. An einer solchen fehlt es hingegen im Fall des Abbruchs von Vertragsverhandlungen. Selbst wen man in der Erwähnung des *Tacconi*-Urteils nur ein Beispiel dafür sieht, wie eine *culpa in contrahendo* behandelt werden kann, spricht die Natur des Anspruchs wegen einer Gewinnzusage deutlich ge-

---

Art 5 Rn. 5; MK, *Gottwald*, ZPO, 2001, Bd. 3 Art 5 EuGVÜ Rn. 5; Nagel/Gottwald, Internat. Zivilprozeßrecht, 2002, § 3 Rn 39.

691 EuGH-Urteil vom 06. 10. 1976 - 14/76, in NJW 1977, 490 (491) - *Bloos. /. Bouyer; Lorenz*, NJW 2000, 3305 (3309); *Schlosser*, EuGVÜ, 1996, Art 5 Rn. 5, 9; *Kropholler*, 8. Aufl. 2005, Art 5 EuGVVO, Rn. 22; Musielak, *Weth*, EG-Verordnungen, Artikel 5 Verordnung EG Nr. 44/2001, Rn. 4.

692 *Lorenz*, NJW 2000, 3305 (3309).

693 LG Braunschweig, IPrax 2002, 213.

694 EuGH-Urteil vom 17. 09. 2002, Rs. C 334/00, Rz. 21 in Slg. 2002, I-7357 = NJW 2002, 3159 = EuLF 2002, 306 = IPrax 2003, 143. *Tacconi/Sinto.*

695 *Oberhammer*, ZZP 2004, 92 (95f).

gen eine Verortung als *culpa in contrahendo*. Einmal lässt sich § 661a BGB schon dogmatisch nicht im Recht der *culpa in contrahendo* einordnen. Der Anspruch aus § 661a BGB entsteht gerade unabhängig von einem aufgrund der Zusage abgeschlossenen, weiteren Geschäft. Zudem ist der Anspruch der *culpa in contrahendo* auf das negative Interesse gerichtet, was bei § 661a BGB gerade nicht der Fall ist.[696] Es ist auch keinesfalls so, dass man wegen des Urteils in der Rechtssache *Gabriel* die geschäftsakzessorische Gewinnzusage als *culpa in contrahendo* behandeln muss. In der Rechtssache *Gabriel*, in der es um eine geschäftsakzessorische Gewinnzusage ging, stellte der EuGH zwar ausdrücklich auf das Näheverhältnis zwischen der Gewinnzusage und dem Kaufvertrag ab. Mit der Feststellung eines Näheverhältnisses zwischen den zwei Verträgen wird aber impliziert, dass zwischen der Gewinnzusage und dem daraufhin zustande gekommenen Kaufvertrag zu unterscheiden ist. Wäre die Gewinnzusage ein unselbstständiger Teil des Kaufvertrages, eine Handlung *in contrahendo*, so wäre das ausdrückliche Abstellen auf das Näheverhältnis zwischen den beiden sinnlos.[697] Noch deutlicher wurde dies in der Entscheidung *Engler*, in der der EuGH ausdrücklich annahm, die isolierte Gewinnzusage selbst sei vertraglich zu qualifizieren.[698] Er behandelte damit die Frage der Qualifikation der Gewinnzusage nach dem EuGVÜ von dem durch den Unternehmer intendierte Vertrag losgelöst. Damit ist der Weg hin zu einer vorvertraglichen Qualifikation des § 661a BGB versperrt.

4) Vertragliche Qualifikation

Die genannten Erwägungen zwingen zu einer Auseinandersetzung mit dem vertraglichen Gerichtsstand des Art 5 Nr. 1EuGVÜ. Diesem Gerichtsstand ordnete der Europäische Gerichtshof wie erwähnt die isolierte Gewinnzusage zu, als er in der Rechtssache *Engler* das zweite Mal zur rechtlichen Einordnung der Gewinnzusage Stellung zu nehmen hatte. In seinem Urteil legte er dar, dass es sich bei der österreichischen Parallelvorschrift, § 5j ösKSchG, um einen vertraglichen Anspruch handelt, weshalb sich die Frage der Gerichtszuständigkeit nach Art 5 Nr. 1 EuGVÜ zu richten hat.

a) Umdeutung des vertraglichen in einen rechtsgeschäftlichen Gerichtsstand

Als der Europäische Gerichtshof sich in der Rechtssache *Engler* mit § 5j ösKSchG zu befassen hatte, gelang es ihm nur mit Hilfe spitzfindiger Ausfüh-

---

[696] vgl. zur dogmatischen Einordnung als *culpa in contrahendo* oben, Seite 53f.
[697] *Staudinger*, ZEuP 2004, 767 (769).
[698] *Lorenz/Unberath*, IPrax 2005, 219 (221); *Staudinger*, ZEuP 2004, 767 (769).

rungen, die Vorschrift vertraglich zu qualifizieren. Ihm stellte sich dabei eine Reihe von Schwierigkeiten. Hintergrund dieser Schwierigkeiten war, dass der EuGH geleitet von einer breiten Strömung in der österreichischen Literatur davon ausging, § 5j ösKSchG sei ein einseitiges Rechtsgeschäft. Um die Vorschrift dann dennoch Art 5 Nr. 1 EuGVÜ unterstellen zu können, wählte er einen gleichermaßen vorsichtigen, wie auch progressiven Weg. Schon länger hatte der Europäische Gerichtshof festgestellt, dass das Bestehen eines einseitigen Rechtsgeschäfts oder einer geschäftsähnlichen Handlung ausreicht, um den Tatbestand des Art 5 Nr. 1 EuGVÜ zu erfüllen. In der Rechtssache *Engler* verwies der EuGH auf eine frühere Entscheidung, in welcher ein Mitgliedschaftsverhältnis zu einem Verein wegen der bestehenden Nähebeziehungen zwischen dem Verein und seinen Mitgliedern für ausreichend erachtet wurde, dieses wie einen vertraglichen Anspruch zu behandeln.[699] Daraus schlussfolgerte er, dass der Begriff „vertraglich" tatsächlich weit auszulegen sei. Eine derart weite Auslegung resultiert aus dem Bedürfnis, innerhalb der Vielzahl von unter dem EuGVÜ versammelten Rechtsordnungen eine Klasse von Normen spezifizieren, die einheitlich behandelt werden.[700] Für eine derart weite Auslegung sprechen auch der französische oder englische Text des EuGVÜ, wo nämlich von *„matière contractuelle"* bzw. von *„matters relating to a contract"* die Rede ist.[701] Daher ist eine Beschränkung auf die Angebot-Annahme Struktur in der Tat zu eng.[702] Insbesondere bedarf es für das Vorliegen eines vertraglichen Gerichtsstandes im Sinne von Art 5 Nr. 1 EuGVÜ keines synallagmatischen Vertrages.[703] Einzelne Stimmen lehnen eine solche Ausdehnung des Art 5 Nr. 1 EuGVÜ ab. Gegen die Einbeziehung einseitiger Rechtsgeschäfte wird dabei mit dem Bericht *Giuliano/Lagarde* argumentiert,[704] der das EuGVÜ bei Auslegungsfragen flankiert.[705] Das ist aber nicht richtig, denn in dem Bericht heißt es,

> *„eine nicht mit einem Vertrag zusammenhängende, einseitige Verpflichtung wie zum Beispiel ein einseitiges Schuldanerkenntnis oder ein einseitiges Rechtsgeschäft, die ein dingliches Recht begründet, überträgt oder zum Erlö-*

---

699 EuGH-Urteil vom 20. 01. 2005, Rs. C-27/02, in NJW 2005, 811 (813, Rn. 47) - *Engler*; EuGH-Urteil vom 22. 03. 1983 - Rs. 34/82 in Slg. 1983, 987 = IPrax 1984, 85 - *Peters/ZNAV.*

700 *Lorenz*, NJW 2002, 192 (193); Schlosser, IPrax 1984, 65 (66).

701 *Kropholler*, 8. Aufl. 2005, Art 5 EuGVVO, Rn. 7.

702 *Atlas Shipping Agency (UK) Ltd and United Shipping Services Ltd v. Suisse Atlantique Société d'Armement Maritime SA* [1995] 2 Lloyd's Rep. 188 (194) (Q. B. D., Rix J.); *Mankowski*, IPrax 2003, 127 (129).

703 EuGH-Urteil vom 20. 01. 2005, Rs. C-27/02, in NJW 2005, 811 (813, Rn. 49) - *Engler*; *Leible*, NJW 2005, 796 (797); *Dörner*, FS Kollhosser, 2004, 75 (83).

704 *Wolf*, IPrax 2000, 477 (479).

705 EuGH-Urteil vom 11. 07. 2002 - Rs. C 96/00 in Slg. 2002 I 6367 = NJW 2002, 2697 = EuZW 2002, 539 (541) = RiW 2002, 949 = IPrax 2003, 50 Nr. 36, Rn. 41ff - *Gabriel*; *Staudinger*, JZ 2003, 852 (856).

schen bringt, würde nicht unter Art 9 fallen, aber auch unter keine andere Vorschrift des Übereinkommens, da dieses nur für vertragliche Schuldverhältnisse gilt".[706]

Es sollen also nur dingliche Rechtsgeschäfte vom Anwendungsbereich des Art 5 Nr. 1 EuGVÜ ausgenommen werden.[707] Bloße Willenserklärungen und geschäftsähnliche Handlungen, wie Vertragsantrag, Vertragsannahme und Kaufversprechen bzw. Kündigung, Schulderlass, Rücktritts- und Auflösungserklärung fallen hingegen auch im Sinne des *Giuliano/Lagarde*-Berichts unter die europäischen Vorschriften zu Verträgen.[708] Im Ergebnis ist der Begriff „vertraglich" im EuGVÜ daher als „rechtsgeschäftlich" zu deuten.[709] Das führt dazu, dass auch einseitige Rechtsgeschäfte kollisionsrechtlich wie Verträge zu behandeln sind.[710] Damit fällt auch die Gewinnzusage unzweifelhaft unter Art 5 Nr. 1 EuGVÜ.[711] Dies muss erst Recht deswegen gelten, weil bei § 661a BGB, wie gesehen, ein echtes Vertragsverhältnis vorliegt.[712] Allerdings darf auch ein weit verstandener Vertragsbegriff nicht uferlos sein. Da Artikel 5 Nr. 1 EuGVÜ am „Erfüllungsort" anknüpft muss wenigstens eine freiwillig eingegangene Verpflichtung vorliegen.[713] Dass es sich bei der Gewinnzusage um eine freiwillig eingegangene Verpflichtung handelt, wird noch heute von weiten Teilen, zu-

---

[706] Bericht *Giuliano/Lagarde*, BT Drucks. 10/503, 33 (36, 61).
[707] *Mankowski*, IPrax 2003, 127 (130).
[708] Bericht *Giuliano/Lagarde*, BT Drucks. 10/503, 33 (61).
[709] *Mörsdorf-Schulte*, JZ 2005, 770 (775); Musielak, *Weth*, EG-Verordnungen, Artikel 5, Rn. 2; OGH, JBl 2004, 136.
[710] *Leible*, IPrax 2003, 28 (30); *Schlosser*, IPrax 1984, 65 (66); Geimer, *Schütze*, Europäisches Zivilverfahrensrecht, 1997, Art 5 Rn. 38.
[711] *Lorenz*, NJW 2002, 192 (193).
[712] vgl. oben, Seite 59f.
[713] EuGH-Urteil vom 20. 01. 2005, Rs. C-27/02, in NJW 2005, 811 (813, Rn. 53) - *Engler*; EuGH-Urteil vom 17. 09. 2002, Rs. C 334/00, in EuLF 2002, 306 (307) = NJW 2002, 3159 = EuZW 2002, 655 *Tacconi/Sinto*; EuGH-Urteil vom 22. 03. 1983 - Rs. 34/82 in Slg. 1983, 987 = IPrax 1984, 85 (87) - *Peters/ZNAV*; *Dietze/Schnichels*, EuZW 2005, 552 (553); *Lorenz*, NJW 2006, 472 (473); *Lorenz/Unberath*, IPrax 2005, 219 (222); *Mankowski*, IPrax 2003, 127 (129); *Pfeiffer*, LMK 2003, 79 (80); *Schlosser*, IPrax 1984, 65 (66); *Martiny*, FS Geimer, 2002, 641 (650); so auch OLG Nürnberg, IPrax 2003, 54 (57); OLG Jena, ZIP 1998, 1496 (1497); OLG Braunschweig, NJW 2006, 161; OLG Bremen, NZG 1998, 386; EuGH-Urteil vom 21. 06. 1078 - Rs. 150/77 in Slg. 1978, 1431 (1449) = RiW/AWD 1978, 685 - *Bertrand gegen Ott*; EuGH-Urteil vom 17. 06. 1992 - Rs. C - 26/91, in JZ 1995, 90 – *Handte/TMSC*; EuGH-Urteil vom 27. 10. 1998 - Rs. C - 51/97 in Slg. 1998, I-6511 = EuZW 1999, 59 Nr. 17 – *Réunion européenne*; EuGH-Urteil vom 03. 07. 1997 - Rs. C - 269/86 in Slg. 1997, I-3767 Nr. 12 – *Benincasa*; EuGH-Urteil vom 17. 09. 2002, Rs. C 334/00, Rz. 21 in Slg. 2002, I-7357 = NJW 2002, 3159 = EuLF 2002, 306 = IPrax 2003, 143. *Tacconi/Sinto*; *Kropholler*, 6. Aufl. 1998, Art 5 EuGVÜ, Rn. 10; Musielak, *Weth*, EG-Verordnungen, Artikel 5 Verordnung EG Nr. 44/2001, Rn. 5; OLG Nürnberg, Urteil vom 28. 08. 2002, 4 U 641/02, in IPrax 2003, 54 (57) = NJW 2002, 3637 (3639).

mindest der deutschen Literatur,[714] verneint. Das dahinter stehende Argument ist immer, der Absender der Gewinnzusage wolle sich ja gerade nicht verpflichten. Dieses Argument ist aber nur vordergründig richtig. Ginge man tatsächlich so weit, für die Frage, ob ein Vertrag vorliege, die subjektive Seite in dem von jener Ansicht vertretenen Umfang berücksichtigen zu wollen, wäre man auf der Suche nach dem perfekten Konsens. Denn ein Vertrag ist das Ergebnis zweier in Bezug aufeinander abgegebener Willenserklärungen. Eine vollkommene Übereinstimmung von derartiger Perfektion lässt sich tatsächlich nicht erreichen. Ein Vertragsschluss wäre unter diesen Voraussetzungen niemals möglich.[715] Daher muss der rechtliche Inhalt der Verpflichtung gesetzlich konkretisiert werden können, ohne dass die Erklärung selbst den Charakter der Freiwilligkeit verliert.[716] Freiwilligkeit kann daher lediglich ein willensgesteuertes Handeln voraussetzen. Eine Erklärung kann somit auch dann rechtsgeschäftliche Relevanz erlangen, wenn der Erklärende seinen Willen richtig gebildet hat aber bewusst etwas Anderes erklärt.[717] Für die Verbindlichkeit ist nicht einmal der Wille, sich rechtsgeschäftlich binden zu wollen erforderlich.[718] Es ist ausreichend, dass der Erklärung von ihrem Empfänger vernünftigerweise der Bedeutungsgehalt eines rechtsgeschäftlichen Bindungswillens beigemessen wurde.[719] Freiwillige Selbstbindung wird demnach auch dann erreicht, wenn nicht-widersprüchliches Verhalten zu vermuten ist.[720] Eine so verstandene Willenserklärung des Unternehmers liegt auch bei der Gewinnzusage vor.[721] Damit genügt zur Begründung einer Verpflichtung, welche als vertraglich im Sinne des EuGVÜ zu qualifizieren ist, die Tatsache, dass der Schuldner die Höhe des zugesagten Gewinnes festschreiben kann und so eine Selbstbindung erreicht.[722]

b) Vereinbarkeit mit dem Gebot enger Auslegung der besonderen Gerichtsstände?

Führt man sich das eingangs erwähnte Regel-Ausnahme-Prinzip noch einmal vor Augen, so erscheint eine derart weite Auslegung des Vertragsbegriffs zu-

---

[714] *Leible*, IPrax 2003, 28 (30); *Piekenbrock/Schulze*, IPrax 2003, 328 (331).
[715] *Wolff*, Mentalreservation, Seite 69.
[716] *Häcker*, ZVglRWiss 103 (2004), 464 (485); *Leipold*, FS Musielak, 2004, 317 (324); BGH, NJW 2006, 230 (232).
[717] *Klausberger*, Willensmängel, Dissertation, 1989, Seite 83.
[718] EuGH-Urteil vom 20. 01. 2005, Rs. C-27/02, in NJW 2005, 811 (813, Rn. 50ff) - *Engler*; *Leible*, NJW 2005, 796 (797); *Nickel*, Die Erklärungsfiktion, Dissertation, 1996, Seite 142; *Martiny*, FS Geimer, 2002, 641 (650); *Wolff*, Mentalreservation, Seite 79, 80.
[719] EuGH-Urteil vom 20. 01. 2005, Rs. C-27/02, in NJW 2005, 811 (813, Rn. 50ff) - *Engler*; *Leible*, NJW 2005, 796 (797).
[720] *Mankowski*, IPrax 2003, 127 (129); ders., NZI 1999, 56 (57).
[721] *Piekenbrock/Schulze*, IPrax 2003, 328 (331); *Dörner*, FS Kollhosser, 2004, 75 (80).
[722] *Oberhammer*, ZZP 2004, 92 (95).

nächst befremdlich. In der Tat muss die Rechtsprechung, in welcher der EuGH eine enge Auslegung der Spezialtatbestände nahe legt, detaillierter gelesen werden. In dem Urteil ordnet der EuGH nämlich an, dass von dem Regel-Ausnahme-Prinzip *nicht ohne triftigen Grund* abgewichen werden darf. Voraussetzung für ein Abweichen ist demnach, dass die möglichen Gerichtsstände für den Rechtsanwender erkennbar und vorhersehbar sein müssen.[723] Die hierfür erforderliche Rechtssicherheit ist nach der weiteren Rechtsprechung des EuGH bereits dann gegeben, wenn ein normal informierter Beklagter vernünftigerweise vorhersehen kann, vor welchem anderen Gericht, als dem des Staates, in dem er seinen Wohnsitz hat, er verklagt werden könnte.[724] Dies ist beim erweiterten Vertragsbegriff des EuGH deswegen der Fall, weil die Annahme eines Erfüllungsgerichtsstandes immer noch ein willensgesteuertes, nichtwidersprüchliches Verhalten erfordert. Wer sich aber willentlich im Rechtsverkehr äußert kann die Tragweite der Verpflichtung in aller Regel auch erkennen.[725] So lässt sich das Vorgehen mit Grundsätzen des Kollisionsrechts vereinbaren.[726]

c) Rechtsfolgen der vertraglichen Qualifikation

Art 5 Nr. 1 EuGVÜ bestimmt, dass bei Streitigkeiten über einen Vertrag und Ansprüchen aus einem Vertrag eine Person vor dem Gericht verklagt werden kann, an welchem die Verpflichtung erfüllt worden ist oder zu erfüllen wäre. Die beiden möglichen Gerichtsstände sind nicht wahlweise nebeneinander anwendbar. Der Gerichtsstand des Ortes, an dem erfüllt wurde verdrängt den Gerichtsstand des Ortes, an dem zu erfüllen gewesen wäre, ab dem Zeitpunkt, da ein Erfüllungsversuch stattgefunden hat. Anlass für die Ausnahme zur grundsätzlichen Zuständigkeit des Beklagtengerichts, Art 2 EuGVÜ, ist die enge Bindung, welche der Vertrag zwischen den Vertragsparteien schafft.[727] Lange Zeit war umstritten, wie die Frage nach dem für die Zuständigkeit maßgeblichen Erfüllungsort zu beantworten sei.[728] Eine Ansicht favorisierte dabei eine Beurteilung nach der *lex causae*, also der Rechtsordnung, der das eingeklagte Recht

---

[723] *Timme*, JuS 2003, 638 (640).
[724] EuGH-Urteil vom 17. 06. 1992 - Rs. C - 26/91, in JZ 1995, 90 – *Handte/TMSC*, Rn. 15, 18; EuGH-Urteil vom 19. 02. 2002 - Rs. C - 256/00, in NJW 2002, 1407 (1408), Rn. 26 - *Besix*.
[725] *Mörsdorf-Schulte*, JZ 2005, 770 (775).
[726] *Staudinger*, JZ 2003, 852 (854).
[727] *Kropholler*, 6. Auflage, 1998, Art 5 EuGVÜ, Rn. 5; ders., 8. Aufl. 2005, Art 5 EuGVVO, Rn. 5.
[728] vgl. hierzu: *vBar*, Internationales Privatrecht, Bd. I, 2. Aufl., 2003, Seite 645ff; *Schack*, Der Erfüllungsort im deutschen, ausländischen und internationalen Privat- und Zivilprozeßrecht, 1985, Rn. 344-353, 358; *Schack*, Internationales Zivilverfahrensrecht, 2002, Rn. 271, 273; *Martiny*, RabelsZ 45 (1981), 427 (431, 434); *Pocar*, RabelsZ 42 (1978) 405, 417ff; *Giardina*, Int. Comp. L. Q. 27 (1978) 263 (271f).

nach dem IPR des Gerichtsstaates unterliegt. Andere gingen davon aus, die Beurteilung habe sich nach der *lex fori* zu richten. Das ist die Rechtsordnung des Gerichtsstaates. Wieder andere sprachen sich gar für eine autonome Bestimmung des Erfüllungsortes aus. Bei einer *lex causae*-Beurteilung im Fall der Anrufung deutscher Gerichte würde das deutsche IPR vorgeben, welche Rechtsordnung über die Frage des Erfüllungsgerichtsstandes entscheidet. Eine Behandlung nach der *lex causae* hätte für die Erfüllung von Geldschulden zur Folge, dass bei Anrufung des deutschen Gerichts wegen Art 28 II EGBGB nach dem Erfüllungsort für Geldschulden der ausländischen Rechtsordnung zu fragen ist.[729] Dieser läge z.B. in England, Italien oder den Niederlanden beim Gläubiger, so dass in diesem Fall das deutsche Gericht zu Entscheidung berufen wäre, nicht aber in Belgien, Frankreich und Luxemburg und Österreich.[730] Anders wäre es, wenn die Gewinnzusage als Verbrauchervertrag die Erbringung von Dienstleistungen oder die Lieferung beweglicher Sachen zum Gegenstand hätte. In diesem Fall wäre bei einer Anrufung der deutschen Gerichte nach Art 29 EGBGB für die Frage des Erfüllungsortes das deutsche Recht zu befragen. Nach § 269 BGB liegt der Erfüllungsort für die Lieferung beweglicher Sachen am Sitz oder Wohnsitz des Gläubigers. Im Ergebnis wäre das angerufene deutsche Gericht daher bei einer Lieferung beweglicher Sachen an einen Verbraucher zuständig. Diese Beurteilung wird in den 15 Alt-Mitgliedstaaten weitgehend parallel laufen, da in der EU wegen der Vorschriften des Römischen Schuldvertragsübereinkommens (EVÜ) das IPR angeglichen wurde.[731] Damit ist die Ermittlung des Erfüllungsortes nach der *lex causae* komplex. Ihre Gegner werfen der *lex fori*-Auslegung des Erfüllungsortsbegriffes daher vor, diese Herangehensweise sei unökonomisch.[732] Allerdings tauchen bei der Auslegung nach der *lex fori* nur dieselben Probleme auf, wie im Fall der Auslegung nach der *lex causae*. Da die einzelnen Zivilrechtsordnungen auch innerhalb Europas noch nicht vereinheitlicht wurden, wäre die Frage des zuständigen Gerichts bei einer Ermittlung des Erfüllungsortes nach der *lex fori* unberechenbarer.[733] Zudem spricht für die *lex causae*-Beurteilung, dass der Schuldner nach diesem Recht auch zu leisten hat.[734] Daher schloss sich auch der Europäische Gerichtshof, als er sich im Jahr

[729] OLG Braunschweig, NJW 2006, 161 (162); *Fusssenegger/Matt*, ecolex 2004, 697; *Lorenz/Unberath*, IPrax 2005, 219 (222).
[730] *Blobel*, VuR 2005, 164 (167); *Lorenz*, NJW 2006, 472 (474); *Schack*, Der Erfüllungsort im deutschen, ausländischen und internationalen Privat- und Zivilprozeßrecht, 1985, Rn. 263ff.
[731] *Blobel*, VuR 2005, 164 (167).
[732] *Schack*, Internationales Zivilverfahrensrecht, 2002, Rn. 93.
[733] *Schack*, Internationales Zivilverfahrensrecht, 2002, Rn. 93, 271.
[734] EuGH-Urteil vom 06. 10. 1976 - 14/76, in NJW 1977, 490 - *Bloos. /. Bouyer*; *Bajons*, FS Geimer, 2002, 15 (22); Reithmann, *Martiny*, Internationales Vertragsrecht, 2004, Rn. 293; Zöller, *Geimer*, Einl VII E 29a; Spellenberg, ZZP 91 (1987), 38 (44); Musielak, *Weth*, EG-Verordnungen, Artikel 5 Verordnung EG Nr. 44/2001, Rn. 2.

1976 im Fall *Tessili* mit der Frage zu beschäftigen hatte, der Ansicht an, welche die Frage des Erfüllungsortes nach den Kollisionsnormen des Landes des angerufenen Gerichts, also nach der *lex causae* bestimmen will.[735] Maßgeblich für den Gerichtsstand ist dabei grundsätzlich diejenige Verpflichtung, welche den Gegenstand der Klage bildet.[736]

5) Erfüllungsortsvereinbarung

Der BGH hat sich in einer Entscheidung aus dem Jahr 2005[737] im Zusammenhang mit der Frage, welches Gericht das "Gericht des Erfüllungsortes" in Art 5 Nr. 1 EuGVVO sei, dafür ausgesprochen, in § 661a BGB eine Erfüllungsortvereinbarung unabhängig vom tatsächlichen Bestehen einer solchen Vereinbarung hinein zu lesen, wenn auch der Wortlaut eine derartige Annahme nicht stützt. Das internationale Zivilprozessrecht führe dazu, dass der Verbraucher zum Unternehmer reisen müsse, um seinen Preis herausverlangen zu können. Dies verbiete aber der Verbraucher schützende Zweck des § 661a BGB. Andernfalls hätte der Unternehmer es in der Hand, den Preis so geringwertig zu halten, dass sich für den Verbraucher die Anreise gar nicht lohnen würde.[738] Eine solche Deutung des § 661a BGB widerspricht jedoch nicht nur dem Wortlaut der Vorschrift, sie lässt sich auch den Gesetzgebungsmaterialien nicht entnehmen. Sie ist überdies auch nicht erforderlich. Derjenige, dessen Rechtskreis durch eine Vorschrift erweitert wird, ist nur in Ausnahmefällen in einem Maße schutzwürdig, welches eine Abweichung von den allgemeinen Gerichtsstandsfragen erforderlich erscheinen lassen könnte. Im Fall des § 61a BGB, in dem der Verbraucher für eine schriftliche Zusage einen Gewinn erhält, erscheint es gerechtfertigt, wenn er sich, wie jeder Beschenkte, für die Einforderung des Preises ins Ausland begeben muss.

Daneben ist es allerdings weiter möglich, den Erfüllungsort kraft parteiautonomer Vereinbarung vom eigentlichen Erfüllungsort weg zu verlegen. Eine solche Vereinbarung unterliegt dabei, anders als die Gerichtsstandsvereinbarung (Art 17 EuGVÜ), grundsätzlich keiner Form.[739] Das liegt daran, dass die Vorschrift zur Form von Gerichtsstandsvereinbarungen auf einem anderen Konzept beruht, als Art 5 Nr. 1 EuGVÜ. Dies wird darin deutlich, dass sich der Kläger bei Art 5 Nr. 1 EuGVÜ auf den Gerichtsstand des Erfüllungsortes entscheiden *kann*, dies aber nicht muss; die Klage vor dem Erfüllungsgericht ist alternativ zur Klage

[735] EuGH-Urteil vom 6. 10. 1976 - Rs. 12/76, *Industrie Tessili*, in NJW 1977, 491; *Dietze/Schnichels*, EuZW 2005, 552 (554); *Kohler*, FS Geimer, 2002, 461 (472).
[736] EuGH-Urteil vom 6. 10. 1976 - Rs. 14/76, NJW 1977, 490 - *Bloos. /. Bouyer*.
[737] BGH, NJW 2006, 230 (233); ähnlich: *Häcker* ZVglRWiss 103 (2004) 464 (490).
[738] *Häcker* ZVglRWiss 103 (2004) 464 (490).
[739] *Spellenberg*, ZZP 91 (1978), 38 (44f, 61); Bajons, FS Geimer, 2002, 15 (40); *Martiny*, RabelsZ 45 (1981), 427 (440).

vor dem Beklagtengericht. Zudem handelt es sich bei dem Erfüllungsortsgerichtsstand um ein Erfordernis der Sachnähe, das auch bei Vorliegen eines vereinbarten Gerichtsstands besteht.[740] Dass die Parteivereinbarung möglich ist und Auswirkung auf den Gerichtsstand hat, wurde von der Europäischen Kommission bei der Formulierung des Art 5 Nr. 1 b) EuGVVO ausdrücklich angesprochen.[741] Der EuGH verlangt jedoch zur Verhinderung von Rechtsmissbrauch, dass der gewählte Erfüllungsort nicht bloß ein hypothetischer ist.[742] Eine Zusage, wie sie in den von OLG Nürnberg[743] und LG Braunschweig[744] entschiedenen Fällen vorlag, in denen eine Lieferung des zugesagten Gewinnes an den Verbraucher versprochen wurde, genügt diesen Anforderungen.[745]

6) Verbrauchervertragliche Qualifikation

In Betracht käme zudem eine verbrauchervertragliche Qualifikation der Gewinnzusage. Eine solche Qualifikation hätte den Vorteil, dass dem Verbraucher mehrere mögliche Klageorte zur Verfügung stünden; der Unternehmer, dem die Berufung auf Art 13 verschlossen ist, könnte demgegenüber in der Regel nur am Gerichtsstand des Verbrauchers klagen.[746] Außerdem können bei Eingreifen des 13 EuGVÜ Gerichtsstandsvereinbarungen nur nachträglich getroffen werden, Art 15 Nr. 1 EuGVÜ wodurch sich das Risiko einer Derogation beseitigen ließe.[747] Der Verbrauchergerichtsstand dient dem Schutz des Verbrauchers, der nicht beruflich oder gewerblich handelt, vor dem erfahreneren Vertragspartner.[748] Art 13 EuGVÜ erfasst daher Klagen aus einem Vertrag, den eine Person zu einem Zweck abgeschlossen hat, welcher nicht ihrer beruflichen oder ge-

---

[740] *Kropholler*, 8. Aufl. 2005, Art 5 EuGVVO, Rn. 35; zustimmend EuGH-Urteil vom 17. 01. 1980 - Rs. 56/79, EuGHE 1980, 89 = WM 1980, 720 = Rev. Crit. 69 (1980), 385 - *Zelger gegen Salinitri*; Schlosser EuGVÜ, 1996, Art 5 Rn. 11; anderer Ansicht: Bülow/Böckstiegel, *Linke*, Art 5 GVÜ, Anm I 4c m. w. N. .

[741] Begründung des Kommissionsentwurfs, KOM 1999 (348) endg 15 = BRDrucks. 534/99, 14; *Kropholler*, 8. Aufl. 2005, Art 5 EuGVVO, Rn. 51.

[742] EuGH-Urteil vom 20. 02. 1997, Rs. C 106/95, in JZ 1997, 839, Rn. 31, 33, 35 – *Mainschiffahrts-Genossenschaft (MSG)/Les Gravières Rhénans*; *Bajons*, FS Geimer, 2002, 15 (40f); *Kohler*, FS Geimer, 2002, 461 (477); Musielak, *Weth*, EG-Verordnungen, Artikel 5 Verordnung EG Nr. 44/2001, Rn. 8.

[743] Urteil vom 28. 08. 2002, 4 U 641/02, in IPrax 2003, 54 = NJW 2002, 3637.

[744] Urteil vom 10. 01. 2002, 10 O 2753, in IPrax 2002, 213.

[745] *Dörner*, FS Kollhosser, 2004, 75 (84).

[746] Schlosser, EuGVÜ, 1996, Art 13 Rn. 1.

[747] Schlosser, EuGVÜ, 1996, Art 13 Rn. 1; zur EuGVVO: Musielak, *Weth*, EG-Verordnungen, VOR Artikel 15 Verordnung EG Nr. 44/2001.

[748] EuGH-Urteil vom 19. 01. 1993 - Rs. C-89/91, in EuZW 1993, 224 (225) - *Shearson Lehmann Hutton*; Musielak, *Weth*, EG-Verordnungen, Artikel 15 Verordnung EG Nr. 44/2001, Rn. 1; Schlosser, EuGVÜ, 1996, Art 13 Rn. 3.

werblichen Tätigkeit zugerechnet werden kann (Verbraucher). Art 13 EuGVÜ zählt einzelne Vertragsarten auf. Die Gewinnzusage nennt Art 13 EuGVÜ dabei jedoch nicht. In Betracht kommt nur eine Anwendung des Art 13 Nr. 3 EuGVÜ. Hierfür ist das Vorliegen eines Verbrauchervertrages erforderlich, welcher die Erbringung einer Dienstleistung oder die Lieferung beweglicher Sachen zum Gegenstand hat. Der Begriff der „Dienstleistungen" ist erneut autonom zu interpretieren. Er orientiert sich an Art 50 EG. Der Begriff erfasst alle Leistungen, die gegen Entgelt erbracht werden, und zwar insbesondere gewerbliche, kaufmännische, handwerkliche und freiberufliche Tätigkeiten, sofern sie tätigkeits- und nicht erfolgsbezogen sind.[749] Gem. Art 13 Nr. 3 EuGVÜ ist hierfür eine vorausgegangene Werbung oder ein ausdrückliches Angebot im Wohnsitzstaat des Verbrauchers erforderlich, wobei allerdings für die Frage des Vorliegens einer Werbung ausreichend ist, dass in irgendeiner Weise auf das Unternehmen aufmerksam gemacht wird.[750] Darüber hinaus muss der Verbraucher in seinem Heimatland die zum Abschluss des Vertrages erforderliche Handlung erbracht haben, Art 13 Nr. 3 b) EuGVÜ. Die Anwendung scheitert bereits daran, dass Art 13 Nr. 3 EuGVÜ erfordert, dass die betreffende Dienstleistung gegen Entgelt erbracht wird. Darüber hinaus ist für eine Anwendung des Art 13 EuGVÜ, anders als beim vertraglichen Gerichtsstand, die Gegenseitigkeit des Vertrages unverzichtbar.[751] Der EuGH fordert, dass eine Verpflichtung besteht, welche eine Konnexität zu der anderen Leistung aufweist.[752] Daran fehlt es aber bei der Gewinnzusage. Daher lässt sich eine Anwendung des Art 13 EuGVÜ auch nicht aus einem besonderen Schutzbedürfnis der Verbraucher rechtfertigen, ohne dass die betreffende Maßnahme unter den Tatbestand zu subsumieren ist.

Zur Überwindung der engen Voraussetzungen des Art 13 EuGVÜ tätigte der Europäische Gerichtshof im Fall *Gabriel* einen juristischen Kunstgriff. Der Sachverhalt, über den der EuGH im Fall *Gabriel* zu entscheiden hatte, sprach an sich gegen eine Zuständigkeit des Verbrauchergerichts. Eine Verbraucherin hatte eine geschäftsakzessorische Gewinnzusage erhalten. Um in den Genuss des zugesagten Gewinnes kommen zu können, hatte sie Sachen bestellt. Der EuGH berief sich auf den Gedanken der Akzessorietät, um in diesem Fall Art 13 EuGVÜ zur Anwendung zu bringen. Er ließ es ausreichen, dass der abgeschlossene Kaufvertrag unter Art 13 EuGVÜ fiel, um die Gewinnzusage selbst Art 13 EuGVÜ zu unterstellen. Zu diesem Zweck führte der EuGH aus, der Kaufvertrag und der Anspruch aus der Gewinnzusage gehörten untrennbar zusammen.

---

[749] *Kropholler*, 8. Aufl. 2005, Art 5 EuGVVO, Rn. 42f.

[750] EuGH-Urteil vom 11. 07. 2002 - Rs. C 96/00 in Slg. 2002 I 6367 = NJW 2002, 2697 (2698) = EuZW 2002, 539 (541) = RiW 2002, 949 = IPrax 2003, 50 Nr. 36, Rn. 41ff - *Gabriel.*

[751] EuGH-Urteil vom 20. 01. 2005, Rs. C-27/02, in NJW 2005, 811 (812, Rn. 36) - *Engler*; *Leible*, NJW 2005, 796 (797); *Mörsdorf-Schulte*, JZ 2005, 770 (779).

[752] EuGH-Urteil vom 20. 01. 2005, Rs. C-27/02, in NJW 2005, 811 (812, Rn. 53) - *Engler.*

Zur Vermeidung von Gerichtsstandshäufungen müsse daher dasselbe Gericht über Streitigkeiten aus den beiden Rechtsverhältnissen entscheiden können.[753] Indem er es für möglich hielt, Ansprüche aus der Zeit der Vertragsanbahnung, in die der Anspruch aus § 661a BGB zeitlich hineinfällt, dem Gerichtsstand des Kaufvertrages anzugleichen, betrat der EuGH im Rahmen der Auslegung des EuGVÜ Neuland.[754] Schon lange hatte der EuGH betont, dass zusammenhängende Komplexe nicht durch ein Auseinanderfallen der Gerichtsstände zerrissen werden dürfen.[755] Er unterstrich in diesem Zusammenhang bisher immer, dass eine geringfügige Nebenpflicht der Hauptpflicht folge.[756] Noch in der *Réunion européenne*-Entscheidung[757] war im Anschluss an die *Kalfelis*-Entscheidung eine Annexkompetenz des Gerichts des Deliktsgerichtsstands für nichtdeliktsrechtliche Ansprüche verneint worden.[758] Darüber hinaus zeichnete sich die bisherige Rechtsprechung des EuGH vor allem im Bereich des Verbrauchergerichtsstandes durch eine restriktive Auslegung aus.[759] Im Fall *Gabriel* wurde jedoch die Rechtsnatur eines vollständigen Rechtsverhältnisses für die Qualifikation eines anderen Rechtsverhältnisses maßgeblich. Die Vorgehensweise des Europäischen Gerichtshofes lässt sich nur daraus erklären, dass die Gewinnzusage vertraglich qualifiziert wurde und dieses vertragliche Rechtsverhältnis unter der Auflage begründet wurde, dass ein darüber hinausgehender Verbrauchervertrag geschlossen wurde. So besteht bei geschäftsakzessorischen Gewinnzusagen eine Verschachtelung der beiden Tatbestände. Der Verbrauchervertrag wird damit indirekt Bestandteil des Vertragsverhältnisses und prägt dieses. Zudem besteht zwischen dem Vertrag und dem Verbrauchervertrag ohnehin eine größe-

---

753 EuGH-Urteil vom 11. 07. 2002 - Rs. C 96/00, Slg. 2002 I 6367 = NJW 2002, 2697 (2698) = EuZW 2002, 539 = RiW 2002, 949 = IPrax 2003, 50 Nr. 36 - (*Gabriel*); so auch schon *Lorenz*, NJW 2000, 3305 (3309); zustimmend *Leipold*, FS Musielak, 2004, 317 (320); *Timme*, JuS 2003, 638 (639).

754 *Staudinger*, JZ 2003, 852 (854); ders., ZEuP 2004, 767 (777); *Fetsch*, RiW 2002, 936 (943); *Mankowski*, EWiR 2002, 873 (874).

755 *Droz*, Revue critique de Droit International Privé 1976, 120 (129); *Gottwald*, IPrax 1989, 272 (273); *Martiny*, RabelsZ 45 (1981), 427 (439).

756 EuGH-Urteil vom 19. 02. 2002 - Rs. C - 256/00, in NJW 2002, 1407 (1408), Rn. 27 - *Besix;* EuGH-Urteil vom 15. 01. 1987 - 266/85, Nr. 19 - *Shenvai/Fischer*; *Schack*, Internationales Zivilverfahrensrecht, 2002, Rn. 268; *Kropholler*, 8. Aufl. 2005, Art 5 EuGVVO, Rn. 32; zustimmend *Gaudemet-Tallon*, Revue Critique Droit International Privé 77 (3) 613 (616); *Mörsdorf-Schulte*, JZ 2005, 770 (775).

757 EuGH-Urteil vom 27. 10. 1998, 51/97 unter Nr. 49 - Réunion européenne.

758 EuGH-Urteil vom 22. 03. 1983 - Rs. 34/82 in Slg. 1983, 987 = IPrax 1984, 85 (86, 87) - *Peters/ZNAV*; EuGH-Urteil vom 27. 09. 1988, 189/87, Nr. 8, 19 in Slg. 1988, 5565 = NJW 1988, 3088 (3089) = RiW 1988, 901, 987 = IPrax 1989, 288 - *Kalfelis/Schröder.*

759 vgl. EuGH-Urteil vom 20. 01. 2005, Rs. C-27/02, in NJW 2005, 811 (813, Rn. 43) - *Engler*; EuGH-Urteil vom 19. 01. 1993 - Rs. C-89/91, Rz. 15 in Slg. 1993, I-139 = EuZW 1993, 224 (225) - *Shearson Lehmann Hutton*; *Gottwald*, IPrax 1989, 272 (273); *Timme*, JuS 2003, 638 (640); Thomas/Putzo, ZPO, 2002, Art 15 EuGVVO, Rn. 1.

re Nähe als zwischen einem vertraglichen und einem deliktischen Tatbestand. Der Verbrauchergerichtsstand ist ein Sonderfall des Gerichtsstandes für Streitigkeiten aus dem Vertrag.[760] Dies rechtfertigt es, ausnahmsweise beide Verträge demselben Gerichtsstand zu unterwerfen. Die letztendliche Maßgeblichkeit des Art 13 EuGVÜ für die Frage des zuständigen Gerichts trägt der besonderen Bedeutung des Verbraucherschutzes Rechnung. Nur so ist die Tatsache, dass der intendierte Vertrag die Voraussetzungen des Art 13 EuGVÜ erfüllt, ausreichend.[761] Zum Teil wird vorgeschlagen, das Erfordernis einer bestimmten Vertragsform in Art 13 EuGVÜ bei § 661a BGB unabhängig von der Art der Gewinnzusage zu übergehen. Hierzu soll nach dieser Ansicht das Bedürfnis eindeutiger Gerichtszuständigkeit zwingen, weil die Gewinnzusage Verbraucherrecht behandle.[762] Außerdem ließe sich nur so der Widerspruch lösen, dass der Verbraucher andernfalls „in die Falle tappen" müsste, um zu einem Verbrauchergerichtsstand zu kommen.[763] Bereits das Argument, der Verbraucher müsse „in die Falle tappen" zeugt in diesem Zusammenhang jedoch von einem falschen Verständnis des EuGH-Urteils in der Rechtssache *Gabriel*. Es geht bei der Unterscheidung nicht um die Frage, ob eine Bestellung erfolgt ist, sondern darum, ob eine solche zu erfolgen hat. Nicht der Kauf begründet die erforderliche Nähe, sondern die Tatsache, dass die Geltendmachung des Anspruchs aus der Zusage im Fall der verkaufsakzessorischen Gewinnzusage vom Kauf abhängt. An einer derartigen Verflechtung der Zusage mit dem intendierten Geschäft fehlt es im Fall der isolierten Gewinnzusage aber gerade. Bei der isolierten Gewinnzusage erfolgen weitere Bestellungen aus einem Gefühl der Dankbarkeit. Würde man ein solches Vorgehen für die Annahme eines Verbrauchergerichtsstandes genügen lassen, wären dem Missbrauch Tür und Tor geöffnet. Allein aus der Tatsache, dass sowohl bei der isolierten als auch bei der geschäftsakzessorischen Gewinnzusage ein Gewinn versprochen wird, lässt sich eine Gleichbehandlung in der Frage der Anwendbarkeit des Art 13 EuGVÜ nicht begründen. Dies wird in der Literatur zum Teil kritisiert.[764] Allerdings wäre für die Anwendung des Art 13 EuGVÜ auf die isolierte Gewinnzusage wegen der fehlenden Verfechtung zwischen der Zusage und dem intendierten Geschäft dogmatisch korrekt eine Analogie erforderlich, in Fällen der auf eine Geldzahlung

---

[760] BGH, ZZP 2004, 87 (89); *Blobel*, VuR 2005, 164 (166); *Timme*, JuS 2003, 638 (639).

[761] ähnlich: *Lorenz*, IPrax 2002, 192 (194); ders., NJW 2000, 3305 (3309); *Mörsdorf-Schulte*, JZ 2005, 770 (779).

[762] OLG Dresden, IPrax 2002, 421 (422, 423) = OLGR 2002, 281 = VuR 2002, 187 (188); OLG Nürnberg, IPrax 2003, 54 (56) = NJW 2002, 3637 (3638); für eine analoge Anwendung des Art 13 EuGVÜ auf die Gewinnzusage: *Dörner*, FS Kollhosser, 2004, 75 (84); *Timme*, JuS 2003, 638 (640).

[763] *Mörsdorf-Schulte*, JZ 2005, 770 (779); *Staudinger*, ZEuP 2004, 767 (771); OLG Dresden, IPrax 2002, 421 (423) = OLGR 2002, 281 = VuR 2002, 187 (189).

[764] *Brenn*, ÖJZ 2005, 698 (701).

gerichteten Gewinnzusage sogar eine doppelte Analogie.[765] Wenn es sowohl an einer Vergleichbarkeit der Tatbestände als auch an einer Regelungslücke fehlt lässt sich eine solche jedoch schwerlich begründen. Zwar ist es richtig, dass der Anspruchsinhaber des § 661a BGB Verbraucher ist - dies erfordert schon der Tatbestand - weshalb sich eine gewisse prozessuale Schutzbedürftigkeit nicht verneinen lässt. Durch eine Anwendung des Art 13 I EuGVÜ auf alle Verträge von Unternehmern mit Verbrauchern würde die Vorschrift aber zu einem allgemeinen Verbrauchergerichtsstand, was in einem klaren Konflikt mit der Wertung des Art 13 I EuGVÜ steht, nach der ein Verbraucher eben nur in bestimmten Fällen an seinem Wohnort klagen kann.[766] Der Europäische Gerichtshof hat trotz der inhaltlichen Nähe zum Kauf auf Teilzahlung im Sinne des Art 13 I Nr. 1 EuGVÜ eine analoge Anwendung des Art 13 EuGVÜ auf den Werkvertrag abgelehnt obwohl auch hier ein unabweisliches Schutzbedürfnis des Verbrauchers besteht.[767] Weil der Anspruch des Verbrauchers aus dem Werkvertrag aber nicht davon abhängt, dass er die Ratenzahlungsmöglichkeit tatsächlich in Anspruch nimmt, fehlt es aber an der im Fall *Gabriel* beschrieben Verflechtung der einen mit der anderen Vereinbarung. Bei Art 13 EuGVÜ handelt es sich um einen Sonderfall des Gerichtsstandes für Streitigkeiten aus dem Vertrag,[768] der seinerseits eine Ausnahme zu dem in Art 2 festgelegten Grundsatz des *actor sequitur forum rei* ist.[769] Schon aus diesem Grund muss die Vorschrift eng ausgelegt werden. Art 13 EuGVÜ wurde seit jeher restriktiv behandelt, weil sonst die Gefahr bestünde, dass die tatbestandlichen Voraussetzungen leer laufen.[770] Jedenfalls ist eine Ausdehnung des Art 13 EuGVÜ auf alle Verbraucherschutzfälle nicht angebracht.[771] Für eine Gleichbehandlung der beiden Tatbestände fehlt es auch an der Notwendigkeit einer Anwendung der Verbraucherschutzvorschriften. Der Verbraucher will einen bloßen „windfall" einstreichen. Damit ist er nicht schützenswerter als der Versender. Es war daher nur folgerichtig, dass sich der EuGH in der Rechtssache *Engler*, in der es um eine isolierte Gewinnzusage ging, gegen die Anwendung eines Verbrauchergerichtsstands entschieden hat.

---

[765] *Staudinger*, JZ 2003, 852 (855); ders., RiW 1999, 915; LG Bielefeld, NJW-RR 1999, 1282, 1283.
[766] *Häcker*, ZVglRWiss 103 (2004), 464 (472); *Leible*, IPrax 2003, 28 (30).) EuGH-Urteil vom 20. 01. 2005, Rs. C-27/02, in NJW 2005, 811 (812, Rn. 31) - *Engler*; *Blobel*, VuR 2005, 164 (166); *Dörner*, FS Kollhosser, 2004, 75 (83).
[767] EuGH-Urteil vom 27. 04. 1999 - Rs. C-99/96, in EuZW 1999, 727 - *Mietz/Yachting Sneek*.
[768] BGH, ZZP 2004, 87 (89); *Blobel*, VuR 2005, 164 (166); *Timme*, JuS 2003, 638 (639).
[769] *Lorenz*, NJW 2006, 472 (473); *Kropholler*, 8. Aufl. 2005, vor Art 5 EuGVVO, Rn. 2.
[770] a. A. OLG Dresden, Urteil vom 19. 12. 2001 - 8 U 2256/01, in IPrax 2001, 421 (422); OLG Nürnberg, NJW 2002, 3637 (3638).
[771] *Blobel*, VuR 2005, 164 (166); *Leible*, NJW 2005, 796 (797); *Schäfer*, JZ 2005, 981 (987); Schlosser, EuGVÜ, 1996, Art 16 Rn. 4 OLG Nürnberg, IPrax 2003, 54 (56) = NJW 2002, 3637; *Kropholler*, 8. Aufl. 2005, vor Art 5 EuGVVO, Rn. 3; a. A. noch ders., 6. Aufl. 1998, Art 13 EuGVÜ, Rn. 3.

Dieselben Grundsätze müssen - entgegen einer Ansicht in der Literatur - für Gewinnzusagen gelten, bei denen der Empfänger zur Einlösung des Gewinns eine teure 0900-Nummer anrufen muss.[772] Die am Telefon erbrachte Dienstleistung stellt unzweifelhaft einen synallagmatischen Vertrag dar. Man muss diese Leistung allerdings von der Gewinnzusage im engeren Sinne losgelöst betrachten. Nur in den Fällen, in denen die Telefondienstleistung Voraussetzung für die Auszahlung des Gewinnes ist, liegt eine Verflechtung vor, bei der die Gewinnzusage wie jede verkaufsakzessorische Gewinnzusage behandelt werden muss. Nur dann ist eine Anwendung des Art 13 EuGVÜ wegen Vorliegens einer engen Verknüpfung gerechtfertigt.

7) Gerichtsstand der Zweigniederlassung

In Ausnahmefällen kommt bei der Gewinnzusage auch eine Klage am Gericht der Zweigniederlassung nach Art 5 Nr. 5 EuGVÜ in Betracht. Dieser Gerichtsstand ermöglicht es dem Kläger, sich an das Gericht zu wenden, in dessen Bezirk der Klagegegner handelt, ohne dass er dabei auf den allgemeinen Gerichtsstand des Art 2 EuGVÜ verwiesen werden könne.[773] Dieser Gerichtsstand kann dann interessant werden, wenn sich der Unternehmer zum Versand der Gewinnzusagen einer Filiale bediente. Einen solchen Fall hatte das Oberlandesgericht Nürnberg zu verhandeln. Es hatte über einen Fall zu entscheiden, in welchem die Klägerin wiederholt von einer Zweigstelle in Deutschland aufgegebene Schreiben eines niederländischen Unternehmens erhielt, in welchem ihr ein Gewinn in Höhe von insgesamt 232161 DM versprochen wurden. Die Empfängerin der Schreiben klagte auf einen Teilbetrag von 10.001 DM, und sie bekam Recht. Das Gericht führte in diesem Zusammenhang aus, es sei international zuständig, über die Rechtssache zu entscheiden, weil auf die Gewinnzusage Art 13 EuGVÜ Anwendung fände. Zunächst begründe § 661a BGB unzweifelhaft einen Vertrag, den der Verbraucher durch Erfüllung der vom Versender geforderten Handlungen annehme.[774] Es begründete dies mit den übereinstimmenden Zwecken von Art 13 EuGVÜ und § 661a BGB, den Schwächeren zu schützen. Es berief sich außerdem darauf, nur dieses Ergebnis könne dem Gebot der Vermeidung der Häufung von Gerichtsständen Rechnung tragen.[775] In der Begründung heißt es weiter, Art 13 EuGVÜ könne seinen eigenen Schutzzweck nur dann adäquat erfüllen, wenn er auch solche Rechtsstreitigkeiten erfasst, die, wie im Fall des § 661a BGB, im Vorfeld des eigentlichen Vertragsschlusses anzusie-

---

[772] zugunsten einer vertraglichen Qualifikation wegen Abstellens auf die Gegenseitigkeit des Telefonvertrages: *Oberhammer*, ZZP 2004, 92 (96); *Piekenbrock/Schulze*, IPrax 2003, 328 (329, 330).

[773] *Fawcett*, Europ. L. Rev. 1984, 337; *Kropholler*, 8. Aufl. 2005, Art 5 EuGVVO, Rn. 99.

[774] OLG Nürnberg, NJW 2002, 3637 (3638).

[775] OLG Nürnberg, NJW 2002, 3637 (3638); ähnlich OLG Dresden, IPrax 2001, 421 (422).

deln sind.[776] Dieser Begründungsaufwand war, wie soeben dargelegt wurde, nicht nur inhaltlich falsch sondern auch überflüssig, da sich das Gericht ebenso gut auf Art 5 Nr. 5 EuGVÜ hätte berufen können. Zweigniederlassung im Sinne des Art 5 Nr. 5 EuGVÜ ist der Mittelpunkt geschäftlicher Tätigkeit, der auf Dauer als Außenstelle des Stammhauses hervortritt, eine Geschäftsführung hat und tatsächlich so ausgestattet ist, dass er in der Weise Geschäfte mit einem Dritten betreiben kann, dass dieser sich nicht unmittelbar an das Stammhaus zu wenden brauchen, sondern Geschäfte an dem Mittelpunkt geschäftlicher Tätigkeit abschließen kann, der dessen Außenstelle ist. Dies gilt unabhängig davon, ob dem Dritten bekannt ist, dass möglicherweise ein Rechtsverhältnis mit dem im Ausland ansässigen Unternehmen begründet wird.[777] Charakteristisch für eine Zweigniederlassung ist dabei, dass sie der Aufsicht und Leitung des Stammhauses unterliegt.[778] Nicht erforderlich ist, dass die Zweigniederlassung rechtsfähig ist.[779] Aufgrund des der Vorschrift zugrunde liegenden Zwecks genügt sogar der Rechtsschein des Vorliegens einer solchen Zweigniederlassung. Daher kann auch ein Unternehmen, das tatsächlich das Stammunternehmen ist, am Gerichtsstand des Art 5 Nr. 5 EuGVÜ verklagt werden kann, wenn es nach außen als Zweigstelle aufzutreten scheint.[780] Erfasst werden alle betriebsbezogenen Handlungen. Dies sind nach der Rechtsprechung des EuGH sowohl die Geschäftsführungshandlungen, als auch die Handlungen, die die Zweigniederlassung vertragsbezogen und sogar deliktsrechtlich vornimmt.[781] Damit wäre es dem Empfänger einer Gewinnzusage möglich, eine im Inland ansässige Firma zu verklagen, die als Zweigniederlassung der Hauptfirma fungiert. Weil die typische Vertriebsstruktur bei Gewinnzusage jedoch genau umgekehrt verläuft wird ein derartiger Fall selten vorkommen.

8) Zusammenfassung

Zusammenfassend lässt sich sagen, dass für die Frage des Gerichtsstandes zu unterscheiden ist zwischen der geschäftsakzessorischen Gewinnzusage, wie sie im Fall *Gabriel* vorlag und zu der auch jene Gewinnzusagen zu rechnen sind, bei denen der Begünstigte zur Einlösung des Gewinns eine teure 0900-Nummer

---

[776] OLG Nürnberg, NJW 2002, 3637 (3639).

[777] EuGH-Urteil vom 22. 11. 1978, 33/78, in RiW/AWD 1979, 56, Nr. 12 - *Somafer*; *Fawcett*, Europ. L. Rev. 1984, 337; *Kropholler*, 8. Aufl. 2005, Art 5 EuGVVO, Rn. 103.

[778] *Kropholler*, 8. Aufl. 2005, Art 5 EuGVVO, Rn. 103.

[779] *Fawcett*, Europ. L. Rev. 1984, 338; *Kropholler*, 8. Aufl. 2005, Art 5 EuGVVO, Rn. 101; Geimer/Schütze Art 5 EuGVVO, Rn. 296.

[780] EuGH-Urteil vom 09. 12. 1987, 218/86, in RiW/AWD 1988, 136 (137), Nr. 5 - *Rothschild*; *Kropholler*, 8. Aufl., 2005, Art 5 EuGVVO, Rn. 108.

[781] EuGH-Urteil vom 22. 11. 1978, 33/78, in RiW/AWD 1979, 56, Nr. 13 - *Somafer*; *Kropholler*, 8. Aufl. 2005, Art 5 EuGVVO, Rn. 110.

anrufen muss und der isolierten Gewinnzusage mit vertragsherbeiführender Intention, welche im Fall *Engler* vorlag.[782] Die isolierte Gewinnzusage unterfällt Art 5 Nr. 1 EuGVÜ. Unter Art 13 EuGVÜ lässt sich die isolierte Gewinnzusage deswegen nicht subsumieren, weil sie keinen der dort genannten Tatbestände erfüllt. Zudem ist die Gewinnzusage einseitig begünstigend. Diese Art Tatbestände unterfällt nicht Art 13 EuGVÜ, welcher nur synallagmatische Verträge erfasst. Damit ist das Gericht des Erfüllungsortes zur Entscheidung berufen. Dies hat wiederum zur Folge, dass der Empfänger einer isolierten Zusage oftmals seine Ansprüche im Ausland verfolgen muss. Dies gilt zum Beispiel für isolierte Gewinnzusagen aus Frankreich, Luxemburg und Österreich. Demgegenüber kann die geschäftsakzessorische Gewinnzusage wegen der bei ihr bestehenden engen Verflechtung von Gewinnzusage und weiterem Rechtsgeschäft seit der Rechtsprechung des Europäischen Gerichtshofes in der Rechtssache *Gabriel* auch vor dem Verbrauchergerichtsstand des Art 13 EuGVÜ eingeklagt werden. Der Gleichlauf zwischen der Zusage und dem intendierten Rechtsgeschäft ist das Resultat dessen, dass der Abschluss eines Verbrauchervertrages zur Voraussetzung für die Aushändigung des Preises gemacht wird. Hier rechtfertigt es der Verbraucherschutz ausnahmsweise, dem Verbraucher einen einheitlichen Klageort an seinem Heimatgericht zu eröffnen. An einem derartigen Bedürfnis fehlt es in den Fällen der isolierten Gewinnzusagen, bei denen die weitere Bestellung aus rein subjektiven Motiven des Verbrauchers erfolgt. Daneben besteht grundsätzlich auch eine Klagemöglichkeit des Verbrauchers am Gericht der Zweigniederlassung gem. Art 5 Nr. 5 EuGVÜ. Da dieser Artikel nur dann Anwendung findet, wenn sich der Unternehmer für die Gewinnzusage einer Zweigniederlassung in Deutschland bediente, ist die Bedeutung dieses Artikels im Ergebnis allerdings gering. Aus den unterschiedlichen Qualifikationen von geschäftsakzessorischer und isolierter Gewinnzusage folgt zwingend eine weitere Differenzierung. Die unterschiedliche Qualifikation führt nämlich zu der kuriosen Situation, dass isolierte Gewinnzusagen zum Gegenstand antizipierter Gerichtsstandsvereinbarungen i.S.v. Art 23 EuGVÜ gemacht werden können. Dies ist bei geschäftsakzessorischen Gewinnzusagen, bei denen der Verbrauchergerichtsstand eröffnet ist, wegen Art 15 Nr. 1 EuGVÜ nicht möglich. Eine unterschiedliche Behandlung von isolierter und geschäftsakzessorischer Gewinnzusage wollten die Gesetzgeber sowohl der österreichischen als auch der deutschen Vorschrift gerade vermeiden.[783] Die Differenzierung zwischen den einzelnen Arten der Gewinnzusagen ist vor dem Hintergrund der Vorgaben des EuGVÜ zwingend erforderlich.

---

[782] *Oberhammer*, ZZP 2004, 92 (96); *Piekenbrock/Schulze*, IPrax 2003, 328 (329, 330).
[783] *Mörsdorf-Schulte*, JZ 2005, 770 (780); *Piekenbrock/Schulze*, IPrax 2003, 328 (329).

B) Qualifikation nach der EuGVVO

Im Verhältnis zu 14 Mitgliedstaaten gilt seit 2002 die Europäische Gerichtsstands- und Vollstreckungsverordnung, EuGVVO,[784] welche sich in wenigen Punkten vom Vollstreckungsübereinkommen unterscheidet. Eine große Neuerung ist die Definition des Erfüllungsortes für Kauf- und Dienstleistungsverträge in Art 5 Nr. 1 lit. b) EuGVVO.[785] Sie bewirkt, dass alle Ansprüche aus den dort genannten Verträgen, wie etwa Zahlungs-, Unterlassungs-, Leistungs-, und Nebenpflichten, vor einem Gericht geltend gemacht werden.[786] So modifiziert die Vorschrift die *Tessili*-Regel, weil unabhängig vom Leistungsort der verletzten Pflicht immer der Erfüllungsort der Hauptleistung maßgeblich ist. Eine weitere für die Beurteilung des § 661a BGB relevante Änderung fand in der Vorschrift zum Verbrauchergerichtsstand statt. Für Klagen aus einem Vertrag, die eine Person zu einem Zweck abgeschlossen hat, der nicht ihrer beruflichen oder gewerblichen Tätigkeit zugerechnet werden kann (Verbraucher) gewähren Artt 15, 16 EuGVVO in bestimmten Fällen ein Klagerecht am Heimatgericht des Verbrauchers, sofern nicht Teilzahlungs- oder bestimmte Kreditgeschäfte Vertragsgegenstand sind. Hier bestand früher eine Beschränkung auf spezielle Vertragstypen, die jedoch mit der Novelle weggefallen ist. Es entstand ein weiter Auffangtatbestand für Verbraucherverträge.[787] Nach Art 15 I lit c) EuGVVO findet Art 16 EuGVVO auf alle Verbraucherverträge Anwendung, wenn der andere Vertragspartner in dem Vertragsstaat, in dem der Verbraucher seinen Wohnsitz hat, eine berufliche Tätigkeit betreibt oder eine solche auf irgendeinem Wege auf diesen Staat oder auf mehrere Staaten, einschließlich dieses Staates, ausrichtet und der Vertrag in den Bereich dieser Tätigkeit fällt. Bei diesem Tatbestand ist die Ausrichtung einer solchen Tätigkeit des Unternehmers auf den Wohnsitzstaat des Verbrauchers alleiniges Anknüpfungsmoment.[788] Grundsätzlich erfasst der Tatbestand dabei auch Fälle, in denen über das Internet geworben wird, sofern die Werbung über die bloße Zugänglichkeit einer eigenen Website hinausgeht.[789] Anders als noch unter Art 13 EuGVÜ ist für die Anwendbarkeit des Art 15 EuGVVO nicht mehr erforderlich, dass der Verbraucher seine Vertragserklärung in seinem Wohnsitzstaat abgibt. Er wird auch dann geschützt, wenn er sich aufgrund der Aktivität des Anbieters ins Ausland begibt.[790] Auch bei der Ge-

---

[784] *Kohler*, FS Geimer, 2002, 461 (469).
[785] *Kohler*, FS Geimer, 2002, 461 (477); *Kropholler*, 8. Aufl. 2005, Art 5 EuGVVO, Rn. 4.
[786] ÖstOGH, Urteil vom 30. 06. 2003, 7 Ob 89/03v, in ZfRV 2004, 32 (33); *Kropholler*, 8. Aufl. 2005, Art 5 EuGVVO, Rn. 14, 27.
[787] *Staudinger*, ZEuP 2004, 767 (773f).
[788] *Lorenz*, NJW 2006, 472 (475); ders., NJW 2002, 192 (194).
[789] Gemeinsame Erklärung des Rates und der Kommision zu den Art 15 und 73 EuGVVO, abgedruckt in IPrax 2001, 261; *Kohler*, FS Geimer, 2002, 461 (479).
[790] *Kohler*, FS Geimer, 2002, 461 (479).

winnzusage geht es um eine Aufmerksamkeitswerbung, durch die der Verbraucher auf eine Tätigkeit des Unternehmers hingewiesen werden soll. Weil der Verbraucher auch dann geschützt wird, wenn er sich aufgrund der Aktivität des Anbieters ins Ausland begibt, erfasst Art 5 I lit. c) auch Kaffeefahrten, welche jetzt unter den Verbrauchergerichtsstand fallen können. Allerdings reicht nicht jede Verpflichtung aus, um den Tatbestand des Art 15 I Nr. 1 lit. c) EuGVVO zu erfüllen. So erfordert auch Art 15 EuGVVO, wie sein Vorgänger das Vorliegen eines synallagmatischen Vertrages.[791] Zum Teil wird angenommen, dass die Änderungen in Art 5 Nr. 1 lit. a) EuGVVO auch auf Art 15 EuGVÜ in der Weise ausstrahlen, dass auch der Verbrauchergerichtsstand entgegen seinem Wortlaut für alle Vertragsarten anwendbar sei, unabhängig davon, ob diese ein- oder zweiseitig sind.[792] Dass die Vorschrift auf den Verbrauchergerichtsstand ausstrahlen wird, ist aber schon deswegen unwahrscheinlich, weil der Europäische Gerichtshof gerade den Verbrauchergerichtsstand, welcher ein Spezialtatbestand zum Gerichtsstand des Vertrages ist, immer eng ausgelegt hat. Eine Ausdehnung des Verbrauchergerichtsstands auf andere als die in der Vorschrift benannten Fälle war mehr als einmal vorgeschlagen worden, wurde aber vom Europäischen Gerichtshof immer wieder abgelehnt.[793] Hinzu kommt, dass Art 15 EuGVVO ein Sonderfall des Gerichtsstandes für Streitigkeiten aus dem Vertrag ist.[794] Jener ist wiederum eine Ausnahme von der in Art 2 EuGVVO statuierten Regelzuständigkeit des Beklagtengerichts.[795] Dieses Regel-Ausnahme-Prinzip der EuGVVO, welches gebietet, die Ausnahmetatbestände eng auszulegen, spricht daher auch nach der Änderung in Art 5 EuGVVO für das Synallagmaerfordernis in Art 15 EuGVÜ.[796] Solange sich kein eindeutiger Wille des Gesetzgebers dahin gehend finden lässt, dass Art 15 EuGVVO auch solche Verträge erfassen soll, die nicht synallagmatischer Natur sind, ist an dem bisher geltenden Dogma festzuhalten.[797] Der Verbrauchergerichtsstand erfordert immer noch das Bestehen eines synallagmatischen Vertrages. Daher ist für Klagen wegen geschäftsakzessorischer Gewinnzusagen wie vor der Änderung der europäischen Vorschriften zum Gerichtsstand der Verbrauchergerichtsstand eröffnet, während der

---

[791] *Kropholler*, 8. Aufl. 2005, Art 5 EuGVVO, Rn. 29; OLG Stuttgart, RiW 2004, 711 = Die AG 2004, 456.

[792] *Braun*, VuR 2003, 214 (218); *Häcker*, ZVglRWiss 103 (2004), 464 (491); *Kohler*, FS Geimer, 2002, 461 (478); *Lorenz*, IPrax 2002, 192 (194); *Lorenz/Unberath*, IPrax 2005, 219 (222); *Mörsdorf-Schulte*, JZ 2005, 770 (779); *Mörsdorf-Schulte*, ZZPInt 8 (2003) 407 (469); *Schreiber*, NJ 2002, 543 (544); *Staudinger*, JZ 2003, 852 (856).

[793] vgl. EuGH-Urteil vom 27. 04. 1999 - Rs. C-99/96, in EuZW 1999, 727 - *Mietz/Yachting Sneek*.

[794] BGH, ZZP 2004, 87 (89); *Blobel*, VuR 2005, 164 (166); *Timme*, JuS 2003, 638 (639).

[795] *Lorenz*, NJW 2006, 472 (473); *Kropholler*, 8. Aufl. 2005, vor Art 5 EuGVVO, Rn. 2.

[796] *Blobel*, VuR 2005, 164 (168).

[797] *Piekenbrock/Schulze*, IPrax 2003, 328 (330); *Staudinger*, ZEuP 2004, 767 (774); *Timme* JuS 2003, 638 (639f); Schlosser, EU-Zivilprozeßrecht, Art 15 EuGVVO, Rn. 8a.

Verbraucher bei isolierten Gewinnzusagen auf eine Klage vor dem Gericht des Erfüllungsortes angewiesen ist. Die bisher bestehende Differenzierung bewirkt, wie unter der Geltung des EuGVÜ, dass es den Vertragsparteien bei der geschäftsakzessorischen Gewinnzusage wegen Art 17 Nr. 1 EuGVVO nicht möglich ist, eine Gerichtsstandsvereinbarung zu vereinbaren, während dies bei isolierten Gewinnzusagen durchaus möglich ist. Der Verbraucher wird sich bei den isolierten Gewinnzusagen daher noch heute mit einem ausländischen Gerichtstand zufrieden geben müssen. Die Chancen, dort mit der Klage zu obsiegen sind oft nur gering. Sie stünden dann gut, wenn deutsches Recht anwendbar wäre.

Fünftes Kapitel: Zum anwendbaren Recht

A) Verhältnis EGBGB zu sonstigen Normen des nationalen und internationalen Rechts

Von der Frage des internationalen Gerichtsstandes unabhängig ist diejenige zu klären, welches Recht das angerufene Gericht, soweit es zuständig ist, seiner Entscheidung zugrunde legen muss. Da es sich bei der Gewinnzusage nicht um einen Kaufvertrag handelt, und weil der aus der Zusage begünstigte Verbraucher ist, findet das UN-Kaufrecht auf den Sachverhalt jedenfalls keine Anwendung. Für die Frage des zur Entscheidung berufenen Rechts ist daher das nationale IPR anzuwenden. Dieses findet sich in Deutschland für zivilrechtliche Ansprüche im EGBGB. Dessen Vorschriften stimmen weitgehend mit denen der übrigen europäischen Staaten überein, weil das IPR durch das europäische Schuldvertragsrechtsübereinkommen, EVÜ, vereinheitlicht wurde.[798] Wie bei der Frage des zuständigen Gerichts kommen auch bei der Bestimmung der anzuwendenden IPR-Vorschriften grundsätzlich die Vorschriften zum Deliktsrecht, in Deutschland in Art 40ff EGBGB geregelt, und zum Vertragsrecht, Art 27ff EGBGB, in Betracht. Auch hier gingen schon bald nach Einführung des § 661a BGB Teile der Rechtsprechung von einer deliktsrechtlichen Qualifikation aus. Sie taten dies in erster Linie deswegen, weil Art 42 EGBGB bei deliktsrechtlichen Tatbeständen eine Rechtswahl allenfalls nachträglich durch übereinstimmende Rechtswahl der Betroffenen zulässt. Die deliktische Qualifikation hätte dann zur Folge, dass der Geschädigte sich unabhängig von einer Rechtswahlklausel auf das Recht des Erfolgsortes berufen könnte.[799] Demnach wäre das Recht des Empfängers der Gewinnzusage anzuwenden, bei einem deutschen Empfänger also deutsches Recht.[800] Auch im Fall einer wettbewerbsrechtlichen Einordnung einer Vorschrift, würde unabhängig von einer Rechtswahl das Recht desjenigen Landes Anwendung finden, auf dessen Wettbewerb sich die relevante Maßnahme auswirkt.[801] Bei einer vertraglichen Qualifikation ist das anders. Hier ermöglicht es Art 27 EGBGB, für die Frage des anzuwendenden Rechts im Voraus rechtsverbindlich eine Rechtswahl zu treffen. Doch auch für die Frage des anzuwendenden Rechts gilt, dass sich allein aus dem Bedürfnis, ein bestimmtes Ergebnis zu erreichen, eine Anwendung von Art 40 EGBGB nicht rechtfertigen lässt.[802] Zu-

---

798 *Wagner*, IPrax 2000, 249.

799 *Lorenz*, NJW 2000, 3305 (3307); Dethloff, Europäisierung des Wettbewerbsrechts, 2001, Seiten 66-69.

800 *Fetsch*, RiW 2002, 936 (938); vgl hierzu auch Staudinger, *v. Hoffmann*, Art 40 EGBGB Rn. 334.

801 Dethloff, Europäisierung des Wettbewerbsrechts, 2001, Seiten 68f.

802 *Felke/Jordans*, IPrax 2004, 409 (411); *Lorenz/Unberath*, IPrax 2005, 219 (222); *Rauscher/Schülke*, EuLF 2000/2001, 334 (336).

dem schreibt Art 36 EGBGB vor dem Hintergrund des Europäischen Schuldvertragsrechtsübereinkommens, vor, dass die Art 27ff EGBGB in den EU-Mitgliedstaaten einheitlich auszulegen seien. Dessen Zielsetzung war es nämlich, durch die Angleichung des IPR zu erreichen, dass unabhängig vom angerufenen Gericht innerhalb Europas dasselbe Sachrecht anzuwenden ist.[803] Hierzu wurde eine Auslegungszuständigkeit des Europäischen Gerichtshofes festgeschrieben, die seit dem Inkrafttreten zum 01.08.2004 geltendes Recht ist.[804] Es handelt sich bei Art 36 EGBGB um eine verbindliche Anordnung,[805] so dass für die Auslegung der Vorschriften des EGBGB grundsätzlich dasselbe zu gelten hat, wie bei der Qualifikation im Rahmen des EuGVÜ.[806] Daher ist die von den Entscheidungen des Europäischen Gerichtshofes grob abweichende Rechtsprechung der deutschen Gerichte als fehlerhaft abzulehnen. Richtigerweise ist die Gewinnzusage im Anschluss an die Rechtssache *Engler* vertraglich zu qualifizieren. Die vertragliche Qualifikation findet ihre Regelung in Art 27ff EGBGB. Innerhalb der vertraglichen Qualifikation ermöglicht die zu EuGVÜ und EuGVVO leicht verschiedene Formulierung dann aber dennoch eine von der Rechtsprechung des EuGH abweichende Bewertung. Vor dem Hintergrund des EVÜ ist aber auch trotz der Unterschiede im Detail der Rückgriff auf nationale Vorverständnisse bei der Qualifikation nach Kräften zu vermeiden.[807] Inhaltlich muss für die Frage des anzuwendenden Rechtes zwischen Gewinnzusagen, welche eine Rechtswahlklausel vorsehen und solchen, in denen eine solche nicht existiert, unterschieden werden.

---

[803] *Wagner*, IPrax 2000, 249 (250); Staudinger, *Magnus*, BGB, *(2002)*, Art 36 EGBGB, Rn. 2; Begründung BTDrucks 10/504, 84; *Giuliano/Lagarde*, BT Drucks 10/503, 33 (70).

[804] *Lorenz/Unberath*, IPrax 2005, 219 (220); Palandt, *Heldrich*, Art 36 EGBGB Rn. 1.

[805] Staudinger, *Magnus*, BGB, BGB, *(2002)*, Art 36 EGBGB, Rn. 7; BAGE 63, 33f; Erman, *Hohloch*, BGB, 2004, Art 36 Rn. 2; *Magnus*, IPrax 1991, 384; *Mankowski* IPrax 1991, 308; *Mansel*, JZ 1991, 529 (531); MK, *Martiny*, 2006, Art 36, Rn. 7.

[806] BGHZ 123, 380 (384, 385); BGHZ 135, 124 (134); *Blobel*, VuR 2005, 164 (168); *Lorenz*, IPrax 2002, 192 (195); *Schmidt-Räntsch*, VuR 2000, 427 (434).

[807] BGHZ 123, 380 (384) = NJW 1994, 262 = IPrax 1994, 449 = JZ 1994, 363 = RiW 1994, 154 = JR 1995, 14; *v. Hoffmann*, IPrax 1989, 266ff; *Mansel*, JZ 1991, 529 (532); MK, *Martiny*, 2006, Art 29 EGBGB, Rn. 3, 8; Staudinger, *Magnus*, BGB, *(2002)*, Art 36 EGBGB, Rn. 15.

B) Fälle ohne Rechtswahl

I Qualifikation als Verbrauchervertrag

Bei den unterschiedlichen, vertraglichen Qualifikationsnormen, geht Art 29 EGBGB als *lex* specialis dem Art 28 EGBGB vor.[808] Art 29 II EGBGB erklärt für Verträge, die Verbraucher unter den in Art 29 I EGBGB genannten Voraussetzungen abgeschlossen haben, das Recht des Staates für anwendbar, in dem der Verbraucher seinen gewöhnlichen Aufenthalt hat. Die Vorschrift wirkt allseitig, weshalb gegebenenfalls zugunsten des Verbrauchers auch ausländisches Recht zur Anwendung berufen sein kann.[809] Verbraucher im Sinne des Art 29 EGBGB ist nach dem Willen des Gesetzgebers, wer Verträge über die Lieferung beweglicher Sachen oder die Erbringung von Dienstleistungen zu Zwecken abschließt, die nicht seiner beruflichen oder gewerblichen Tätigkeit zuzurechnen sind. Um dies zu beurteilen, ist auf die erkennbaren Umstände des Geschäfts abzustellen.[810] Art 29 EGBGB trägt der Tatsache Rechnung, dass der Verbraucher regelmäßig gegenüber Lieferfirmen und Dienstleistungsbetrieben die schwächere Position einnimmt. Zum Ausgleich soll ihm zumindest die Anwendung des eigenen Rechts möglich sein.[811] Art 29 EGBGB erfasst aus diesem Grund alle Ansprüche des Verbrauchers, nicht nur die ausgewiesenen Verbraucherschutzbestimmungen.[812] Voraussetzung ist allerdings, dass es sich bei der Anspruchsgrundlage um einen der Vertragstypen handelt, die in Art 29 I Nrn. 1-3 EGBGB aufgeführt sind.[813] Art 29 EGBGB nennt hierbei Verträge über die Lieferung beweglicher Sachen und Verträge über die Erbringung einer Dienstleistung. Die Lieferung beweglicher Sachen wird eng verstanden. Sie erfasst weder die Übertragung von Immaterialgüterrechten und sonstigen Rechten noch Verträge über Wertpapiere.[814] Dafür ist der Begriff „Dienstleistungen" in der zweiten Alternative des Art 29 EGBGB eher weit auszulegen. Unter diesen Begriff fallen alle tätigkeitsbezogenen Leistungen an einen Verbraucher. Es werden daher alle Werk-, Werklieferungs- und Dienstverträge erfasst, sofern sie keine Arbeitsverträge sind.[815] Damit lassen sich dem Wortlaut nach auch Gewinnzusagen unter

---

[808] *Leipold*, FS Musielak, 2004, 317 (334); *vHoffmann*, Internationales Privatrecht, 7. Auflage, § 10 Rn. 66.

[809] MK, *Martiny*, 2006, Art 29 EGBGB, Rn. 39.

[810] BTDrucks. 10/504, 79; MK, *Martiny*, Art 29 EGBGB, Rn. 5.

[811] BTDrucks. 10/504, 79; MK, *Martiny*, Art 29 EGBGB, Rn. 37.

[812] MK, *Martiny*, 2006, Art 29 EGBGB, Rn. 35.

[813] BTDrucks. 10/504, 80.

[814] MK, *Martiny*, 2006, Art 29 EGBGB, Rn. 9.

[815] BGHZ 123, 380 (380, 385) = NJW 1994, 262 = IPrax 1994, 449 = JZ 1994, 363 = RiW 1994, 154 = JR 1995, 14; MK, *Martiny*, 2006, Art 29 EGBGB, Rn. 10f.

Art 29 EGBGB subsumieren, sofern sie nicht die Zahlung von Geld sondern die Lieferung einer beweglichen Sache oder die Erbringung einer Dienstleistung zum Gegenstand haben. Für die Anwendung des Art 29 EGBGB ist sogar unerheblich, ob der Leistungspflichtige Unternehmer oder Verbraucher ist.[816] Damit ließen sich die Ansprüche wegen einer Gewinnzusage unter Art 29 EGBGB fassen, bei denen sich ein Nicht-Unternehmer als Unternehmer ausgibt. Unter Art 29 EGBGB ist es ebenfalls möglich, dass der Verbraucher mit der Annahme der Leistung eine Gewinnerzielungsabsicht verfolgen.[817] Allerdings gebietet der Anwendungsgleichlauf von EuGVÜ bzw. EuGVVO und EGBGB, dass auch bei Art 29 EGBGB ein synallagmatischer Vertrag gefordert werden muss. Für diese Voraussetzung ließ der Europäische Gerichtshof es genügen, dass irgendeine Verpflichtung besteht, welche eine Konnexität zu der anderen Leistung aufweist.[818] Für die isolierte Gewinnzusage verneinte er das Bestehen einer solchen aber im Fall *Engler*. Damit ist auch für die Anwendung des Art 29 EGBGB die Annahme eines Synallagma versperrt. Dass sich andere Ansichten weiterhin halten, ist Folge einer Tendenz, die Rechtsprechung des Europäischen Gerichtshofes zu übergehen.[819] Aufgrund der eindeutigen Vorgaben des Europäischen Gerichtshofes kommt eine Anwendung des Art 29 EGBGB im Fall der isolierten Gewinnzusage tatsächlich nicht in Betracht.

Doch auch die geschäftsakzessorische Gewinnzusage lässt sich nicht unter Art 29 EGBGB fassen. Insbesondere lässt sich ein solches Vorgehen nicht auf die Rechtsprechung des Europäischen Gerichtshofes in der Rechtssache *Gabriel* stützen. Zwar muss grundsätzlich auch bei Art 29 EGBGB von der bei der Qualifikation nach dem EuGVÜ und der EuGVVO beschriebenen Verflechtung zwischen der geschäftsakzessorischen Gewinnzusage und dem intendierten Rechtsgeschäft[820] ausgegangen werden, welche der Europäische Gerichtshof im Fall *Gabriel* dem EuGH zum Anlass nahm, von den Bestimmungen des Art 13 EuGVÜ abzuweichen. Es fehlt bei der Beurteilung des Art 29 EGBGB aber an einer wesentlichen Motivation des Europäischen Gerichtshofes. Die Motivation, welche den EuGH im Fall der verkaufsakzessorischen Gewinnzusage, bei der ein Vertrag intendiert wird zur Eröffnung des Verbrauchergerichtsstandes bewegte, war der Wille, ein Auseinanderfallen der Gerichtsstände zu vermeiden. Da das EGBGB die Frage der Zuständigkeit unberührt lässt, lässt sich dieses Argument aber bei der Frage des anzuwendenden Rechts nicht heranziehen. Vielmehr ermöglicht es das EGBGB gerade, dass das zuständige Gericht zwei unterschiedliche Rechtssysteme auf einen Sachverhalt anwendet. Es ist vom Gesetzgeber auch gewollt, dass auf einen Teil des zu beurteilenden Sachverhaltes

816 BTDrucks. 10/504, 79.
817 MK, *Martiny*, 2006, Art 29 EGBGB, Rn. 11.
818 EuGH-Urteil vom 20. 01. 2005, Rs. C-27/02, in NJW 2005, 811 (812, Rn. 53) - *Engler*.
819 so ausdrücklich geschehen bei *Lorenz*, NJW 2000, 3305 (3308).
820 vgl. oben, Seite 107f.

das eigene, auf einen anderen Teil das fremde Recht anzuwenden ist. Diese Wertung muss auch für die Beurteilung der Gewinnzusage gelten. Hier ist es angezeigt, für die Zusage selbst das auf einfache Verträge anzuwendende Recht zu bemühen. Weil die Gewinnzusage in keinem Gegenseitigkeitsverhältnis steht, ist Art 29 EGBGB nicht anwendbar.[821] Auf das intendierte Geschäft lässt sich Art 29 EGBGB hingegen regelmäßig anwenden.[822] Der entgegenstehenden Ansicht der Rechtsprechung ist daher nicht zu folgen.
Eine Ansicht in der Literatur will Art 29 I Nr. 1 EGBGB allerdings auf die Fälle der Gewinnzusage analog anwenden.[823] Ein solches Vorgehen ließe sich wegen der völkerrechtlichen Dimension aber nur dann rechtfertigen, wenn entsprechende rechtspolitische Wertungen in den anderen Vertragsstaaten festzustellen sind.[824] Tatsächlich liefe die analoge Anwendung des Art 27ff im Fall der Gewinnzusage allerdings auf die Schaffung einer ungeschriebenen, neuen Kollisionsregel hinaus. Sie würde einen rein nationalen Ansatz erfordern, welcher innerhalb des Binnenmarktes keine übereinstimmenden Anknüpfungsgrundsätze in den Mitgliedstaaten fände.[825] Ein Blick in die aktuelle Literatur und Rechtsprechung zeugt allerdings davon, dass diese Erkenntnis sich bei weitem noch nicht durchgesetzt hat. Die Anwendung des Art 29 EGBGB auf die Gewinnzusage hat in Ermangelung eines Gegenseitigkeitsverhältnisses daher stets auszuscheiden.

II Vertragliche Qualifikation

Grundsätzlich findet auf vertragliche Ansprüche Art 28 EGBGB Anwendung. Dieser erklärt das Recht für anwendbar, zu dem der Vertrag die engste Verbindung aufweist. Art 28 II EGBGB stellt dabei die Vermutung auf, dass die engste Verbindung immer zu dem Staat besteht, an welchem das Unternehmen seine Niederlassung hat, welches die vertragscharakteristische Leistung zu erbringen hat. Die vertragscharakteristische Leistung ist typischerweise die Übereignung eines PKW oder die Zahlung von Geld. In beiden Fällen liegt wegen §§ 269 I, II, 270 IV BGB der Leistungsort beim Schuldner, also beim Unternehmer. Somit ist in der Regel bei Sachverhalten ohne Rechtswahl das Recht des Unternehmenssitzes anzuwenden. Damit findet im Fall der grenzüberschreitenden Gewinnzusage üblicherweise nicht das deutsche Recht Anwendung.[826] Eine Ausnahme zu dieser Regel beinhaltet Art 28 V EGBGB. Gem. Art 28 V EGBGB

[821] so auch BGH, NJW 2006, 230 (233).
[822] *Felke/Jordans*, IPrax 2004, 409 (411); *Häcker* ZVglRWiss 103 (2004) 464 (495).
[823] *Rauscher/Schülke*, EuLF 2000/2001, 334 (336).
[824] BGHZ 135, 124 (134).
[825] *Staudinger*, JZ 2003, 852 (856, dort Fn. 79).
[826] so auch OLG Braunschweig, NJW 2006, 161 (162); *Felke/Jordans*, IPrax 2004, 409 (410); *Häcker* ZVglRWiss 103 (2004) 464 (495); *Lorenz/Unberath*, IPrax 2005, 219 (223).

gilt die Vermutungsregel des Art 28 II EGBGB dann nicht, wenn sich aus der Gesamtheit der Umstände ergibt, dass der Vertrag engere Verbindungen mit einem anderen Staat als demjenigen, des Unternehmenssitzes aufweist. Wann das der Fall ist, ist durch wörtliche, systematische, historische und teleologische Interpretation zu entscheiden.[827] Dabei genügt für eine derartige Annahme nicht jede Art von engerer Verbindung. Es muss sich vielmehr um Anknüpfungsmomente handeln, welche die Anwendung einer anderen Rechtsordnung in einer Weise erforderlich macht, welche die Regelanknüpfung deutlich übersteigt.[828] Ein rein prozessualer Bezug des Sachverhaltes zum deutschen Recht, wie er sich aus der Klage vor einem deutschen Gericht ergäbe, genügt dieser Voraussetzung sicherlich nicht, da sonst auf vertragliche Ansprüche, die unter der Geltung des EGBGB eingeklagt würden, stets das deutsche Vertragsrecht Anwendung fände.[829] Auch der Verbraucherschutz führt für sich genommen nicht zu einer Anwendung des Art 28 V EGBGB.[830] Hiergegen spricht die feingliedrige Systematik des EGBGB. Für Verbrauchersachverhalte beinhaltet Art 29 EGBGB eine Sonderanknüpfung. Daher kann die bloße Tatsache, dass ein Verbraucher handelt, nicht genügen, um eine größere Nähe zum deutschen Recht über Art 28 V EGBGB zu begründen. Vielmehr muss das maßgebliche Anknüpfungsmoment für den Vertrag selbst von erheblichem Gewicht sein, wie die Staatsangehörigkeit der Parteien oder die Währung der zu zahlenden Vergütung.[831] Auch wenn die Übergabe des Gewinns durch eine Niederlassung des Versenders in Deutschland erfolgen sollte, liegt ein Fall vor, welcher unabhängig von der Art der Gewinnzusage über Art 28 V EGBGB das deutsche Recht zur Anwendung bringt.[832] Handelt es sich bei der beworbenen Leistung um eine Dienstleistung, für deren Erbringung der Unternehmer sich in den Heimatstaat des Verbrauchers begeben muss, muss er ebenfalls die Anwendbarkeit der im Heimatstaat des Verbrauchers herrschenden Regeln hinnehmen.[833] Dasselbe muss dann gelten, wenn beide Parteien, der Unternehmer und der Empfänger, die deutsche Staatsangehörigkeit besitzen oder in Deutschland ihren gewöhnlichen Aufenthalt haben.[834] Dies gilt insbesondere auch dann, wenn sich ein deutsches Unternehmen

---

[827] *Magnus*, IPrax 1991, 382 (384).
[828] *Magnus*, IPrax 1991, 382 (384).
[829] *Wagner*, IPrax 2000, 249 (253).
[830] *Felke/Jordans*, IPrax 2004, 409 (411); *Häcker* ZVglRWiss 103 (2004) 464 (496); *Mankowski*, RiW 1993, 453 (462) m. w. N.
[831] *Magnus*, IPrax 1991, 382 (384); MK, *Martiny*, 2006, Art 30 EGBGB, Rn. 68ff.
[832] *Häcker* ZVglRWiss 103 (2004) 464 (495, dort insbes Fn. 136); Erman, *Hohloch*, BGB, 10. Aufl., Art 28 EGBGB Rn. 17; Staudinger, *Magnus*, BGB, (2002), Art 28 EGBGB, Rn. 129ff.
[833] BGHZ 135, 124 = NJW 1997, 1679 = WM 1997, 980; MK, *Martiny*, 2006, Art 29 EGBGB, Rn. 3.
[834] *Häcker* ZVglRWiss 103 (2004) 464 (495, dort insbes Fn. 136).

zum Versand der Gewinnzusagen nach Deutschland einer ausländischen Briefkastenfirma bedient. Die Regel ist das aber nicht.

III Zwischenergebnis

Die Rechtsprechung des Europäischen Gerichtshofes in der Rechtssache *Engler* zwingt zu einer vertraglichen Qualifikation. Dabei kommt eine Anwendung des Art 29 EGBGB, welche zur Folge hätte, dass das Recht des Heimatstaates des Verbrauchers Anwendung fände, niemals in Betracht. Vielmehr ist wegen Art 28 II EGBGB das Recht des Staates desjenigen Vertragspartners anzuwenden, welcher die vertragscharakteristische Leistung zu erbringen hat. Dies ist das Recht des Versenders. Wegen der verschiedenen Ausrichtungen von EuGVÜ und EGBGB lassen sich überdies die Ausführungen des Europäischen Gerichtshofes in der Rechtssache *Gabriel* nicht auf die Frage des anzuwendenden Rechts übertragen, so dass eine Anwendung des Art 29 EGBGB insgesamt ausscheidet. Das deutsche Recht lässt sich auf die Gewinnzusage daher nur dann anwenden, wenn beide Vertragsparteien in Deutschland wohnen, bzw. ihren Sitz in Deutschland haben oder wenn sich aus anderen Anhaltspunkten eine größere Nähe des Vertrages zum deutschen Recht ergibt.

C) Fälle mit Rechtswahl

I Abwahl des deutschen Rechts

Die Qualifikation als vertraglicher Anspruch führt dazu, dass es den Parteien eines Vertrages gem. Art 27 EGBGB grundsätzlich möglich ist, das anzuwendende Recht durch eine entsprechende Rechtswahlklausel zu beeinflussen. Damit können die Vertragsparteien gegebenenfalls eine Rechtsordnung berufen, welche eine § 661a BGB vergleichbare Vorschrift nicht enthält. An dieser Möglichkeit werden vor allem die Unternehmer ein Interesse haben, da für sie die Anwendung des deutschen Rechts mit seinen eindeutigen Vorgaben ein wirtschaftliches Risiko darstellt. Diese Praxis ist derzeit noch die Ausnahme.[835]

1) Unwirksamkeit wegen Art 29a EGBGB

Eine solche Rechtswahlklausel hätte dann keine Wirkung, wenn Art 29a EGBGB Anwendung findet. Dieser verbietet eine Abweichung von Verbraucherschutzrichtlinien der Europäischen Union. Diese Vorschrift drängt sich auch

---

[835] *Häcker* ZVglRWiss 103 (2004) 464 (496, dort Fn. 143).

deswegen auf, weil in Art 29a IV EGBGB die Fernabsatzrichtlinie, welche Anlass für die Einführung des § 661a BGB war, ausdrücklich erwähnt wird. Allerdings ist § 661a BGB, wie eingangs gezeigt,[836] rein nationales Schutzrecht. Er wurde nicht aufgrund der Fernabsatzrichtlinie erlassen, sondern man nahm die Änderungen, zu denen die Fernabsatzrichtlinie verpflichtete zum Anlass § 661a BGB einzuführen.[837] Der BGH hat daher zu Recht eine Anwendung von Art 29a EGBGB abgelehnt.[838]

2) Unwirksamkeit der Rechtswahlklausel wegen Art 29 EGBGB

Eine Abwahl des deutschen Rechts könnte auch dann unwirksam sein, wenn die Voraussetzungen des Art 29 EGBGB vorlägen. Eine entgegenstehende Rechtswahl fände dann keine Anwendung, nicht weil die Rechtswahl dann generell ausgeschlossen ist, sondern weil eine solche, für den Verbraucher ungünstige Rechtswahl keine Wirkung entfaltet.[839] Die Parteiautonomie würde in diesem Fall insoweit ausgeschlossen, als sie den Schutzzweck der Verbraucher schützenden Vorschrift gefährden würde.[840] Es gilt das so genannte Günstigkeitsprinzip.[841] Dies würde auch die deutsche Vorschrift zur Gewinnzusage erfassen.[842] Entgegen vereinzelter Ansichten in Literatur und Rechtsprechung findet Art 29 EGBGB jedoch, wie gezeigt, keine Anwendung, weil kein Gegenseitigkeitsverhältnis besteht. Ein solches ist jedoch für die Anwendbarkeit von Art 29 EGBGB erforderlich.

3) Zwischenergebnis

Weil Art 29 und 29a EGBGB auf die Gewinnzusage keine Anwendung finden, ist eine Abwahl des deutschen Rechts möglich.

II Wahl des deutschen Rechts

Grundsätzlich ist es den Parteien nach Art 27 EGBGB auch möglich, das deutsche Recht zu wählen. Teile der Literatur und Rechtsprechung wollen die Übersendung einer Gewinnzusage in deutscher Sprache an eine deutsche Adresse als

[836] vgl. oben, Seite 31f.
[837] *Lorenz*, IPrax 2002, 192 (196); *Staudinger*, JZ 2003, 852 (856); *Wied*, Gewinnversprechen von Versandfirmen, Dissertation, 2003, Seite 105f.
[838] BGH, NJW 2006, 230 (233).
[839] BTDrucks. 10/504, 80.
[840] MK, *Martiny*, 2006, Art 29 EGBGB, Rn. 3.
[841] MK, *Martiny*, 2006, Art 29 EGBGB, Rn. 2, 38.
[842] *Häcker* ZVglRWiss 103 (2004) 464 (497); *Lorenz*, IPrax 2002, 192 (195); *Rauscher/Schülke*, EuLF 2000/2001, 334 (336); BTDrucks. 10/504, 79.

eine konkludente Rechtswahl zugunsten des deutschen Rechts ansehen.[843] Dies geht jedoch zu weit. Werbung ist stets in der Sprache des Adressaten verfasst. Sonst kann sie den Adressaten nicht erreichen. Daraus jedes Mal zu schließen, das Unternehmen wolle seinem Vertrag auch deutsches Recht zugrunde legen, wäre, ohne dass weitere Aspekte hinzutreten, eine Überdehnung des erklärten Willens. Auch das Verhandeln vor einem deutschen Gericht sah der BGH als ausreichend an, eine Wahl des deutschen Rechts anzunehmen.[844] Doch auch diese Annahme geht zu weit, bedenkt man, dass das EGBGB nicht nur ein Auseinanderfallen von Gerichtsort und anzuwendendem Recht zulässt, sondern auch ein Auseinanderfallen der anzuwendenden Rechtsvorschriften in einem Lebenssachverhalt. Da in Deutschland die Gerichtssprache Deutsch ist, sind die Parteien bei einer internationalen Zuständigkeit des deutschen Gerichts gezwungen, auf Deutsch zu verhandeln. Daraus zu schließen, sie wollten deutsches Recht anwenden, widerspräche dem System des internationalen Rechts.

D) § 661a BGB als Eingriffsnorm im Sinne des Art 34 EGBGB

Von dem Wunsch geleitet, die deutsche Regelung auf alle Gewinnzusagen anwenden zu können, welche deutsche Verbraucher erreichen, wollen der BGH und ein Teil der wissenschaftlichen Literatur § 661a BGB als einen Fall einer zwingend anzuwendenden nationalen Regelung Art 34 EGBGB unterordnen.[845] Diesem Ansatz kann im Ergebnis jedoch nicht gefolgt werden. Er bevorzugt den deutschen Verbraucher über Gebühr zu Lasten der ausländischen Unternehmer, und lässt außerdem die Dogmatik weitgehend außer Acht.

Art 34 EGBGB besagt, dass der Abschnitt über das bei grenzüberschreitenden Verträgen anzuwendende Recht solche Bestimmungen des deutschen Rechts nicht berührt, welche den Sachverhalt ohne Rücksicht auf das auf den Vertrag an sich anzuwendende Recht zwingend regeln. Art 34 EGBGB ist tatsächlich deklaratorischer Natur. Er stellt klar, dass es Normen gibt, deren Gehalt mittels des allgemeinen Kollisionsrechts nicht erreicht wird, weshalb es gerechtfertigt ist, ausnahmsweise von der als Regel vorgesehenen Anknüpfung abzusehen.[846] Anders als Art 6 EGBGB, welcher den *ordre public*, die öffentliche Ordnung also, regelt, normiert Art 34 EGBGB dabei keine Ergebniskorrektur sondern ei-

---

[843] OLG Nürnberg, NJW 2002, 3637 (3640); BGH, NJW 2003, 3620; *Lorenz/Unberath*, IPrax 2005, 219 (223).

[844] BGH, NJW 2005, 827; BGH, BB 2004, 2259; BGH, NJW 2004, 1652 (1653); BGH, NJW 2003, 3620.

[845] BGH, NJW 2006, 230 (233); *Lorenz*, NJW 2006, 472 (474, 475); ders., IPrax 2002, 192 (196); *Lorenz/Unberath*, IPrax 2005, 219 (223).

[846] *Schurig*, RabelsZ 54 (1990), 217 (234); MK, *Sonnenberger*, 2006, Einl. IPR Rn. 65.

ne Regelanknüpfung.[847] Als zwingende Vorschriften im Sinne des Art 34 EGBGB kommen Normen des Privatrechts ebenso in Betracht wie Normen des öffentlichen Rechts.[848] Ebenso ist es unerheblich, ob die betreffende Norm gesetzlich fixiertem Recht oder Richterrecht entstammt.[849] Voraussetzung für die Anwendung der Vorschrift ist allerdings, dass für den zu regelnden Sachverhalt ausländisches Recht als Vertragsstatut gilt.[850] Bei Gewinnzusagen, welche einen Geldpreis zum Gegenstand haben, ist, wie gesehen, das ausländische Recht Vertragsstatut, weshalb Art 34 EGBGB grundsätzlich angewendet werden könnte. Art 34 EGBGB erfordert jedoch über die Geltung ausländischen Rechts als Vertragsstatut hinaus, dass die mögliche, alternativ zur vertraglichen Anknüpfung anwendbare Vorschrift unabhängig vom anwendbaren Recht Geltung beansprucht. Ein derartiger internationaler Geltungswille kann vom Gesetzgeber angeordnet sein oder sich aus dem Normzweck ergeben.[851] Für die Annahme eines Anwendungsvorranges genügt dabei nicht, dass der Lebenssachverhalt eine engere Verbindung zu einer anderen Rechtsordnung aufweist, da dieser Fall bereits von Art 28 V EGBGB erfasst wird.[852] Vielmehr muss sich die zu beurteilende Vorschrift gegen das ausländische Statut durchsetzen wollen.[853] Für eine solche Einordnung einer Vorschrift ist die Unabdingbarkeit im nationalen Recht ein Indiz.[854] Schon hier drängen sich erste Zweifel auf. Welcher Rechtsnatur § 661a BGB sein soll, ist, wie wir gesehen haben, umstritten.[855] Wenigstens ein Teil der Literatur, wie auch die hier vertretenen Ansicht, will § 661a BGB als Formvorschrift einordnen. § 127 BGB gestattet es den Parteien eines Vertrages, durch ausdrücklichen Vertrag von bestehenden Formvorschriften abzuweichen. Nichts Anderes muss dann aber für § 661a BGB gelten. Doch auch ohne die Annahme, dass es sich bei § 661a BGB um eine Formvorschrift handelt, lässt sich eine international zwingende Anwendung des § 661a BGB nicht begründen.

Woran sich der unbedingte Anwendungswillen festmachen lässt, ist auch bei Vorliegen einer Unabdingbarkeit im nationalen Recht nicht unumstritten. Die überwiegende Meinung geht davon aus, dass zwingende Vorschriften, anders als die Art 29 und 30 EGBGB, welche allein dem Schutz besonderer Personengrup-

---

[847] MK, *Sonnenberger*, 2006, Einl IPR Rn. 75.

[848] Staudinger, *Magnus*, BGB, *(2002)*, Art 34 EGBGB, Rn. 19, 50, 65; Erman, *Hohloch*, BGB, 2004, Art 34 Rn. 7, 12; Palandt, *Heldrich*, Art 34 Rn. 3; MK, *Martiny*, 2006, Art 34 Rn. 11, 85.

[849] Staudinger, *Magnus*, BGB, (2002), Art 34 EGBGB, Rn. 50, 65.

[850] BGHZ 135, 124; Staudinger, *Magnus*, BGB, (2002) Art 34 EGBGB, Rn. 2.

[851] Staudinger, *Magnus*, BGB, (2002), Art 34 EGBGB, Rn. 52f; *Kropholler*, § 52 VIII 1; MK, *Martiny*, 2006, Art 34 Rn. 87; Erman, *Hohloch*, BGB, 2004, Art 34 Rn. 12.

[852] *Magnus*, IPrax 1991, 382 (385).

[853] MK, *Martiny*, 4. Aufl., 2006, Art 29 EGBGB, Rn. 44.

[854] *Lorenz*, IPrax 2002, 192 (196); Staudinger, *Magnus*, (2002), Art 34 EGBGB, Rn. 10, 49.

[855] zu den Einzelheiten, vgl. Seite 41ff.

pen dienen, besondere öffentliche Ziele verfolgen und somit auch gewisse ordnungsrelevante Züge aufweisen. Die Ansicht bezieht sich dabei darauf, dass das „normale“ IPR als allseitiges Kollisionsrecht apolitisch sei, und damit politische Wertungen nicht erfasse.[856] Art 34 EGBGB begründet demnach eine Form der Sonderanknüpfung für zwingende Vorschriften wirtschaftlich- oder sozialpolitischen Gehalts, die unabhängig von einer Rechtswahl der Parteien ausnahmslos immer anzuwenden sind.[857] Nicht ausreichend, eine Anwendung zu erzwingen, wären demnach Vorschriften, welche ausschließlich der Gewährung von Privatinteressen zu dienen bestimmt sind, auch wenn sie durch die Stärkung der Rechte einzelner in irgendeiner Weise dem Gemeinwohl zugute kommen. Daher wären nach dieser Ansicht Individualinteressen schützende Vorschriften auch dann nicht zwingend anzuwenden, wenn sie Personengruppen schützen, die allgemein als besonders schutzwürdig angesehen werden.[858] § 661a BGB ist eine Verbraucherschutznorm. Sein politischer Zweck erschöpft sich darin, dem Verbraucher sein Wahlrecht zu erhalten, indem er es ihm ermöglicht, den zugesagten Gewinn einzuklagen. Das Verbraucherschutzrecht wird im Bericht *Giuliano/Lagarde*, welcher dem EVÜ in Fragen der Auslegung ergänzend zur Seite steht, ausdrücklich als ein Fall genannt, der eine zwingende Anwendung der inländischen Vorschriften erforderlich machen kann.[859] Über die Frage der Eigenschaft als Eingriffsrecht ist damit jedoch noch keine inhaltliche Aussage getroffen.[860] Tatsächlich dienen Verbraucherschutznormen vordringlich dem sozialverträglichen Ausgleich widerstreitender Privatinteressen. Sie haben daher primär individualschützenden Charakter.[861] Zwar will eine Ansicht in der Literatur das Verbraucherschutzrecht gerne als generellen Anwendungsfall des Art 34 EGBGB sehen.[862] Diese Ansicht ist allerdings abzulehnen.[863] Einmal trägt das IPR den In-

---

[856] BAGE 63, 17; BAGE 71, 297; BAG, SAE 1997, 31; *Basedow*, RabelsZ 52 (1988), 8, 21ff; *Fetsch*, RiW 2002, 936 (938); *Lorenz*, IPrax 2002, 192 (196); *Magnus*, IPrax 1991, 382 (385); *Mankowski*, IPrax 1996, 688ff; Erman, *Hohloch*, BGB, 2004, Art 34 Rn. 12; Staudinger, *Magnus*, BGB, (2002), Art 34 EGBGB, Rn. 2, 22, 28, 29, 57, 86; MK, *Martiny*, 2006, Art 34 Rn. 12; MK, *Sonnenberger*, 2006, Einl IPR Rn. 36, 39ff, 62.

[857] vgl. OLG Jena, OLG NL 2004, 55; Palandt, *Heldrich*, Art 34 Rn. 6; *Schurig*, RabelsZ 54 (1990), 217 (228); *Sonnenberger*, IPrax 2003, 104 (110); Staudinger, *Magnus*, BGB, (2002), Art 34 EGBGB, Rn. 3, 10; *Lorenz* IPrax 2002, 192 (196); OLG Nürnberg, IPrax 2003, 54 (57) = NJW 2002, 3637 (3639); *Mörsdorf-Schulte* ZZPInt 8 (2003, 407 (478); *Häcker* ZVglRWiss 103 (2004) 464 (499); *Fetsch* RiW 2002 (938f).

[858] MK, *Sonnenberger*, 2006, Einl IPR Rn. 61.

[859] *Giuliano/Lagarde*, BTDrucks, 10/503, 33 (60).

[860] MK, *Sonnenberger*, 2006, Einl IPR Rn. 61.

[861] *Mankowski*, DZWiR 1996, 273 (280); ders., RiW 1998, 287 (289); BAGE 63, 17; BAGE 71, 297; BAG, SAE 1997, 31; wohl auch *Junker*, IPrax 2000, 65 (67f); *Wagner*, IPrax 2000, 249 (251); MK, *Sonnenberger*, 2006, Einl IPR Rn. 62; Staudinger, *Magnus*, BGB, (2002), Art 34 EGBGB, Rn. 71; BGH, NJW 1997, 875 (879); *Mankowski*, DZWiR 1996, 273ff.

[862] *Reich*, EuZW 2001, 51; *Roth*, RiW 1994, 48.

teressen der Verbraucher schon in Art 27 III, 29, 29a und 30 I EGBGB Rechnung, von denen überdies nicht durch Rechtswahl abgewichen werden darf.[864] Schon vor Inkrafttreten des Art 29 EGBGB lehnte der BGH es ab, das damalige HaustürWG, welches ebenfalls dem Verbraucherschutz diente, unter Art 34 EGBGB zu subsumieren, weil er keine Anwendung herbeiführen wollte, die nicht bereits aus Art 29 EGBGB folgt.[865] Ein entsprechendes Vorgehen im Fall anderer Verbraucher schützender Vorschriften wäre daher nicht bloß inkonsequent, es wäre schlichtweg falsch. Die generelle Annahme eines Eingriffsrechts bei Vorliegen einer Verbraucherschutznorm würde nämlich in erster Linie eine Vermengung von Sonderprivatrecht und Eingriffsrecht darstellen.[866] Eine Vorschrift, welche Privatinteressen verfolgt, kann richtigerweise auch dann nicht zu einer Eingriffsnorm avancieren, wenn sie zur Bewertung Grundsätze der Sozialethik heranzieht.[867] Das Erheben des Verbraucherinteresses zu einem Gemeininteresse, das eine von der *lex causae* unabhängige Anknüpfung gebietet, ginge zu weit.[868] Richtigerweise muss ein weiterer Zweck zum Schutz des Verbrauchers treten.[869] Einen solchen könnte man in der wettbewerbsrechtlichen Komponente des § 661a BGB sehen.[870] Immerhin liegt der Ursprung der Vorschrift im Wettbewerbsrecht. Allerdings gibt schon die Gesetzesbegründung, welche den Schutz des § 661a BGB neben den wettbewerbsrechtlichen Schutz stellen will, Anlass zum Zweifel. Doch auch die Annahme eines derartigen Zwecks zwingt keineswegs zu einer unbedingten Anwendbarkeit von § 661a BGB. Ginge man nämlich von einem Schutz des Wettbewerbs durch § 661a BGB aus, so müsste dieser politische Zweck der Norm bei Anwendung des ausländischen Rechts zur Behandlung von Gewinnzusagen als nicht erreicht ansehen sein.[871] Allerdings schützt das UWG den Wettbewerb in Fragen der Gewinnzusage. Dieses ist nach allgemeiner Ansicht stets anwendbar. Bezogen auf den Schutz des Wettbewerbs fehlt damit ein Bedürfnis, welches zur unbedingten Anwendung zwingen würde. Hinzu kommt, dass die Verfolgung eines wettbewerblichen Interesses für sich genommen ebenfalls nicht ausreicht, eine Vorschrift zur als Eingriffsnorm zu

---

863 so auch *Jayme*, IPrax 1995, 234 (236); Schulze/Dörner/Eckert, *Staudinger*, Hk BGB, Art 29 EGBGB, Rn. 2, 10, Art 34 EGBGB, Rn. 6 m. w. N.

864 BGHZ 123, 380; BGHZ 135, 124 (135f) = NJW 1997, 1697 = WM 1997, 980; LG Bielefeld, NJW-RR 1999, 1282 (1283); Staudinger, *Magnus*, BGB, (2002), Art 34 EGBGB, Rn. 23, 27, 29ff, 71; Palandt, *Heldrich*, Art 34 EGBGB Rn. 3a; MK, *Martiny*, 2006, Art 29 EGBGB, Rn. 45; ähnlich *Leible*, in Europäische Rechtsangleichung und nationale Privatrechte, 1999, Seite 384f.

865 BGHZ 135, 124 (136); MK, *Sonnenberger*, 2006, Einl IPR Rn. 61.

866 MK, *Sonnenberger*, 2006, Einl IPR Rn. 71.

867 MK, *Sonnenberger*, 2006, Einl IPR Rn. 62.

868 *Sonnenberger*, IPrax 2003, 104 (108).

869 Zum Arbeitsrecht *Magnus*, IPrax 1991, 382 (385f).

870 so geschehen in BGH, NJW 2006, 230 (233).

871 *Fetsch*, RiW 2002, 936 (939); Staudinger, *Magnus*, BGB, (2002), Art 34 EGBGB, Rn. 38.

machen.[872] In einer neueren Entscheidung argumentierte der Bundesgerichtshof, § 661a BGB schütze das öffentliche Interesse an der Lauterkeit des Rechtsverkehrs.[873] Man darf aber nicht der Versuchung verfallen, dem Staat eine Garantenstellung für soziale Gerechtigkeit aufzuerlegen, um so Gemeininteressen und Individualinteressen ineinander verschwimmen zu lassen.[874] Das von § 661a BGB geschützte Interesse ist tatsächlich das privatrechtliche Vertrauensprinzip.[875] Dieses ist aber keinesfalls ein Gemeinwohlinteresse, sondern es dient dem alleinigen Schutz des Verbrauchers. Dies wird noch deutlicher, wenn man sich vor Augen führt, dass sogar bei §§ 138, 242 BGB, welche ihrerseits der Lauterkeit des Rechtsverkehrs dienen, anerkannt ist, dass diese Vorschriften primär individualschützenden Charakter haben.[876] Ein Gemeininteresse, das über den Schutz der Normadressaten hinausgeht und das eine unbedingte Anwendung rechtfertigen könnte, ist bei § 661a BGB daher richtigerweise nicht erkennbar.[877] Die Gegenansicht zur Frage, wann eine Eingriffsnorm vorliegt, geht davon aus, ob eine Norm unbedingten Anwendungsvorrang genieße, ergebe sich nicht aus der Art des verfolgten Zwecks, sondern vielmehr daraus, dass die Vorschrift einen besonderen ordnungspolitischen Zweck verfolgt, dem keine der bestehenden Kollisionsnormen genügt.[878] Es kommt demnach darauf an, ein Interesse zu finden, das keine andere Regelung adäquat verwirklicht.[879] § 661a BGB dient, wie bereits mehrfach festgestellt, dem Interesse des Verbraucherschutzes. Der Verbraucherschutz allein reicht aber auch nach dieser Ansicht nicht aus, um einen unbedingten Anwendungsvorrang des § 661a BGB zu begründen. Den Verbraucherschutz gewährleistet nämlich bereits Art 29 EGBGB. Zwar soll Art 34 EGBGB auch nach den Vertretern dieser Ansicht nicht die Anwendung der Normen des Vertragsstatuts verhindern. Sie unterstreichen in diesem Zusammenhang, es läge kein *lex specialis-lex generalis* Verhältnis zwischen Art 34

---

[872] MK, *Sonnenberger*, 2006, Einl IPR Rn. 62.

[873] BGH, NJW 2006, 230 (233), unter Berufung auf *Felke/Jordans*, IPrax 2004, 409 (411), der allerdings eine solche Einordnung ablehnt.

[874] *Sonnenberger*, IPrax 2003, 104 (107).

[875] *Sonnenberger*, IPrax 2003, 104 (110).

[876] *Mankowski*, DZWiR 1996, 273 (280); ders., RiW 1998, 287 (289); BAGE 63, 17; BAGE 71, 297; BAG, SAE 1997, 31; wohl auch Junker, IPrax 2000, 65 (67f); *Wagner*, IPrax 2000, 249 (251); MK, *Sonnenberger*, 2006, Einl IPR Rn. 62; Staudinger, *Magnus*, BGB, (2002), Art 34 EGBGB, Rn. 71; BGH, NJW 1997, 875 (879); *Mankowski*, DZWiR 1996, 273ff.

[877] *Sonnenberger*, IPrax 2003, 104 (110); MK, *Sonnenberger*, 2006, Einl IPR Rn. 62.

[878] BGH, NJW 2006, 230 (233); BGHZ 123, 380 (391); BGHZ 135, 124; *Fetsch*, RiW 2002, 936 (939); *Lorenz*, IPrax 2002, 192 (196); *Mankowski*, RiW 1998, 287ff; MK, *Martiny*, 2006, Art 29 EGBGB, Rn. 45.

[879] *Fetsch*, RiW 2002, 936 (939); ders., Eingriffsnormen und EG-Vertrag, 2002, Seite 37-50; Staudinger, *Magnus*, (2002), Art 34 EGBGB, Rn. 36; *Schurig*, Kollisionsnorm und Sachrecht, 1981, Seiten 78-108; ders., RabelsZ 54 (1990), 217 (228, 232); Kegel/Schürig, § 6 II (Seite 262ff); MK, *Martiny*, 2006, Art 34 Rn. 120; Erman, *Hohloch*, BGB, 2004, Art 28 Rn. 8.

EGBGB und Art 27ff EGBGB vor.[880] Die vom IPR zur Anwendung auf den Vertrag berufenen Vorschriften des anderen Staates sollen unter Berücksichtigung der Eingriffsnormen neben den zwingenden Vorschriften des Forumstaates Anwendung finden. Damit scheidet eine generelle Einordnung des Verbraucherschutzrechts als Eingriffsrecht auch nach dieser Ansicht aus. Ein solches Vorgehen würde das feingliedrige Schutzsystem bedrohen, welches im EGBGB mit Hilfe der Art 27 III, 29, 29a und 30 I EGBGB aufgebaut wurde.[881] Der Verbraucherschutz ist daher regelmäßig auf die bestehenden allseitigen Kollisionsnormen, vor allem Art 29 EGBGB, zu beschränken, welche ihn adäquat gewährleisten. Damit fällt aber auch nach dieser Ansicht § 661a BGB nicht unter Art 34 EGBGB.

Überhaupt ist zu beachten, dass die mit der Anwendung des Art 34 EGBGB angestrebte Zielrichtung auf eine Anwendung des deutschen Rechts entgegen der an sich vorgesehenen Rechtsordnung gerichtet ist. Unabhängig davon, welcher Ansicht man folgt, muss bei der Beurteilung der Frage der Einreihung des § 661a BGB in den Kreis der durch Art 34 EGBGB geschützten Vorschriften beachtet werden, dass die in Frage kommende Vorschrift unbedingtem Anwendungswillen unabhängig vom allgemeinen Vertragsstatut beanspruchen soll, weil nur so ihr besonderer Regelungszweck erreicht werden kann.[882] Es geht bei Fragen des Kollisionsrechts eben nicht nur um allgemeines Gerechtigkeitsempfinden.[883] Zwar ist das früher geltende Dogma, dass fremdes öffentliches Recht aus Souveränitätsgründen nicht angetastet werden kann, überwunden.[884] Trotzdem muss bei der Beurteilung einer Vorschrift im Rahmen von Art 34 EGBGB der Tatsache Rechnung getragen werden, dass die vorrangige Anwendung des nationalen Rechts einen Eingriff in die hoheitlichen Befugnisse des Staates darstellt, dessen Recht die Anwendung der deutschen Norm zurückdrängt.[885] Die Regelung in Art 34 EGBGB tangiert interstaatliche Interessen. Es stehen sich damit die Gemeininteressen Deutschlands und die Interessen einer fremden Rechtsordnung gegenüber. Schon diese Prämisse zwingt zu einem restriktiven

---

[880] MK, *Sonnenberger*, 2006, Einl IPR Rn. 71, 74.

[881] BGHZ 123, 380; BGHZ 135, 124 (135f) = NJW 1997, 1697 = WM 1997, 980; LG Bielefeld, NJW-RR 1999, 1282 (1283); Staudinger, *Magnus*, BGB (2002), Art 34 EGBGB, Rn. 23, 27, 29ff, 71; Palandt, *Heldrich*, Art 34 EGBGB Rn. 3a; MK, *Martiny*, 2006, Art 29 EGBGB, Rn. 45; ähnlich *Leible*, in Europäische Rechtsangleichung und nationale Privatrechte, 1999, Seite 384f.

[882] *Fetsch*, RiW 2002, 936 (938); *Häcker* ZVglRWiss 103 (2004) 464 (499); v. Hoffmann, IPR, 2002, § 4 Rn. 15f.; *Lorenz*, IPrax 2002, 192 (196); *Schurig*, RabelsZ 54 (1990), 217 (233); MK, *Sonnenberger*, 2006, Einl zum IPR, Rn. 62; MK, *Martiny*, 2006, Art 34 EGBGB Rn. 91 m. w. N.

[883] *Leible*, in Europäische Rechtsangleichung und nationale Privatrechte, 1999, Seite 376; *Tenereiro*, in Europäische Rechtsangleichung und nationale Privatrechte, 1999, 1999, Seite 234.

[884] Staudinger, *Magnus*, BGB, (2002), Art 34 EGBGB, Rn. 19.

[885] LG Bielefeld, NJW-RR 1999, 1282 (1283); *Martiny*, RabelsZ 45 (1981), 427 (438).

Umgang mit Art 34 EGBGB. Im Zweifel ist daher bei Fällen mit Auslandsbezug das nationale Recht eher nicht anzuwenden.[886] Dies gilt vor allem innerhalb Europas, wo die Verbraucherschutzrichtlinien ein gewisses Schutzniveau europaweit eingeführt haben.[887] Hier kommt dabei noch hinzu, dass der Grund für die Harmonisierungsbestrebungen innerhalb Europas gerade ist, Marktzutrittsschranken abzubauen.[888] Insbesondere muss jeder Versuch unterlassen werden, die bei § 661a BGB offenkundige Versäumnis des Gesetzgebers, den mit der Einführung der Vorschrift vorgenommenen „Alleingang" zuständigkeitsrechtlich und kollisionsrechtlich abzusichern, auf Kosten der dogmatischen Strukturen des geltenden Rechts zu beheben.[889] Vor allem vor dem Hintergrund, dass Art 34 EGBGB völkerrechtliche Wirkung hat, ist eine Anwendung des Art 34 EGBGB auf § 661a BGB entgegen der Ansicht vor allem des BGH im Ergebnis zu verneinen.[890]

E) Sonstige Qualifikationsansätze

Weil dieses Ergebnis in der Literatur oft als unbefriedigend erachtet wird, haben sich weitere, alternative Qualifikationsversuche herausgebildet, welche auf verschiedenste Art und Weise mittels Analogien eine grundsätzliche Anwendbarkeit des § 661a BGB herbeiführen wollen. Diese sind aber aus verschiedenen Gründen zum Scheitern verurteilt. *Lorenz* lehnte noch im Jahr 2000 eine vertragliche, ebenso wie eine wettbewerbliche oder eine deliktsrechtliche Qualifikation ab, und unterwarf § 661a BGB dem Rechtsgedanken der Art 12 und 16 EGBGB, um zu einer Anwendung des § 661a BGB als „Umweltrecht" zu gelangen.[891] Dabei verkannte er einmal, dass § 661a BGB vertraglicher Natur ist und sich somit in das bestehende System des EGBGB nahtlos eingliedern lässt. Zudem ist mangels Vorliegens einer Regelungslücke die analoge Anwendung unhaltbar.
Zum Teil wurde auch versucht, die so genante *Ingmar-Doktrin* des EuGH auf die Gewinnzusage auszudehnen.[892] In der dahinter stehenden Entscheidung des

---

[886] *Leible*, in Europäische Rechtsangleichung und nationale Privatrechte, 1999, Seite 364f, 373, 375, 381.
[887] *Leible*, in Europäische Rechtsangleichung und nationale Privatrechte, 1999, Seite 364f, 373, 375, 381.
[888] *Leible*, in Europäische Rechtsangleichung und nationale Privatrechte, 1999, Seite 372.
[889] *Lorenz/Unberath*, IPrax 2005, 219 (222), der diese Feststellung lediglich in anderem Zusammenhang trifft.
[890] *Blobel*, VuR 2005, 164 (168); ohne Begründung *Felke/Jordans*, IPrax 2004, 409 (411); *Lorenz*, IPrax 2000, 3305 (3307f); *Staudinger*, JZ 2003, 852 (856); Staudinger, *Bergmann*, BGB (2006), § 661a Rn. 64; a. A. *Lorenz*, IPrax 2002, 192 (196).
[891] *Lorenz*, NJW 2000, 3305 (3308).
[892] *Schreiber*, NJ 2002, 543 (544).

Europäischen Gerichtshofes vom 09.11.2000 hatte dieser festgestellt, dass die englische Vorschrift zur Handelsvertreterprovision deswegen zwingend anzuwendendes Recht ist, weil sie zugleich im nationalen Recht unabdingbar ist, und weil die Vorschrift einem Bedürfnis des EG-Vertrages entspricht.[893] Der Europäische Gerichtshof hielt es in diesem Fall für gerechtfertigt, in die Autonomie des Mitgliedstaates einzugreifen. Dabei hat dieser Eingriff aber deswegen ein eher geringes Ausmaß, weil das gewünschte Ergebnis einer Vorgabe entspricht, welche der Staat aufgrund seiner Eingliederung in die Europäische Union ohnehin zu verfolgen verpflichtet wäre.[894] Damit kristallisiert sich aber schon der erste Unterschied zu § 661a BGB heraus. § 661a BGB ist gerade keine Vorschrift europäischen Hintergrundes. Es gibt keine Vorgabe von Seiten der EU, welche dazu zwingen würde, eine Vorschrift wie § 661a BGB einzuführen. Daher ist die Vorschrift auch nicht geeignet, Ziele des gesamten EG-Marktes zu betreffen.[895] Hinzu kommt, dass in der Rechtssache *Ingmar* die Abwahl des an sich anzuwendenden Rechts verhindert wurde. Bei § 661a BGB, für den die Anwendung der *Ingmar Doktrin* für erforderlich gehalten wird, findet das deutsche Recht von Vornherein allerdings gerade keine Anwendung. Wollte man die *Ingmar*-Entscheidung des EuGH bei der Gewinnzusage anwenden, liefe das auf eine generelle Anwendung von Verbraucherschutzrecht durch die *Doktrin* hinaus. Eine solche hat der EuGH aber erkennbar nicht bezweckt.[896]

Eines ist jedenfalls sicher: Da § 661a BGB, wie bereits mehrfach erwähnt, keinen europarechtlichen Hintergrund hat und damit auch kein Teil des harmonisierten Bereichs ist, wie Art 3 III in Verbindung mit dem 8. Spiegelstrich (Anhang) es erfordert, greift das Herkunftslandprinzip der E-Commerce Richtlinie in den Fällen, in denen die Gewinnzusage per E-Mail erfolgt, nicht ein.[897]

F) Ergebnis

Für die Frage des anzuwendenden Rechts gebietet es der Gleichlauf von EuGVÜ bzw. EuGVVO und EGBGB, wie ihn Art 36 EGBGB anordnet, richtigerweise, § 661a BGB entsprechend der Qualifikation des Europäischen Gerichtshofes in der Rechtssache *Engler* vertraglich zu qualifizieren. Eine über die Vor-

---

[893] http://www. europa. eu. int/jurisp/cgibin/form. pl?lang = de.

[894] *Michaels/Kamann* EWS 2001, 301.

[895] *Staudinger*, JZ 2003, 852 (856); vgl zur *Ingmar-Doktrin*: EuGH-Urteil vom 09. 11. 2000, Rs. C-381/98 in Slg. 2000, I-9305 = NJW 2001, 2007 = BB 2001, 10 = EuZW 2001, 50; *Bitterich*, VuR 2002, 155ff; *Kindler* BB, 2001, 11f; *Nemeth/Rudisch* ZfRV 2001, 179ff; *Reich*, EuZW 2001, 51f; *Sonnenberger* IPrax 2003, 104 (109f); *Fetsch*, Eingriffsnormen und EG-Vertrag, 2002, 311ff.

[896] *Bitterich*, VuR 2002, 155 (158, 161).

[897] *Staudinger*, JZ 2003, 852 (858).

schriften des Art 28 EGBGB hinausgehende Qualifikation der Gewinnzusage als Verbrauchervertrag scheidet deswegen aus, weil es hierfür an einem Gegenseitigkeitsverhältnis fehlt. Dies gilt für die isolierte Gewinnzusage ebenso, wie für die geschäftsakzessorische, weil das in der Rechtssache *Gabriel* festgestellte Bedürfnis, ein Auseinanderfallen der Gerichtsstände zu vermeiden, bei der Frage des anzuwendenden Rechts keine Rolle spielt. Auch ist die Anwendung des Art 34 EGBGB entgegen einer Ansicht des Bundesgerichtshofes abzulehnen. Die Ansicht vermischt Sonderprivatrecht und Eingriffsnorm. Richtigerweise fehlt es an dem zwingenden Bedürfnis zur Anwendung der Vorschrift. Gerade vor dem Hintergrund, dass die Anwendung von Art 34 in die Souveränität anderer Staaten eingreift, sind die Voraussetzungen hier sehr genau zu nehmen. Eine Anwendung des Art 34 EGBGB im Fall des § 661a BGB hat daher auszuscheiden. Die vertragliche Qualifikation bewirkt, dass regelmäßig das Recht des Leistungsortes Anwendung findet. Ausnahmsweise kann über Art 28 V EGBGB eine Anwendung des deutschen Rechts dann geboten sein, wenn zur deutschen Rechtsordnung eine engere Verbindung besteht als zu dem an sich anzuwendenden Recht. Das wäre vor allem dann der Fall, wenn der Versender und der Empfänger ihren Sitz bzw. Wohnsitz in Deutschland haben. Darüber hinaus haben die Parteien es wegen Art 27 EGBGB in der Hand, das anzuwendende Recht frei zu wählen. Im Ergebnis findet somit regelmäßig das Recht des Unternehmers Anwendung, was für den Verbraucher jedenfalls dann ein Risiko bedeutet, wenn diese Rechtsordnung zu seinen Gunsten keinen Anspruch bereithält. Damit zeigt sich einmal mehr, dass § 661a BGB die großen Ziele, welche sich der Gesetzgeber vor seiner Einführung gesteckt hat, nicht zu erreichen vermag. Dies liegt daran, dass der Gesetzgeber seine Ziele mit einer Vorschrift verfolgt, welche tatsächlich regelmäßig nicht zur Anwendung kommt.

G) Folgen der Einordnung als Schenkung für das internationale Recht

I Internationale Zuständigkeit

Die Einordnung der Gewinnzusage schafft auch im internationalen Rechtsverkehr Klarheit. Weil dem Gericht andere Anhaltspunkte fehlten, ging der EuGH davon aus, § 661a BGB sei ein selbstständiger Vertrag. Das ist, wie die dogmatische Einordnung des § 661a BGB gezeigt hat, tatsächlich aber nicht der Fall. In der Tat handelt es sich bei § 661a BGB um eine Formvorschrift. Das dahinter stehende Rechtsverhältnis ist ein Schenkungsvertrag. Infolge des fehlerhaften Ansatzes des Europäischen Gerichtshofes benötigte dieser einen erheblichen Begründungsaufwand, um die Gewinnzusage dem Vertragsstatut unterstellen zu können. Er musste zunächst den Anwendungsbereich des Vertragsgerichtsstan-

des auf einseitige Rechtsgeschäfte ausdehnen, um sichergehen zu können, dass die Gewinnzusage auch erfasst wird. Sieht man in der Gewinnschenkung einen Schenkungsvertrag, so unterfällt sie zweifelsohne Art 5 Nr. 1 EuGVÜ.[898] Mit Hilfe seiner Konstruktionen nahm auch der EuGH in der Rechtssache *Engler* eine vertragliche Qualifikation vor, weshalb die Ausführungen des EuGH sich problemlos auf die Qualifikation der Gewinnzusage, wie sie hier vorgenommen wird, übertragen lassen. Dass er insoweit ein falsches Bild von der dogmatischen Einordnung des § 661a BGB hatte, schadet daher im Ergebnis nicht.
Für die geschäftsakzessorische Gewinnzusage gelten hingegen dieselben Grundsätze, wie sie der Europäische Gerichtshof in der Rechtssache *Gabriel* aufgestellt hat. Die geschäftsakzessorische Gewinnschenkung steht unter der Auflage des Verbrauchergeschäfts. Will der Verbraucher seine Ansprüche auf den zugesagten Gewinn geltend machen, muss er bei der geschäftsakzessorischen Gewinnzusage also eine Bestellung oder einen teuren Telefonanruf tätigen. Das Resultat ist eine enge Verknüpfung zwischen der Gewinnzusage, welche vertraglich nach Art 5 Nr. 1 EuGVVO zu qualifizieren ist, und dem in Aussicht genommenen Rechtsgeschäft, für das der Verbrauchergerichtsstand, Art 15ff EuGVVO, eröffnet ist. Um ein Auseinanderfallen der Gerichtsstände zu vermeiden und um dem Verbraucherschutz genüge zu tun, wird dem Verbraucher daher die Möglichkeit eingeräumt, alle Rechtsfragen vor seinem Heimatgericht zu klären. Damit kann ein deutscher Verbraucher V, der von einem ausländischen Unternehmen U eine geschäftsakzessorische Gewinnzusage erhält, anders als im Fall der isolierten Gewinnschenkung, vor einem deutschen Gericht auf die Erfüllung der ihm aus der Gewinnschenkung zustehenden Ansprüche klagen. Bei der isolierten Gewinnschenkung, bei der es an der engen Verknüpfung zwischen der Schenkung und dem in Aussicht genommenen Rechtsgeschäft fehlt, wäre der Verbraucher auf das Gericht des Erfüllungsortes verwiesen, wie es sich nach der *lex causae* ermitteln lässt. Er könnte daher für Klagen wegen Gewinnzusagen aus England, Italien oder den Niederlanden in Deutschland klagen, bei Zusagen aus Belgien, Frankreich und Luxemburg und Österreich wäre er allerdings auf eine Klage im Ausland angewiesen.[899] Die Frage der internationalen Zuständigkeit stimmt daher weitgehend mit der Beurteilung, wie sie der Europäische Gerichtshof bei der bisher geltenden, zweifelhaften Rechtslage getroffen hat, überein. § 661a BGB selbst muss allerdings bei einer dogmatischen Verortung als Formvorschrift als Teilfrage der Hauptsache untergeordnet werden.

---

[898] zur Schenkung: *Abel*, Qualifikation der Schenkung, Dissertation, 1997, Seite 77.
[899] *Blobel*, VuR 2005, 164 (167); *Lorenz*, NJW 2006, 472 (474); *Schack*, Der Erfüllungsort im deutschen, ausländischen und internationalen Privat- und Zivilprozeßrecht, 1985, Rn. 263ff.

II Anwendbares Recht

Eine eindeutige Verortung des § 661a BGB ist ebenfalls bei der Frage der anwendbaren Rechts zu begrüßen. Hier haben die bisherigen Ausführungen gezeigt, dass die deutschen Gerichte in der Frage der Behandlung von § 661a BGB uneins sind. Qualifiziert man § 661a BGB als Formvorschrift, so findet Art 11 EGBGB Anwendung.[900] Dieser erklärt die Frage der Form zu einer Teilfrage, welche nur in Verbindung mit einem Rechtsgeschäft Wirkung entfaltet. Das bedeutet, dass die Formvorschriften derjenigen Rechtsordnung anzuwenden sind, welche das auf den Hauptvertrag anzuwendende Recht vorschreibt. Der Artikel basiert auf Art 9 EVÜ, weshalb sich vergleichbare Vorschriften in allen Rechtsordnungen der EU finden.[901] Der eigentliche Vertrag ist bei § 661a BGB eine Schenkung. Die Schenkung ist im internationalen Privatrecht als Vertrag zu qualifizieren.

1) Fälle ohne Rechtswahl

Grundsätzlich kommt auch bei einer Verortung der Gewinnzusage im Schenkungsrecht eine Qualifikation als Verbrauchervertrag nach Art 29 EGBGB in Betracht, mit der Folge, dass das Recht des Staates, in dem der Verbraucher seinen gewöhnlichen Aufenthalt hat, anwendbar wäre. Art 29 EGBGB findet auf Verträge über die Lieferung beweglicher Sachen oder die Erbringung von Dienstleistungen Anwendung, welche eine Person zu Zwecken abschließt, die nicht ihrer beruflichen oder gewerblichen Tätigkeit zuzurechnen sind. Wie bereits bei der Darstellung der aktuellen Rechtsprechung zu § 661a BGB dargestellt, erfasst Art 29 EGBGB dabei grundsätzlich alle Ansprüche des Verbrauchers, nicht nur die ausgewiesenen Verbraucherschutzbestimmungen.[902] Allerdings gebietet der Anwendungsgleichlauf von EuGVÜ bzw. EuGVVO und EGBGB, dass auch bei Art 29 EGBGB ein synallagmatischer Vertrag gefordert werden muss. Daran fehlt es auch dann, wenn die Gewinnzusage als Fall der Schenkung angesehen wird. Diese kann zwar unzweifelhaft sowohl die Lieferung beweglicher Sachen als auch die Erbringung einer Dienstleistung zum Gegenstand haben. Die versprochene Tätigkeit steht aber niemals in einem echten Gegenseitigkeitsverhältnis.[903] Dass sich Art 29 EGBGB auf den intendierten Vertrag anwenden lässt, genügt jedoch grundsätzlich nicht, um die Gewinnzusage selbst verbrauchervertraglich zu qualifizieren. Wie bei der Frage der Zuständigkeit müssen auch für die Frage des anzuwendenden Rechts die beiden im

---

[900] ablehnend: BGH, NJW 2006, 230 (232).
[901] Palandt, *Sprau*, Art 11 EGBGB, Rn. 1.
[902] *Mäsch*, Verbraucherschutz, 1993, Seite 48, 51f; MK, *Martiny*, 2006, Art 29 EGBGB, Rn. 35.
[903] vgl. oben, Seite 81f.

Tatbestand der Gewinnzusage auftretenden Vertragsformen unterschieden werden.[904] Im Ergebnis ist daher auf das intendierte Geschäft Art 29 EGBGB anzuwenden, für die Gewinnzusage selbst gelten hingegen die sonstigen auf Verträge anzuwendenden Kollisionsnormen.[905] Mangels Vorliegens einer Analogiefähigkeit des Art 29 EGBGB kommt auch eine analoge Anwendung des Art 29 EGBGB nicht in Betracht.[906]

Als Schenkungsvertrag untersteht § 661a BGB grundsätzlich Art 28 EGBGB. Dabei stellt Art 28 II EGBGB die Vermutung auf, dass die engste Verbindung immer zu dem Staat besteht, an welchem das Unternehmen seine Niederlassung hat, welches die vertragscharakteristische Leistung zu erbringen hat. Hat die Gewinnschenkung die Übereignung eines PKW oder die Zahlung von Geld zum Gegenstand, liegt der Leistungsort beim Schuldner, also beim Unternehmer. Somit ist in der Regel bei Sachverhalten ohne Rechtswahl das Recht des Unternehmenssitzes anzuwenden. Das wäre im Fall der grenzüberschreitenden Gewinnzusage aber üblicherweise nicht das deutsche Recht.[907] Etwas Anderes kann im Einzelfall aber dann gelten, wenn sich aus der Gesamtheit der Umstände ergibt, dass der Vertrag engere Verbindungen mit einem anderen Staat aufweist, Art 28 V EGBGB. Hierfür reicht weder ein rein prozessualer Bezug des Sachverhaltes zum deutschen Recht aus, wie er sich aus der Klage vor einem deutschen Gericht ergäbe,[908] noch rechtfertigt der Verbraucherschutz eine Anwendung des Art 28 V EGBGB.[909] Vielmehr müssen besondere Hinweise, wie die Staatsangehörigkeit der Parteien oder die Währung der zu zahlenden Vergütung eine engere Verbindung zum deutschen Recht nahe legen,[910] so auch, wenn die Übergabe des Gewinns durch eine Niederlassung des Versenders in Deutschland erfolgen sollte.[911]

Wie schon im Zusammenhang mit der Behandlung der Gewinnzusage durch die Gerichte ausgeführt, findet in Fällen ohne Rechtswahl das deutsche Recht daher grundsätzlich keine Anwendung. Vielmehr ist wegen Art 28 II EGBGB das Recht des Versenders anzuwenden. Der Grund dafür ist, was den Gerichten

---

[904] vgl. zu den Einzelheiten, insbes. zur Frage der Auswirkungen der Rechtsprechung des EuGH in der Rechtssache *Gabriel* oben, Seiten 113ff.

[905] *Felke/Jordans*, IPrax 2004, 409 (411); *Häcker* ZVglRWiss 103 (2004) 464 (495).

[906] so auch *Staudinger*, JZ 2003, 852 (856, dort Fn. 79); a. A. *Rauscher/Schülke*, EuLF 2000/2001, 334 (336).

[907] so auch OLG Braunschweig, NJW 2006, 161 (162); *Felke/Jordans*, IPrax 2004, 409 (410); *Häcker* ZVglRWiss 103 (2004) 464 (495); *Lorenz/Unberath*, IPrax 2005, 219 (223).

[908] Wagner, IPrax 2000, 249 (253).

[909] *Felke/Jordans*, IPrax 2004, 409 (411); *Häcker* ZVglRWiss 103 (2004) 464 (496); *Mankowski*, RiW 1993, 453 (462) m. w. N.; a. A. *Schreiber*, NJ 2002, 543 (544).

[910] *Magnus*, IPrax 1991, 382 (384); MK, *Martiny*, 2006, Art 30, Rn. 45.

[911] *Häcker* ZVglRWiss 103 (2004) 464 (495, dort insbes Fn. 136); Erman, *Hohloch*, BGB, 2004, Art 28 EGBGB Rn. 17; Staudinger, *Magnus*, BGB, (2002), Art 28 EGBGB, Rn. 129ff.

nicht bewusst war, dass die Gewinnzusage dogmatisch richtig einen Fall der Schenkung darstellt.

2) Fälle mit Rechtswahl

Die Einordnung der Gewinnzusage als Fall der Schenkung führt dazu, dass es den Vertragsparteien nach Art 27 EGBGB möglich ist, das anzuwendende Recht durch eine entsprechende Rechtswahlklausel zu beeinflussen.[912] Dieser Möglichkeit stehen dabei weder Art 29 EGBGB, welcher eine Rechtswahl zu Lasten des Verbrauchers verbietet, noch Art 29a EGBGB, der ein Abweichen von zwingenden Verbraucherschutzrichtlinien verhindern soll, entgegen. Dabei verbietet sich die Anwendung des Art 29 EGBGB wegen des fehlenden Gegenseitigkeitsverhältnisses im Schenkungsvertrag. Die Anwendung des Art 29a EGBGB scheitert hingegen daran, dass § 661a BGB rein nationales Schutzrecht ist.[913] Damit haben die Vertragsparteien es in der Hand, das anwendbare Recht frei zu wählen.

3) Anwendbarkeit des Art 34 EGBGB

Die Frage der Anwendbarkeit des Art 34 EGBGB stellt sich bei einer Einordnung des § 661a BGB als Formvorschrift nicht. Wie bei §§ 138, 242 BGB, welche der Lauterkeit des Rechtsverkehrs dienen,[914] lässt sich auch bei § 661a BGB ein Gemeininteresse, das über den Schutz der Normadressaten hinausgeht und das eine unbedingte Anwendung rechtfertigen könnte, nicht feststellen.[915] Daran ändert auch die Tatsache nichts, dass die Gewinnzusage tatsächlich ein schenkungsweise erteiltes Schuldanerkenntnis ist. Im Gegenteil vermag diese Tatsache dem Rechtsanwender klarer vor Augen zu führen, dass sich ein unbedingter Anwendungsvorrang der deutschen Vorschriften nicht begründen lässt.

III Zwischenergebnis

Beachtet man, dass § 661a BGB die Form der Schenkung regelt, lassen sich die Fragen des internationalen Rechts leichter lösen. Als Teilfrage hat die Formvorschrift nach den auf den Vertrag anzuwendenden Regeln zu richten. Dies hat für

---

[912] *Häcker* ZVglRWiss 103 (2004) 464 (496, dort Fn. 143).

[913] *Lorenz*, IPrax 2002, 192 (196); *Staudinger*, JZ 2003, 852 (856); Verweis auf VerbrschRiL; *Wied*, Gewinnversprechen von Versandfirmen, Dissertation, 2003, Seite 105f.

[914] *Mankowski*, DZWiR 1996, 273 (280); ders., RiW 1998, 287 (289); BAGE 63, 17; BAGE 71, 297; BAG, SAE 1997, 31; wohl auch *Junker*, IPrax 2000, 65 (67f); *Wagner*, IPrax 2000, 249 (251); MK, *Sonnenberger*, 2006, Einl IPR Rn. 62; Staudinger, *Magnus*, BGB, (2002), Art 34 EGBGB, Rn. 71; BGH, NJW 1997, 875 (879); *Mankowski*, DZWiR 1996, 273ff.

[915] *Sonnenberger*, IPrax 2003, 104 (110); MK, *Sonnenberger*, 2006, Einl IPR Rn. 62.

die Frage des zuständigen Gerichts zur Folge, dass unzweifelhaft der Vertragsgerichtsstand, Art 5 Nr. 1 EuGVÜ, anzuwenden ist.[916] Weil die Schenkung nach keiner Ansicht in einem synallagmatischen Verhältnis steht, scheidet eine Anwendung des Art 13 EuGVÜ, bzw. Art 15 EuGVVO aus. Für die Entscheidung über Fragen der Gewinnschenkung ist das Gericht des Erfüllungsortes zuständig. Dieses läge bei Zusagen aus England, Italien oder den Niederlanden am Wohnsitz des Gläubigers, so dass in diesem Fall das deutsche Gericht zur Entscheidung berufen wäre, nicht aber in Belgien, Frankreich und Luxemburg und Österreich.[917] Eine andere Beurteilung hat ausnahmsweise dann zu gelten, wenn die Gewinnschenkung unter der Auflage des Abschlusses eines weiteren Vertrages mit dem Unternehmer steht. Weil hier der Abschluss eines Verbrauchervertrages unbedingte Voraussetzung für den Erhalt des Geldes ist, gebietet es der Verbraucherschutz, ausnahmsweise aus der internationalen Zuständigkeit für den Verbrauchervertrag auf die Zuständigkeit für die Gewinnschenkung zu schließen.

Bei der Frage des anwendbaren Rechts scheiden sowohl die deliktische Qualifikation nach Art 40 EGBGB als auch die verbrauchervertragliche Qualifikation nach Art 29 EGBGB aus. Das Schenkungsrecht ist weder deliktischer Natur noch besteht bei der Schenkung ein Synallagma, welches eine Anwendung des Art 29 EGBGB ermöglicht. Vielmehr muss es regelmäßig bei einer Anwendung von Art 28 II EGBGB bleiben. Damit findet die deutsche Vorschrift allerdings regelmäßig keine Anwendung. Dies schmälert den erwünschten Erfolg des § 661a BGB. Eine Anwendung lässt sich dogmatisch richtig aber auch nicht über Art 34 EGBGB begründen, da es an einem Bedürfnis fehlt, welches so stark ist, dass es ein Überspielen der völkerrechtlichen Anordnung rechtfertigen würde. Im Ergebnis ist damit zwar bei Zusagen aus England, Italien oder den Niederlanden das deutsche Gericht zur Entscheidung berufen. Das Gericht hat aber regelmäßig englisches, italienisches oder niederländisches Recht anzuwenden. Weitaus unangenehmer ist die Situation für den Verbraucher bei Schreiben aus Belgien, Frankreich und Luxemburg und Österreich. Hier liegt die internationale Zuständigkeit im Ausland. Die Gerichte haben darüber hinaus ihr eigenes Recht anwenden. Kleinen Trost bereitet die Tatsache, dass, wie im Abschnitt über die Behandlung der Gewinnzusage ohne § 661a BGB gezeigt, sowohl das englische und das italienische als auch das französische und das österreichische Recht, ebenso wie das luxemburgische Recht einen eigenen Anspruch des Verbrauchers wegen der Gewinnzusage kennen. Trotzdem kann sich nach geltendem Recht allein der Verbraucher glücklich schätzen, der eine geschäftsakzessorische Gewinnzusage von einem Unternehmen erhält, bei dem die äußeren Umstände eine

---

[916] zur Schenkung: *Abel*, Qualifikation der Schenkung, Dissertation, 1997, Seite 77.

[917] *Blobel*, VuR 2005, 164 (167); *Lorenz*, NJW 2006, 472 (474); *Schack*, Der Erfüllungsort im deutschen, ausländischen und internationalen Privat- und Zivilprozeßrecht, 1985, Rn. 263ff.

enge Verbindung zur deutschen Rechtsordnung nahe legen. In diesem Fall ermöglicht die Rechtsprechung des Europäischen Gerichtshofes in der Rechtssache *Gabriel* dem Verbraucher eine Klage vor dem Heimatgericht. Wegen Art 28 V EGBGB findet auf diese Klage deutsches Recht Anwendung.

Gesamtergebnis

Zusammenfassend lässt sich feststellen, dass sich die vom Gesetzgeber erhoffte Wirkung des § 661a BGB nur über Fehlvorstellungen in Bezug auf die Rechtsnatur aufrechterhalten lässt. Tatsächlich handelt es sich bei der Vorschrift um eine Formvorschrift. § 661a BGB gestattet es dem Unternehmer, eine bestimmte Art der Schenkung in schriftlicher Form zu erklären. Die Vorschrift legitimiert damit eine rechtliche Erfassung der Gewinnzusage, wie sie andere Rechtsordnungen in zum Teil wilder Rechtsfortbildung ohne rechtliche Grundlage vorgenommen haben. Des Weiteren ist allerdings auch festzustellen, dass sich weder die Rechtsprechung noch die Literatur dieser Rechtsnatur des § 661a BGB bewusst sind. Gerade wenn man sich vor Augen führt, dass die Rechtsprechung vor Einführung des § 661a BGB Ansprüche des Verbrauchers unter Verweis auf § 518 I BGB (!) verneinte, erscheint dies überraschend. Diese Tatsache zeugt aber davon, dass hier ein dringendes Bedürfnis besteht, dass der Gesetzgeber § 661a BGB aus seiner derzeitigen Stellung heraus nimmt, und an der Stelle verortet, an die er tatsächlich gehört: in § 518 II BGB.
Ein weiteres Problem, dem mit der derzeitigen Regelung nicht beizukommen ist, ist der tatsächlich geringe Anwendungsbereich der Vorschrift. Die Einführung des § 661a BGB bewirkte, dass Gewinnzusagen aus Deutschland drastisch abgenommen haben. Stattdessen kommen die Schreiben heute meistens aus dem Ausland. Der Verbraucher kann in diesem Fall seine Rechte oftmals nicht vor deutschen Gerichten geltend machen. Wie der Europäische Gerichtshof in der Rechtssache *Engler* zu Recht betont hat, vermittelt die österreichische Parallelvorschrift, § 5j ösKSchG einen vertraglichen Anspruch. Für § 661a BGB kann nichts Anderes gelten. Auf vertragliche Ansprüche ist Art 5 Nr. 1 EuGVÜ bzw. EuGVVO anzuwenden, mit der Folge, dass das Gericht des Erfüllungsortes zur Entscheidung berufen ist. Zu einem anderen Ergebnis gelangt man, wie der Europäische Gerichtshof in der Rechtssache *Gabriel* festgestellt hat, wenn eine geschäftsakzessorische Gewinnzusage vorliegt, welche die Gewinnauskehr vom Abschluss eines Vertrages abhängig macht, welcher selbst den Verbrauchergerichtsstand eröffnet. Damit hat bereits die deutsche Gerichtszuständigkeit Ausnahmecharakter. Hinzu kommt, dass die angerufenen Gerichte in den seltensten Fällen deutsches Recht anzuwenden haben. Tatsächlich kommt eine Anwendung des § 661a BGB nur dann in Betracht, wenn im Vertrag selbst liegende Umstände zu der Annahme führen, es bestünde eine besonders enge Verbindung zur deutschen Rechtsordnung. Als Anspruch des Schenkungsrechts lässt sich die Gewinnzusage nicht unter Art 34 EGBGB fassen. Mittels § 661a BGB wird ein Individualanspruch des Verbrauchers begründet. Ein darüber hinaus gehendes Interesse, welches zu einer unbedingten Anwendung des deutschen Schenkungsrechts zwingen könnte, lässt sich nicht feststellen. Wenn der Gesetzgeber mit § 661a BGB tatsächlich eine Vorschrift schaffen wollte, welche auch im internati-

onalen Rechtsverkehr stets gelten soll, so ist ihm das misslungen. Unabhängig von der Frage, ob man eine derartige Vorschrift tatsächlich schaffen könnte, und ob diese dann noch verfassungsmäßig wäre, stellt sich allerdings die Frage, ob man eine solche Vorschrift tatsächlich will. Das Erringen eines Anspruchs gegen die Versender einer Gewinnzusage kann mit der tatsächlichen Vollstreckbarkeit des Anspruchs nämlich nicht gleichgesetzt werden.

Insgesamt ist leider festzuhalten, dass § 661a BGB die Erwartungen, welche in ihn gesetzt wurden, tatsächlich nur teilweise erfüllt. Die Einführung des § 661a BGB hatte immerhin zur Folge, dass der deutsche Wettbewerb frei von Gewinnzusagen ist. Im internationalen Recht kommt ihm aber nicht mehr als die Funktion zu, Unternehmer aus der Angst davor, von einem Gericht, welches § 661a BGB wegen seiner fehlerhaften Verortung im Bürgerlichen Gesetzbuch nicht verstanden hat, unter Zugrundelegung der Vorschrift zur Erfüllung des Versprechens verurteilt zu werden.

Saarbrücker Studien zum Privat- und Wirtschaftsrecht

Herausgeber:
Johann Paul Bauer, Michael Martinek und Helmut Rüßmann

Band 1 Susanne Jaschinski: Die Haftung von Schwestergesellschaften im GmbH-Unterordnungskonzern. Ein Beitrag zum Konzernverfassungsrecht. 1997.

Band 2 Roman Sascha Ahnert: Die *actio individualis*. Ein Beitrag zur verfassungsrechtlichen Fundierung der Aktionärsklage bei sogenannten Aktien-Interessenverbänden. 1997.

Band 3 Torsten Peters: Der Cateringvertrag. Rechtstatsachen, Rechtsnatur und Rechtsprobleme eines modernen Dienstleistungsvertrags. 1998.

Band 4 Michael Meissner: Persönlichkeitsschutz juristischer Personen im deutschen und US-amerikanischen Recht. Eine rechtsvergleichende Untersuchung des allgemeinen Persönlichkeitsrechts juristischer Personen. 1998.

Band 5 Thomas Tegen: Joint Venture-Vertrag und Projektträgergesellschaft im amerikanischen und deutschen Recht. 1998.

Band 6 Gerhard Wolter: Treuhandrecht im Umbruch? Ein Blick nach Frankreich, Luxemburg, in die Schweiz und in den Libanon sowie auf das Haager Trust-Übereinkommen. 1999.

Band 7 Thomas Dehlfing: Das Recht der irreführenden Werbung in Deutschland, Großbritannien und Frankreich. 1999.

Band 8 Hanno Dornseifer: Börsentermingeschäfte und Börsentermingeschäftsfähigkeit. Zur börsengesetzlichen Behandlung von finanzwirtschaftlichen Festgeschäften, Options- und Optionsscheingeschäften. 1999.

Band 9 Patrick Lenz: Absatzförderung durch *zinssubventionierte* Darlehen. Eine wettbewerbs- und kartellrechtliche Studie zur Zulässigkeit von Niedrigzins-Kreditangeboten unter besonderer Berücksichtigung des Automobilmarktes. 1999.

Band 10 Mansur Pour Rafsendjani: Der Goodwill-Ausgleichsanspruch des Franchisenehmers. Ein Vergleich des deutschen, französischen und US-amerikanischen Franchiserechts. 1999.

Band 11 Jörg Hartmann: Juristische und ökonomische Regelungsprobleme des Insiderhandels. Eine rechtsvergleichende Darstellung USA – Deutschland. 1999.

Band 12 David Altmeier: Rückstellungsbilanzierung in Deutschland und Frankreich. Eine vergleichende Untersuchung der französischen Rückstellungsbilanzierung aus der Perspektive des deutschen Bilanzrechts. 1999.

Band 13 Barbara Günther: Aktivische Bilanzierungshilfen im deutschen und französischen Bilanzrecht. 1999.

Band 14 Bernhard Glasow: Vertikale Preisbindung, Wettbewerbstheorie und Wettbewerbsrecht in den USA, Deutschland und Europa. Bestandsaufnahmen, Kritik und Zukunftsperspektiven. 2000.

Band 15 Dorota Nowak-James: Der Börsenzugang für Anleger in Deutschland und Polen. Eine rechtsvergleichende Untersuchung zum deutschen Finanzkommissionsgeschäft und zum polnischen Brokerauftragsvertrag. 2000.

Band 16 Mathias Queck: Der Nießbrauch am Anteil einer offenen Handelsgesellschaft. Eine Form der (un-)mittelbaren Unternehmensbeteiligung. 2000.

Band 17 Ina Roth: Umweltbezogene Unternehmenskommunikation im deutschen und europäischen Wettbewerbsrecht. 2000.

Band 18 Jörg Preiss: Die Anwendung des markenrechtlichen Erschöpfungsgrundsatzes auf Dienstleistungsmarken. 2000.

Band 19 Kevin M. McDonald: Der Begriff der Dienstleistung im europäischen Binnenmarkt und WTO-System (GATS). 2001.

Band 20 Carolin Opgenhoff: Die europäische Fusionskontrolle zwischen Wettbewerbsrecht und Industriepolitik. 2001.

Band 21 Susanne Schäfer: Die Deliktsfähigkeit juristischer Personen. Eine rechtsvergleichende Untersuchung zur Übertragbarkeit des englischen Modells. 2001.

Band 22 Kay Diedrich: Die Interventionswirkung – Ausprägung eines einheitlichen Konzepts zivilprozessualer Bindungswirkung. 2001.

Band 23 Michael Fröhlich: Zentrale Institutionen des deutschen Urheberrechts und des französischen Droit d'auteur auf dem Prüfstand der elektronischen Netzwerke. 2001.

Band 24 Joël Benjamin Münch: Abtretungsverbote im deutschen und französischen Recht. Rechtsvergleichende Untersuchung der Übertragungshindernisse im deutschen und französischen Forderungsverkehr als Beitrag zu einer weiteren Schuldrechtsvereinheitlichung in Europa. 2001.

Band 25 Monika Prieß: Der Begriff des Sachmangels im deutschen und englischen Kaufrecht. Reformbedarf aufgrund der Verbrauchsgüterkauf-Richtlinie 1999/44/EG. 2001.

Band 26 Katharina Siegel: Produkthaftung im polnischen, tschechischen und slowenischen Recht. 2001.

Band 27 Carolin Kühne: Die gesetzliche Form der Rechtsgeschäfte im deutschen und italienischen Recht. Eine rechtsvergleichende Untersuchung. 2002.

Band 28 Nina Scherf: Die Nachschußpflicht im Gesellschaftsrecht. Eine rechtsformübergreifende Bestandsaufnahme, Analyse und Kritik. 2002.

Band 29 Marc Laukemann: Fernsehwerbung im Programm. Die zunehmende Kommerzialisierung des Fernsehprogramms im Zeitalter einer Ökonomisierung der Aufmerksamkeit als verfassungs-, wettbewerbs- und rundfunkrechtliches Problem. 2002.

Band 30 Michael Bo Jaspers: Nachträgliche Rechtswahl im internationalen Schuldvertragsrecht. Unter besonderer Berücksichtigung der Rechtspraxis in England, Frankreich, Dänemark und Deutschland. 2002.

Band 31 Christina Pernice: Die Insolvenzverschleppung durch das Geschäftsführungsorgan der kleinen Kapitalgesellschaft im deutschen, französischen und englischen Recht. Eine rechtsvergleichende Untersuchung zur Entwicklung eines europäischen Lösungsansatzes. 2002.

Band 32 Anne Christine Janert: Der sachliche und persönliche Anwendungsbereich des deutschen Verbraucherkreditrechts und des britischen Consumer Credit Act 1974. Ein Beitrag zu den Möglichkeiten und Grenzen verbraucherrechtlicher Harmonisierung in Europa. 2002.

Band 33 Annette Trost: Faktische Sitzverlegung unter Sitz- und Gründungstheorie im Vergleich. Unter besonderer Berücksichtigung ihrer gesellschafts- und zivilrechtlichen Folgewirkungen. 2003.

Band 34 Esther Cordula Hilpert: Die Gründerhaftung in der Gesellschaft mit beschränkter Haftung in Deutschland, Frankreich und England. 2003.

Band 35 Wei-ming Liao: Die Schiedsgerichtsbarkeit in Taiwan. Unter besonderer Berücksichtigung der internationalen Handelsschiedsgerichtsbarkeit und mit Hinweisen zu der Entwicklung in Deutschland. 2003.

Band 36 Stefan Stork: Sitzverlegung von Kapitalgesellschaften in der Europäischen Union. Zur Reichweite der Niederlassungsfreiheit unter Berücksichtigung der positiven und der negativen Integration. 2003.

Band 37 Marc Pfeffer: Interbrand-Kartellverbot und Intrabrand-Vereinbarungen. Die Ablösung horizontaler und vertikaler Eingriffsmerkmale im GWB zu Gunsten einer Betrachtung produktexterner und -interner Wettbewerbsfaktoren. 2003.

Band 38 Nicole Burkardt: Der arbeitsrechtliche Aufhebungsvertrag. Einvernehmliche Beendigung von Arbeitsverhältnissen unter Berücksichtigung der Rechtslage nach der Schuldrechtsreform. 2004.

Band 39 Christian Schmeling: Die Entlastung von Mitgliedern geschäftsführender Organe im Recht der Kapitalgesellschaften. Eine rechtsvergleichende Studie zum deutschen, schweizerischen und französischen Recht. 2004.

Band 40 Andreas Wolf: Wege zur virtuellen Haupt- und Gesellschafterversammlung. Eine vergleichende Untersuchung über die Einbeziehung elektronischer Medien in die Hauptversammlung einer Aktiengesellschaft und die Gesellschafterversammlung einer GmbH. 2004.

Band 41 Bianca Natalie Baldus: Der elektronisch geschlossene Vertrag mit Schiedsabrede. Zulässigkeit und anwendbares Recht in nationalen und internationalen Schiedsverfahren. 2004.

Band 42 Vania Dilek: Der Wettbewerbsschutz in Bulgarien und in der Russischen Föderation während des Übergangs vom Dirigismus zur Privatautonomie. 2004.

Band 43 Rudolf Lenders: Treuhand am Gesellschaftsanteil. Die Einbindung des Treugebers in das gesellschaftsrechtliche Organisationsgefüge. 2004.

Band 44 Weizuo Chen: Rück- und Weiterverweisung (Renvoi) in staatsvertraglichen Kollisionsnormen. 2004.

Band 45 Stefan Hahn: Neue Ansätze im Anlegerschutz durch die Ad-hoc-Publizität des § 15 WpHG. 2004.

Band 46 Pietro Graf Fringuelli: Internet TV. Filmurheberrecht im Internet. 2004.

Band 47 Caspar Frhr. v. Schnurbein: Missbrauch von Minderheitsrechten im deutschen und italienischen Aktienrecht. 2005.

Band 48 David Kereselidze: Der allgemeine Teil des Georgischen Zivilgesetzbuches von 1997. Eine rechtsvergleichende Untersuchung. 2005.

Band 49 Miguel A. García Mateos: Das neue Recht der Namensaktie. Bestandsaufnahme, Analyse und Kritik. 2005.

Band 50 Christine Eckstein-Puhl: Prozessbetrug im Schiedsverfahren. Eine Studie zu den vom erschlichenen Schiedsspruch aufgeworfenen Fragen des Aufhebungsverfahrens gemäß § 1059 ZPO. 2005.

Band 51 Steffen Paulmann: Wirksamkeit von Haftungsausschlüssen und –begrenzungen im deutsch-französischen Warengeschäftsverkehr. Unter besonderer Berücksichtigung der UNIDROIT-Principles und der Principles of European Contract Law. 2005.

Band 52 Ina Krischek: Wirtschaftsmediation als alternatives Streitbeilegungsverfahren. Gerichtsverfahren, Schiedsverfahren und Mediation im Vergleich. 2005.

Band 53 Olaf Pick: Verkehrspflichten und Handlungsfreiheit des „Schädigers“. 2005.

Band 54 Thomas Paul: Die Gesellschafterfähigkeit von Gesamthandsgemeinschaften. 2005.

Band 55 Dieter Friedrich Unger: Das Recht der Kapitalaufbringung und -erhaltung bei der Aktiengesellschaft im Rechtsvergleich Deutschland, Österreich und Schweiz. Eine Analyse des Kapitalsicherungsrechts in Deutschland, Österreich und der Schweiz. 2006.

Band 56 Nicole Schröder: Perspektiven der Europäisierung des GmbH-Rechts und der Europäischen Privatgesellschaft vor dem Hintergrund der Europäischen Aktiengesellschaft. 2007.

Band 57 Ivo du Mont: Die Kombination von Rücktritt und Schadensersatz im neuen Schuldrecht. Eine ökonomische und rechtsvergleichende Analyse am Beispiel des Kaufvertrags. 2007.

Band 58 Matthias Kühn: Umweltschutz durch Privatrecht. Eine Studie zur ökologischen Analyse der privatrechtlichen Schutzrechte und des Vertragsrechts in Deutschland und England. 2007.

Band 59 Komninos Komnios: Die elektronische Signatur im deutschen und griechischen Recht. 2007.

Band 60 Matthias Kühl: Die Gewinnzusage nach § 661a BGB. Dogmatische Einordnung und rechtsvergleichende Untersuchung. 2007.

www.peterlang.de

Kolibri 360 GmbH
Ferdinand-Jühlke-Straße 7
99095 Erfurt, Deutschland
produktsicherheit@kolibri360.de

Druck:
CPI Druckdienstleistungen GmbH
im Auftrag der
Kolibri 360 GmbH
Ferdinand-Jühlke-Str. 7
99095 Erfurt